Verena Dohrn

BALTISCHE REISE

Vielvölkerlandschaft des alten Europa

S. Fischer

Photos (Umschlag und Bildteil): Henning Dohrn
Kartographie: 1994 Wolfgang Kreft, Marburg
Satz: LibroSatz, Kriftel
Druck und Bindung: Friedrich Pustet, Regensburg
Printed in Germany 1994
ISBN 3-10-015313-8

Gedruckt auf chlor- und säurefreiem Papier

Inhalt

UNTERWEGS

> *»Geschnürtem Bündel irgendwann folg ich nach. Hab genug*
> *zur Zeit am Weg. Dort, geschnürt, kann nichts*
> *veralten.*
> *Dort: die Zeitung in einer erloschenen Sprache, die anzeigt*
> *der Großeltern Hausauktion,*
> *ins Modejournal gewickelte Stille, gesammelt im*
> *Trümmerfeld der Stadt nach dem Feuer,*
> *Kreuzworträtsel, in jedem*
> *die eine und andere nicht erratene Kombination,*
> *und Briefe unter Verschluß.*
> *Lange jetzt werd ich durchblättern den Weg.«*
> *(Amanda Aizpuriete)*

Schon seit dem Morgen lassen Männer die Flaschen kreisen – Wodka, *schampanskoje*, Bier; andere gehen die kilometerlange Autoschlange auf und ab, steigen, um sich die Zeit zu vertreiben, auch um handelseinig zu werden in Schleppergeschäften, mal hier, mal da in einen Wagen, während sich Busse, Laster, Personenwagen Meter für Meter vorwärts quälen, dann wieder stundenlang stehen, ein Fahrzeug nach dem anderen die schmale, staubige Landstraße entlang, ehe sie, hinter dem Knick, am Abend endlich, in drei Reihen auf dem geteerten Platz der Warteschleife zum Stehen kommen.

Mit Glasscherben, Korken, Kippen, anderem Dreck übersät, atmet die Asphaltdecke noch die Hitze des Hochsommertages. Zwei Männer mit nacktem Oberkörper stehen einander gegenüber, schwankend der eine, der mit der Zunge schnalzt, die Muskeln spielen läßt, und der andere, sein Gegner, ein schmächtiges Kerlchen, zitternd vor Wut. Ohne auch nur einen Finger zu krümmen, schlägt der Muskulöse dem Kleinen, daß es kracht, mit der Stirn aufs Nasenbein, tritt ihn zugleich blitzschnell in die Seite. Frauen stehen um die beiden herum, ringen die Hände, reden mit

Engelszungen. Tags zuvor schon seien die Hitze, der Betrug den Wartenden zu Kopf gestiegen, sagt jemand, hätten sie Dränglern und Geschäftemachern die Reifen aufgeschlitzt, ein Auto umgekippt. Ich kurble das Fenster hoch, bereite mir – Luxus im Vergleich zur polnischen Familie mit den beiden Kindern im Schiguli nebenan und schlicht, gemessen an den Deutschen mit ihren Federbetten im Mercedes hinter mir – auf dem Rücksitz das Lager für die zweite Nacht an der litauisch-polnischen Grenze zwischen Lazdijai und Suwalki, dem Nadelöhr, 1992 dem einzigen Landweg, der die baltischen Staaten mit dem Westen verbindet. Eine Baustelle, kein Übergang sei die Grenze auf der polnischen Seite, sagen die Leute, deshalb der Stau. Polen wolle den baltischen Ländern den Zugang zum Westen erschweren. Derweilen verdient die litauische Mafia an diesem Desaster durch Schleppergeschäfte. Hinter dem Hügel soll der Schlagbaum sein; unüberwindlich scheint er, brutal das Gesetz, das diesen Ort regiert, grenzenlos die Ohnmacht der Reisenden. Zur Qual werden im Autogefängnis, umgeben vom Schmutz des Asphaltplatzes, vom Dunst der Lkw-Abgase, Erinnerungen an die Reise . . .

Die baltischen Länder sind klein, ländlich, ihre Hauptstädte nur einige Autostunden voneinander entfernt, die Grenzübergänge zwischen ihnen erst seit der Unabhängigkeit installiert, sie zu überwinden, ist zumindest für westliche Reisende ein Kinderspiel. Estland hat nicht mehr als anderthalb Millionen Einwohner (sechzig Prozent Esten), Lettland zweieinhalb (fünfzig Prozent Letten), Litauen dreieinhalb (achtzig Prozent Litauer). Kompliziert sind die Allianzen und Differenzen. In allen drei Ländchen niedrige Holzhäuser, wilde Weinranken und glatte, rechteckige, graublau schimmernde finnische Pflastersteine. Gemeinsam sind ihnen die Häfen am *mare balticum* als Tore zum Westen und das offene Gelände nach Osten hin. Litauer und Letten gehören ethnisch, sprachgeschichtlich zusammen; beide sind indoeuropäischer, Esten hingegen finnougrischer Herkunft. Die Esten seien skandinavisch verschlossen, zuweilen dickköpfig, heißt es, die Letten pragmatisch, anpassungsfähig, böse Zungen behaupten: feige, und die Litauer – »die letzten Heiden Europas«, wie der polnische Dichter Czesław Miłosz schreibt – kämpferisch, stolz, eigen; wer ihnen übel will, sagt, sie seien verschlagen und hätten vom Sowjetsystem am meisten profitiert.

Litauen war im Mittelalter ein Großfürstentum, dann Teil des Polnisch-Litauischen Reiches, blieb überwiegend katholisch. Est-, Liv- und Kurland hingegen wurden von deutschen Orden kolonisiert; hier siegte die Reformation. Hansestädte entstanden. Als der Ordensstaat zerfiel, blieb Kurland als Herzogtum selbständig. Der östliche Teil Livlands, Lettgallen, ging ans polnische Reich. Est- und Livland wurden Provinzen des polnischen, des schwedischen, später des russischen Reiches. Nach den Polnischen Teilungen gehörte das gesamte Baltikum, gehörten auch Kurland, Lettgallen, Litauen zum zaristischen Rußland. Dennoch gab im baltischen Norden weiterhin die deutschbaltische Kultur, im Süden nach wie vor die polnische Adelskultur den Ton an. Die einheimischen Letten, Esten und Litauer blieben lange Zeit Bauern und Landarbeiter; nur in Litauen hielt sich neben diesen ein polonisierter Adelsstand. Mit Hilfe deutscher Lehrer und Pastoren entwickelten sich im Laufe des vergangenen Jahrhunderts in Liv-, Kur- und Estland, in Litauen von Preußisch-Litauen her die baltischen Sprachen und Literaturen. Als die nationalen Bewegungen aufkamen, in den polnischen Aufständen bedrohliche Formen annahmen, griff die zaristische Regierung stärker in die Verwaltung der baltischen Provinzen ein, begann sie zu russifizieren, auf diesem Wege die revolutionäre Bewegung ins Baltikum zu tragen.

Nach dem Ersten Weltkrieg unterstützte Westeuropa den baltischen Kampf um Unabhängigkeit. Seinem Interesse, den russischen Drang nach Westen zu begrenzen, verdankten Lettland, Estland und Litauen ihre erste Eigenstaatlichkeit. Beim zweiten Mal ergriff Westeuropa im Kampf der Balten um die Unabhängigkeit in der zerbrechenden Sowjetunion relativ spät Partei.

Ich fahre umher. Die Euphorie der Jahre 1989, 1990, 1991 ist dahin, das »Abwickeln« hat begonnen, die Armut, die Arbeitslosigkeit, das Tau- und Drähteziehen um Macht, Einfluß, Beziehungen, den Anschluß an die westliche Welt. Die alten Hansestädte, die Burgruinen aus der Ordens- und der litauischen Fürstenzeit, gotische Kirchen, die Klöster und Kirchen des Wilnaer Barock, kurländische Schlösser, verfallende Gutshäuser säumen die Wege. Zaristische Festungen, orthodoxe Garnisonskirchen ergänzen das historische Bild. Die Gotteshäuser der Baptisten, Adventisten, Pfingstler, die hölzernen Bethäuser der russischen Altgläubigen, die wenigen Synagogen, die geblieben sind, geben sich erst auf den zweiten, dritten Blick zu erkennen. Ich fahre umher, übernachte mal bei Bekannten von Bekannten, mal für zwanzig Mark in einem kleinen funkelnagelneuen estnischen Motel an der Chaussee, mal für einen Dollar in einer Holzhütte auf dem verwüsteten Gelände eines ehemaligen Sommerlagers in Jūrmala am Rigaer Strand, wo der Sand noch immer mehlfein und weiß, das Meer jedoch verseucht, zum Baden nicht geeignet ist. Der Strand reicht von Majorenhof bis Schlock und war für Sergej Eisenstein, Ossip Mandelstam wie für alle Rigenser mit unvergeßlichen Kindheitserinnerungen verbunden. Zu meiner Überraschung hat mir ein Mann an der Straße auf jiddisch den Weg zum Sommerlager am *jam*, dem Meer, erklärt. Meist aber schlage ich abends, müde von langen Stadtspaziergängen, irgendwo auf dem Land, da wo Menschen wohnen, das Zelt auf gegen ein Päckchen Kaffee, Tee, ein paar Mark; auf der Apfelbaumwiese eines lettgallischen Dorfschulleiters, zwischen Scheune und Ziehbrunnen auf einem Bauernhof hoch über dem Ufer der Düna, wo mir der Bauer erzählt: Einst habe sich hier der Baron von Korff aus Kreuzburg, berauscht von der Schönheit der Aussicht, die sich ihm bot – über die Schwemmwiesen auf den sich durch die Landschaft schlängelnden Strom – ein Landhaus errichten lassen. Welch ein Kontrast dazu das Hotel *Klaipėda* mit seinen memeldeutschen Heimwehtouristen in der litauischen Hafenstadt! Als sei die Zeit stehengeblieben, spricht man dort von der Kurischen Nehrung, von Nidden, Rossitten, dem König-Wilhelm-Kanal. Abends, wenn die Herrschaften zu Bett gegangen sind, kommen Jugendliche aus der Stadt ins Hotelrestaurant, berauschen sich an Wodka, *striptease* und den »Scorpions«, dem *sound* der westlichen Welt, der sich dem Osten zuwendet. Ich aber reise der Geschichte von Ermordeten hinterher.

Jahrhundertelang, bis zum Ausbruch des Ersten Weltkriegs und noch einmal in der Zwischenkriegszeit, lebten Letten, Litauer, Esten, Deutsche, Russen, Weißrussen, Polen, Juden, Schweden und Finnen als Nachbarn im Baltikum. Waren Menschen unterschiedlichen Standes, verschiedener Sprache, Tradition, Konfession, mischten sich selten, verständigten sich jedoch, arbeiteten miteinander, kannten die Sprachen der Nachbarn zumindest vom Hören, hatten das Fremde täglich vor Augen, nahmen – oft ohne es zu merken – doch Einfluß aufeinander. Ein großer Tag im Jahr war das heidnische Johannisfest der Letten, Litauer und Esten. Die hohen christlichen – katholischen, protestantischen, orthodoxen – Feste waren je nach Landschaft mehr oder weniger anerkannte Feiertage. Üblich war's, am christlichen Sonntag »beim Juden« einkaufen zu gehen. Unübersehbar die *taschlich*-Zeremonie, wenn die Juden, um sich ihrer Sünden zu entledigen, Brotkrumen in die Flüsse oder Seen warfen zu *Rosch Haschana*. Anfang der dreißiger Jahre lebten im damals polnischen Wilno allein fünfundfünfzigtausend Juden, mehr als dreißig Prozent der Einwohnerschaft. Schon Napoleon hatte Wilna *la Jérusalem de Lituanie* genannt. In der ersten litauischen Republik waren die Juden eine beachtliche Minderheit, mit einhundertfünfzigtausend acht Prozent der Gesamtbevölkerung, bis zu dreißig Prozent der Städter; in Riga, Kurland, Lettgallen, der gesamten Republik Lettland knapp einhunderttausend, in Estland viertausend. Die Nationalsozialisten und ihre einheimischen, auch ukrainischen Helfer haben die meisten von ihnen auf bestialische Weise in den Jahren 1941 bis 1944 umgebracht.

Eine ›Hagada schul pesach‹ überstand den Holocaust. Mein Vater hat mir die ›Erzählung von Israels Auszug aus Aegypten für die beiden ersten Abende des Pessachfestes, mit einer deutschen Übersetzung und Illustrationen‹, erschienen im Jahre 1891 im Verlag J. Kauffmann in Frankfurt am Main, aus dem Besitz des

Holzhändlers Simon Frejnkel in Kibarty, einem litauischen Städtchen an der Grenze zu Ostpreußen damals, nun zum russischen Bezirk Königsberg gehörend, vor der Reise noch gegeben. Das schmale Buch überdauerte die Zeiten, vielleicht, weil es rechtzeitig den Besitzer gewechselt hatte. »Schaeder, Kowno 1916« steht vorn mit Bleistift geschrieben, weil es den Weg von Kowno nach Deutschland wahrscheinlich schon nach dem Ersten Weltkrieg im Feldsack eines deutschen Soldaten machte, der später Professor für Orientalistik wurde, und aus dessen Bibliothek in das Göttinger Antiquariat gelangte, wo mein Vater es als Theologiestudent Ende der vierziger Jahre fand und gegen Heinrich von Treitschkes dreibändige ›Deutsche Geschichte im 19. Jahrhundert‹ eintauschte.

Hinter dem Betonplattenstapel mitten auf dem Asphaltplatz der Warteschleife kommen Frauen mit Wasserflaschen und Waschlappen unterm Arm hervor. Andere gehen ans Ufer des nur wenige Meter von der Straße entfernten Sees. Im Toilettenhäuschen, dem einzigen weit und breit, steht die Kloake knöchelhoch. Tagsüber gehen die Leute deshalb lieber ins nahe gelegene Wäldchen, nachts verrichten sie ihre Notdurft gleich hinter dem Auto. Am Kotflügel wasche ich mich mit Wasser aus dem Kanister, zünde die Flamme des Gaskochers an für einen Morgenkaffee. Nebenan im alten Ikarus garen Frauen auf einem Primuskocher Kartoffeln. Meist reisen Esten, Letten, Litauer, Russen in den für lange Reisen umgerüsteten Bussen zum *business* nach Polen und westwärts weiter. Ein junger Lette erzählt von Autoaufkäufen in Deutschland, Wagen, die er zu Hause repariert und weiterverkauft. Der Pole im Auto vor uns flucht über die litauische Mafia, über den Sittenverfall in Osteuropa, an dem, wie er, damit ich ihn verstehe, in polnisch-russisch-deutschem Kauderwelsch sagt, die Sowjets schuld seien – aufhängen solle man sie alle – und die Juden. Polen sind vorwiegend mit Pkw unterwegs, Westeuropäer eine Minderheit, meist Lkw-Fahrer. Zweihundert Deutsche Mark Schmiergeld würden reichen, um schnell über die Grenze zu kommen. »Keine Mark sehen die von mir«, sagt eine Frau aus

Ostdeutschland, deren Auto bereits zwei Tage in der Warteschlange und noch ganz hinten steht.

»Die Juden« gibt es nicht, auch nicht im Baltikum. Was die jüdische Bevölkerung in Litauen, Lettland und Estland betrifft, so ist sie nach Herkunft und Geschichte verschieden. Die Mehrzahl derjenigen, die heutzutage hier leben (nicht mehr als zwanzigtausend), kamen in den Jahren nach dem Zweiten Weltkrieg aus anderen Teilen der Sowjetunion. Die, die vor dem Krieg hier ansässig waren, stammten überwiegend aus Litauen, zu Teilen aus Weißrußland, auch aus Deutschland. In den nördlicheren Gegenden des Baltikums aber paßten sie sich den neuen Lebensbedingungen bald an, bildeten in Kurland und Lettgallen einen ganz eigenen Typus des ländlichen, des Stetl-Juden, entwickelten sich in den großen Handels- und Gouvernementshauptstädten Riga und Reval, in der Universitätsstadt Dorpat/Jurjew zu modernen Stadtbürgern. Entfaltungs- und Erneuerungsmöglichkeiten boten den Juden die baltischen Republiken der Zwischenkriegszeit – Estland allen voran –, indem sie ihnen umfassende Kulturautonomie und Minderheitenrechte gewährten. Die *litwakes* aber hielten dennoch fest an ihrer Tradition, interpretierten, erneuerten diese nur auf verschiedene Weise, wurden Zionisten, Bundisten, *mussarniks* – Asketen.

Das Baltikum hat wenige Prominente, keine so reiche Literatur wie die südliche Grenzlandschaft Galizien hervorgebracht und dennoch auf Kultur und Wissenschaft im Westen wie im russischen Osten gewirkt. Schon die jungen Philosophen Johann Gottfried Herder und Johann Georg Hamann aus Preußen hat diese Vielvölkerlandschaft in östlicher Randlage inspiriert. Von dort erhielten der deutsche Protestantismus, die russische Revolutionskultur starke Impulse. Dorpat/Jurjew/Tartu ist das geistige Zentrum des Baltikums. In Dorpat leistete die deutsche Osteuropaforschung Pionierarbeit. Der deutschbaltische Embryologe Karl Ernst von Baer, der russische Mediziner Nikolai Pirogow, der deutsche Psychologe Kraepelin, der polnische Sprachwissenschaftler Baudouin de Courtenay lehrten an der Landesuniversität Dorpat/Jurjew. In der Sowjetunion war Tartu das Fenster zur Wissenschaftswelt im Westen. Abgesehen von August von Kotzebue mit seinem zweifelhaften Ruf lebten die Sturm-und-Drang-Dichter Jakob Michael Reinhold Lenz und Friedrich Maximilian Klinger in Liv- und Estland. Der obskure Nazi-Ideologe Alfred Rosenberg kommt aus Reval, der unrühmliche Tschekist Feliks Dzierżyński aus Wilna. Die Familien der russischen Literaten jüdischer Herkunft Ossip Mandelstam, Wenjamin Kawerin, Juri Tynjanow, des Filmregisseurs Sergej Eisenstein stammen aus den damaligen Westprovinzen des Russischen Reiches. Walter Benjamins Freundin Asja Lacis und Bertolt Brechts Freund Sergej Tretjakow wuchsen in Riga auf; der bekannte Schauspieler und Regisseur Salomon Michoėls und der Schriftsteller Leonid Dobytschin im lettgallischen Dwinsk/Dünaburg/Daugavpils. Die polnischen Dichter Adam Mickiewicz und Czesław Miłosz machten den Westen mit ihrer litauischen Heimat bekannt. In Deutschland gilt Werner Bergengruen als der deutschbaltische Schriftsteller, Eduard von Keyserling liest man kaum mehr. Die Gelehrten Emmanuel Lévinas aus Kowno/Kaunas, Juri Lotman aus Tartu, Isaiah Berlin und Jeschajahu Leibowitz aus Riga sind in der ganzen Welt bekannt, vielleicht auch der Geiger Jascha Heifetz, die bildenden Künstler Mark Antokolski und Jacques Lipchitz aus Wilna; wer aber hat schon von dem Philosophen Salomon Maimon aus Nieśwież, von dem hebräischen Schriftsteller Abraham Mapu aus Slobodka, von der Gruppe *Jung Wilne* gehört.

Juden siedelten seit dem Mittelalter im Baltikum. Wie der polnische König hatte auch der litauische Großfürst den in deutschen Ländern Verfolgten sein Land geöffnet, sie unter seinen Schutz gestellt, ihnen außerordentliche Privilegien verliehen. Damit war ihr Wohlergehen an die Geschicke des Fürstentums geknüpft. Mit Litauen gingen sie nach der Lubliner Union (1569) an das polnisch-litauische *commonwealth* und verloren, wie das Fürstentum, etwas von ihren außerordentlichen Privilegien, nicht aber ihren Stolz und ihre Eigenart. Wie in Galizien lebten sie meist im Stetl und auf dem Land, waren Kaufleute, Rabbiner, Pächter, Schankwirte, Handwerker und als Schutzjuden an die Adelsrepublik gefesselt, erst recht, als sie niederging. Schon zur polnischen Zeit begannen die litauischen Juden nach Norden zu wandern, zuerst in das Warschau lehnspflichtig gewordene Herzogtum Kurland und nach polnisch Livland, in das heutige Lettgallen im Osten Lettlands. Die Hansestädte, auch die protestantisch-schwedischen Regenten verwehrten ihnen in Est- und Livland Siedlungs- und Handelsrechte. Dennoch kamen sie übers Meer, die Düna herunter, die Heer- und Handelswege entlang zu den Märkten. Seit dem Ende des zweiten Nordischen Krieges (1700–1721) waren die Juden in Liv- und Estland, seit den Polnischen Teilungen auch jene in Lettgallen (1772), Kurland und Litauen (1795) Untertanen der Zaren. Katharina II. wies ihnen die *tscherta ossedlosti*, den »Ansiedlungsrayon«, zum Wohnen und Arbeiten an, jenes Gebiet, in dem sie ohnehin schon vier Jahrhunderte ansässig waren. Die aufgeklärt-absolutistische Herrscherin wollte die Juden in die russische Standesgesellschaft integrieren, gewährte ihnen die gleichen Rechte wie anderen Untertanen, ordnete sie nach ihrem Erwerb regional der städtischen Bevölkerung zu, die meisten dem Kleinbürgerstand, was zu Landvertreibungen und für die Pächter, Schankwirte, Kleinhändler, Flickhandwerker zur Zerstörung ihrer Lebensgrundlagen führte. Will man die Geschichte der Juden des Baltikums studieren, wende man sich also zunächst der polnischen, dann der russischen Geschichte zu.

Sankt Petersburg wußte den Reichtum, die freiheitliche Verfassung der Kaufmannsstädte und den Wohlstand der deutschbaltischen Gutsherrschaft zu schätzen, als Experimentierfeld zu nutzen, verfügte hier bereits Anfang des 19. Jahrhunderts, fünfzig Jahre früher als in Rußland, die Aufhebung der Leibeigenschaft, erlaubte den deutschbaltischen Städten, Landständen, der Landesuniversität bis in die siebziger/achtziger Jahre des vergangenen Jahrhunderts, sich selbst zu verwalten.

Liv- und Estland gehörten nicht zum »Ansiedlungsrayon«, nur Lettgallen im Gouvernement Witebsk seit 1794, Litauen seit 1795, Kurland lediglich dreißig Jahre (von 1799 bis 1829). Katharina II. gewährte Juden wie »Ausländern« in Livland Siedlungs- und Handelsrechte. Abgesehen davon war es vom »Ansiedlungsrayon« in die Kaufmanns- und Hafenstädte nur ein Katzensprung, zwischen beiden gab es nicht einmal eine Staatsgrenze. Mitte des vergangenen Jahrhunderts sollte von Riga und Wilna eine Politik zur Integration der Juden in Staat und Gesellschaft ausgehen. Nicht daß das russisch regierte Baltikum für Juden das Gelobte Land gewesen wäre, aber aus dem Wettbewerb der Interessen gewannen sie im umstrittenen Grenzland der Großmächte hier und da auch Spielraum, Vorteil, wuchs ihnen gegenüber die Toleranz. Wilna entwickelte sich zu einer beinahe autochthonen Vielvölkerstadt mit starkem jüdischem Einfluß. Im Memelland, in Lettland und Estland aber dominierte, bis die zionistische Bewegung aufkam, unter den Juden die Vorliebe für die deutsche Kultur. Die Juden Lettlands und Estlands seien nicht typisch gewesen für das russische Judentum, heißt es in der ›Kratkaja Jewrejskaja Enziklopedija‹. Um die Jahrhundertwende boten die alten Hansestädte Riga und Reval, aber auch die kurländischen Städtchen das Bild einer deutsch-jüdischen Symbiose à la Czernowitz. »Da ich in Riga lebe, beherrsche ich die deutsche Sprache besser als die russische«, schrieb Sergej Eisenstein. Dennoch wandte er sich wie viele seiner Zeitgenossen der russischen Revolution, später der Sowjetunion zu.

Hätte ich wie auf der Herfahrt die Fähre genommen, säße ich bei einer frischen Brise auf dem sonnigen Deck mit Blick auf das Meer, schriebe in meinem Reisejournal, hätte unterhaltsame Begleitung, eine Kajüte, ein Bett, drei Mahlzeiten am Tag. Nach zweiundfünfzig Jahren haben im Frühjahr 1992 Fährschiffe zwischen Litauen (Klaipėda), Lettland (Riga), Estland (Tallinn) und Deutschland (Kiel, Mukran auf Rügen und Rostock) wieder den Verkehr aufgenommen. Vor dem Krieg gingen von Hamburg zweimal, von Stettin und Lübeck einmal pro Woche Dampfer nach Riga, von Bremen alle zwölf Tage. Von Kiel fährt die »Mercuri 1«. Vor vielen Jahren in Jugoslawien gebaut, fuhr das Fährschiff unlängst noch als Eisenbahnfähre auf dem Kaspischen Meer. Auf einer Gdańsker Werft überholt und umgerüstet, gehört es nun einem aserbaidschanisch-deutschen Joint-Venture-Unternehmen und fährt unter zypriotischer Flagge mit einer aserbaidschanischen Mannschaft, einem italienischen Koch, einer deutschen Chefkellnerin. Die Passagiere sind *businessmen* aus dem Baltikum, deutsche Lastwagenfahrer, meist aber deutschbaltische Touristen, die endlich ihre alte Heimat wiedersehen, dort frei herumreisen dürfen. Der Krieg hatte die Deutschbalten 1939, die Litauendeutschen 1941, die Memelländer 1944 von ihrer Kindheitswelt im Vielvölkerland getrennt. Ihr Heimweh wurde im Kalten-Kriegs-Deutschland oft als revanchistisches Interesse mißverstanden. Daß die baltische Geschichtsforschung bei all ihrem Kennertum hierzulande lange Zeit ein eher familiäres als kritisches Verhältnis zu ihrem Gegenstand hegte und schweigend über heikle Fragen hinwegsah, hat solchem Mißverständnis Vorschub geleistet und zusammen mit dem ideologischen Starrsinn, der Angst vor Einmischung auf der anderen, der sowjetischen Seite des Eisernen Vorhangs das Baltikum doppelt verborgen und verschwiegen, zur *terra incognita*, zum Erinnerungsland gemacht.

Deutsche, Deutschbalten, Memelländer werden in allen drei Ländern freundlich empfangen. Der Reichtum, die Demokratie, die Kultur des Westens könnten, so hofft man, das Trauma der Sowjetherrschaft lösen helfen, das mit dem Terror der Massendeportationen begann – Hunderttausende, ein Zehntel der Balten, wurden in den vierziger Jahren nach Sibirien verschleppt; viele Esten, Letten, Litauer flohen ihre Heimat aus Furcht vor der kommunistischen Herrschaft; sowjetische Arbeiter, Militärs, Führungskader, Verwaltungsbeamte kamen, die Einheimischen sagen, sie überfremdeten das Baltikum. Die baltischen Sprachen, das religiöse Leben, Sitten und Gebräuche wurden stigmatisiert, die traditionelle Landwirtschaft und Industrie nach sowjetischem Muster umgestaltet, Landschaften zerstört.

Deutschbaltische und memelländische Nostalgie, der *homo sowjeticus* und andere Altlasten verstellen den kritischen Blick auf die alte Vielvölkerlandschaft. Schwarzhändler, Geschäftemacher versuchen Kapital aus all dem zu schlagen. Die neuen nationalen Bewegungen marschieren über die Scherben, die geblieben sind, hinweg oder versuchen, sie im Beschwörungsritual lärmender Redeschlachten eilfertig zu brauchbaren Gefäßen zu kitten. Nach dem großen Schweigen des Kalten Krieges lese ich aus geschnürten Bündeln, Trümmerfeldern, rissigen Fassaden.

REVAL – TALLINN
DIE SYNAGOGE IM PULVERKELLER

Ein weißes Wolkenband schwimmt über den Himmel wie ein Krokodil, das den Mond verschlingt, wirft seinen Schatten über das mondhelle Kornfeld. Klar und kühl ist die estnische Sommernacht, beinahe skandinavisch. Popmusik dröhnt aus der Bar unterm Dach. Schweigt die Musik, schwäbelt es laut vergnügt durch die offenen Fenster, ein Chor aus Süddeutschland ist zu Gast im singenden Estland. Das Motel nicht weit von Tallinn im Landhausstil – die Fußbodendielen, die Deckenverkleidung, das Mobiliar aus hellem Holz – ist brandneu, riecht noch nach Farbe, wird nach westlichem Stil und Kalkül geführt. In Estland, dem kleinsten, dem nördlichsten und doch – weil Finnland nahe ist – »westlichsten« der baltischen Länder, begann die »singende Revolution«, wurde zuerst aus der Umweltschutz- eine Unabhängigkeitsbewegung. In vier Stunden ist westliche Ware von Helsinki nach Tallinn gebracht. Finnische Investoren sind schnell bei der Hand in Estland.

Nach einer in Farbdünsten und schwerem Schlaf ertrunkenen Nacht mache ich mich am Morgen auf nach Tallinn. Die Bäume rechts und links der breiten, geraden Asphaltstraße werden niedriger, die Weideflächen magerer, größer. Nicht mehr weit, spüre ich, kann es sein bis zum Meer. Einfamilienhäuser stehen hinter Zäunen, mehr und mehr, immer enger beieinander. Ein Bahnübergang, Straßenbahnschienen. Hinter einer Brücke über Eisenbahnlinien eine alte Fabrik. Unmerklich führt mich die Pernauer Chaussee in die Stadt. Ich fahre an einem Platz vorbei, dem Vabaduse väljak, dem Freiheitsplatz, sehe rechterhand graue Kalksteinmauern, Grünspankuppeln, die Jugendstilfassade des Schauspielhauses, fahre an der Altstadt von Tallinn vorüber.

Mythengetränkt, todessehnsüchtig steht die graue Stadt, eine Festung, von Mauern, Wällen umgürtet, von mächtigen Türmen bewacht, hoch droben im Norden, hoch droben im Osten am

Meer. Werner Bergengruens Novellensammlung ›Der Tod von Reval‹ sitzt mir im Nacken. Ein düsteres, norddeutsches Schulgedicht von Theodor Storm klingt an. Wollstrümpfe kratzen, Tinte schmiert. Es schaudert mich. Die ›Moskowitische und Persianische Reisebeschreibung‹ des holsteinischen Gesandten Adam Olearius, die ›Teütsche Poemata‹ eines seiner Begleiter, des Dichters Paul Fleming, beide aus der Mitte des 17. Jahrhunderts, lassen dagegen freier atmen. Abenteuerreisende sind Olearius und Fleming gewesen, sind von Travemünde über die Ostsee nach Reval, von dort nach Moskau, die Wolga hinunter bis nach Persien gefahren. Sie erzählen von ihren Aufenthalten in der Kaufmannsstadt. Adam Olearius schildert die »Undeutschen«, die Esten, Paul Fleming verfaßt Hymnen auf Reval, auf Elsabe und Anna, die Kaufmannstöchter. Die Reisenden genossen hanseatische Gastfreundschaft, haben ihr Herz in Reval verloren.

Ehe ich mich versehe, bin ich auf der anderen Seite schon wieder aus dem Stadtzentrum hinaus, auf der Narvaer Chaussee. Rechts sehe ich von ferne hell ein Schloß zwischen hohen, dunklen Parkbäumen – Kadriorg, Katharinental, gebaut als Privatresidenz Zar Peters I. –, links eine Promenade. Ein zierliches Mädchen steht da auf einem Stein, Russalka, ein Denkmal zur Erinnerung an ein russisches Schiff, das vor hundert Jahren unterging, dahinter das Meer.

Reval nennen wir Deutschen meist Tallinn, die Hauptstadt Estlands seit 1918, und »Ostsee« das *mare balticum*, das Mittelmeer des Nordens, die »Westsee« der Balten. Reval/Tallinn – beide Namen sind alt, beide estnischen Ursprungs. Reval leitet sich von der Landschaftsbezeichnung Rävala oder Rävälä her, Tallinn heißt »Dänenstadt«, seit die Dänen 1219 in der Revaler Bucht gelandet sind und dort, wo die estnische Bauernburg Lyndanise und ihr zu Füßen ein skandinavischer Handelshof stand, die Stadt gegründet haben. 1346 wurde Tallinn an den Deutschen Orden verkauft, Reval genannt, ein Aufstand der Esten blutig niedergeschlagen. »Was haben wir, ich und Ihr, meine Freunde, für einen Nutzen davon, daß Reval siebzehnhundert Häuser und annähernd zwölftausend Einwohner hat? Daß es in Reval ein Gymnasium gibt, verschiedene unbedeutende Fabriken, Geschäfte? Gibt es dort Altertümer, sind Reste früherer Befestigungen, Wehranlagen oder Kirchen erhalten geblieben? Erzählt dort die Umgebung dem Auge etwas, das dieses dann der Phantasie weiterträgt? Das ist es doch, was Ihr wirklich wissen wollt, und darüber werde ich nun auch berichten«, schrieb Alexander Bestuschew 1820 aus russischer Sicht.

Anderthalb Jahrhunderte hatten russische Heere die Festung Reval vergeblich bedrängt, belagert, ehe sie sich Peter dem Großen, schon Herr über Liv- und Estland, ergab unter der Bedingung, daß der Zar den deutschbaltischen Ritterschaften und den Hansestädten der Ostseeprovinzen den Fortbestand ihrer Privilegien lasse. Der Uneinnehmbarkeit Tallinns hatten die Ostseeprovinzen also ihren Sonderstatus im Russischen Reich zu verdanken. Gut zweihundert und noch einmal beinahe fünfzig Jahre sind Russen Herrscher über Tallinn und Estland gewesen. In Reval werde viel russisch gesprochen, fast alle beherrschten Französisch – die Lieblingssprache aber sei Deutsch, diese Neigung selbst in russischen Kreisen deutlich zu spüren, schreibt der Adelsrevolutionär Alexander Bestuschew. Solcherart Germanophilie habe ihn anfangs erschreckt, mit der Zeit aber habe er Gefallen daran gefunden, wie die harten deutschen Sätze, nachdem sie wundervollen Lippen entschlüpft waren, weicher wurden, ihre Laute im Einklang mit einer harmonischen Stimme sein Ohr liebkosten. Saubere Häuser, reinliche Küchen, manierliche Tischsitten bei Arm und Reich bemerkte Bestuschew in »Rével«, dem russischen Reval. Auch die Livländische Chronik in deutscher Sprache zu lesen, scheute der russische Adlige sich nicht.

Ich kehre um, fahre ins Zentrum zurück, suche die Karu-Straße. Dort soll das Haus der Jüdischen Gemeinde von Tallinn sein. Nicht der Ordens- und Adelsstadt will ich meine Aufmerksamkeit vorrangig schenken, auch nicht der Hauptstadt Estlands, sondern der Hafenstadt, in der neben Esten, Russen, Ukrainern und Weißrussen auch Juden leben.

Schon in dem skandinavischen Handelshof konnte man verschiedene Sprachen hören – Russisch, Schwedisch, Dänisch, Deutsch, Finnisch, Estnisch – und auch im Hafen, auf den Plätzen, in den Straßen und Häusern der Hansestadt, in der das niederdeutsche Platt regierte. Die Straße, die ich suche, verläuft auf der Hafenseite parallel zur Narvaer Chaussee. Das Haus Nr. 16 aus den zwanziger Jahren ist das einzige ansehnliche Gebäude in der kurzen, schmalen, ungepflasterten Gasse, auf der nach einem Gewitterschauer riesige Pfützen stehen. Die Tür ist offen. Das Haus scheint menschenleer. Im zweiten Obergeschoß jedoch höre ich Stimmen. In einem Büroraum stehen Leute. Dies sei das einzige Gebäude in der Stadt, das die jüdische Gemeinde zurückerhalten habe, sagt eine Frau, die Sekretärin. In den anderen Stockwerken befinde sich wieder wie vor dem Krieg, in der ersten estnischen Republik, eine staatliche estnisch-jüdische Schule.

Zu allen Zeiten lebten Menschen unterschiedlicher Kultur und Sprache in der von Deutschen geprägten nordischen Hafenstadt. Juden aber traf man zwischen ihnen – die Deutschen Ordensritter, die schwedischen Herren verwehrten ihnen den Zuzug – lange nur vereinzelt an: Kaufleute, Handwerker, die aus deutschen Städten über das baltische Meer kamen, oder aus den von Polen regierten Gebieten Litauen, Kurland, Lettgallen und später, nach den Polnischen Teilungen, aus dem russisch regierten »Ansiedlungsrayon«. Erst 1830 bildete sich in Reval eine jüdische, man stelle sich vor, eine Soldatengemeinde. 1828 hatte Zar Nikolaus I. sogenannten Kantonistenfamilien erlaubt, sich in Reval niederzulassen. Unter seinem Vorgänger, Alexander I., war es üblich gewesen, Kinder von Vagabunden, Zigeunern, Raskolniki, rebellischen Untertanen oder Juden aufzugreifen und zwangsweise zu rekrutieren. »Kantonisten« wurden sie genannt und »Nikolai'sche Soldaten«, weil Zar Nikolaus I. diese Praxis legalisiert und, was die Juden betrifft, den *kahal*, die Gemeinde, dafür zuständig erklärt hatte, Minderjährige, Knaben ab zwölf Jahren, zum Militärdienst einzuziehen. *Chappers*, Häscher, fingen vor allem die armen Judenkinder ein. Reiche kauften sich frei. Viele dieser Kinder starben früh.

Andere ließen sich zwangsweise taufen. Die, die die Torturen der Zwangschristianisierung, des Militärdienstes – oft fünfundzwanzig Jahre lang – überstanden hatten, erhielten zur Entschädigung als Erbprivileg das Niederlassungsrecht außerhalb des »Ansiedlungsrayons«, ein Privileg, das der Reformzar Alexander II. ebenso Studierten, Handwerkern und Kaufleuten der Ersten Gilde unter den Juden zusprach.

Im Haus Karu-Straße 16 herrscht Sommerflaute. Die Schulkinder haben Ferien. Im Büro stehen einige Männer nach Ausreiseanträgen an. Vor fünf Jahren, im Herst 1988, sei in Tallinn eine Jüdische Kulturgesellschaft gegründet worden, erzählt Gennadi Gramberg, der Vorsitzende, ein zierlicher junger Mann, den ich in einem der Räume treffe. Die Gesellschaft sei die erste dieser Art in der damaligen Sowjetunion gewesen. Nun nenne sie sich Gemeinde und habe knapp eintausend Mitglieder. Vor dem Krieg habe sie mehr als doppelt so viele gezählt, (1934) 2203. So viele wie jetzt seien sie schon vor hundert Jahren gewesen (1897: 1193), damals zwei, heute ein halbes Prozent der Einwohnerschaft. So klein war die jüdische Gemeinde in der russisch regierten, deutsch dominierten estnischen Haupt- und Handelsstadt, daß die deutschbaltische Gesellschaft sie damals und die Osteuropa-Geschichtsschreibung sie bis heute getrost ignorieren konnte – man arbeitete zusammen, aber lebte getrennt. Dennoch lieferte sie dem Revaler Kaufmannssohn Alfred Rosenberg, geboren im Jahre 1893, Domschüler, Student der Architektur in Riga und Moskau, Stoff für seine antisemitischen Träume, mit denen er sich profilieren sollte. ›Die Spur des Judentums im Wandel der Zeiten‹ (1919), Die ›Protokolle der Weisen von Zion‹ (1924), ›Unmoral im Talmud‹ (1933), ›Pest in Rußland‹ (1937), ›Der staatsfeindliche Zionismus‹ (1938) heißen Propagandabroschüren, die er verfaßte, noch ehe er »Reichsminister für die besetzten Ostgebiete« wurde und den Raub der Kunstgüter von dort zu organisieren begann.

Frei entwickeln konnte sich jüdisches Leben in Estland erst nach dem Ersten Weltkrieg, in der estnischen Republik, fünfzehn Jahre lang, bis im Sommer 1940 die Sowjetunion Estland annektierte, ein

Jahr später die Deutsche Wehrmacht einmarschierte, in ihrem Gefolge die Einsatzgruppe A der SS. Aus Estland meldete die SS zuerst, das Land sei »judenfrei«. »Die meisten der Juden, die in Tallinn leben«, sagt Gennadi Gramberg, »stammen nicht aus Estland, sondern aus Rußland, der Ukraine, Weißrußland.« Sie seien wie seine eigene Familie während der Sowjetzeit gekommen, weil in Estland der Lebensstandard höher, die Toleranz größer und von Estland aus auch die Ausreise nach Israel leichter gewesen sei. Im Jahre 1959 habe man in Tallinn mit 3717 Personen mehr Juden als in der Vorkriegszeit registriert. Seitdem aber seien viele ausgewandert, nach Israel, nach Amerika. Nun gingen auch noch die meisten von denen fort, die nach der atheistischen, antizionistischen Sowjetzeit zurück zum Judentum gefunden hätten, vor allem die jungen Leute. Eine Schule habe die Jüdische Gemeinde nun wieder. Der estnische Staat finanziere sie gemeinsam mit internationalen jüdischen Organisationen. Israel habe Lehrer geschickt, erzählt Gennadi Gramberg. In der Synagoge versammelten sich die Frommen, meist alte Leute, regelmäßig zum Gebet. An hohen Feiertagen komme ein Rabbiner aus Helsinki. Einmal im Monat gewähre das estnische Radio der Gemeinde eine Stunde Sendezeit mit dem Titel »Scholem Alejchem«. Die Gesellschaft widme sich zunehmend der Altenpflege. Es gebe auch eine Monatszeitung der Gemeinde, *Haschachar* (Morgenröte), erfahre ich, die jedoch in russischer Sprache mehr von Rußland und Israel als von Estland berichte.

Fort aus Estland wolle er, nur fort von hier, sagt ein Mann in blau-weiß-schwarzer Sportjacke mit braungebranntem Gesicht, den ich nebenan im Büro treffe. Land und Leute seien völlig verrückt, vergiftet von nationalistischen Feindseligkeiten. Von Mensch zu Mensch könne man sich gerade noch mit *einem* Esten unterhalten, seien sie aber zu zweit oder zu dritt, gehe es nur noch ums nationale Etikett, und der Streit breche los. Dabei sei er Kosmopolit, habe als Seemann vieler Herren Länder gesehen, Frauen aller Hautfarben geliebt. Der Mann ist Ukrainer, seine Frau Jüdin. Lange schon leben sie in Tallinn. Nun wollen sie auswandern nach Amerika. Eine Einladung hätten sie schon, nur das Visum und ein Sponsor fehlten noch, der die Schiffspassage, pro Person sechshundert Dollar, zahle. Nach Moskau müsse er, um sich in der amerikanischen Botschaft als Flüchtling anerkennen zu lassen. Zusammen mit dem ukrainischen Seemann verlasse ich das Haus. Er wird mir den Weg zum jüdischen Friedhof am Rande der Stadt zeigen. Von da aus habe er es dann nicht mehr weit bis nach Haus.

Wir fahren die Narvaer, die Pernauer Chaussee entlang, durch die Vorstadt Tondi, zersiedeltes Gelände. Ein »Fremder« sei er nun für den estnischen Staat, ein »Staatenloser«, schimpft der Seemann. Gerüchte, man wolle solche wie ihn einfach irgendwo über die Grenze verfrachten, ins Meer, ins Jenseits wie Ungeziefer, kolportiert er, von den Massendeportationen im Juni 1941 und nach dem Zweiten Weltkrieg dagegen spricht er nicht. Nach Schätzungen wurden sechzigtausend Esten nach Sibirien verschleppt.

Üble Geschichten gehen um im nationalen Streit zwischen den sogenannten »Russen« und den Esten. Verzweifelt hartnäckig wehrt sich das kleine Land gegen die demographische Okkupation, die die Sowjetmacht über Jahrzehnte betrieb. Weniger als eine Million, 963 269 Esten (61,5 Prozent der Gesamtbevölkerung) stehen mehr als einer halben Million »Nichtesten« gegenüber – 474 815 Russen (30,3 Prozent), 48 273 Ukrainern (3,1 Prozent), 27 711 Weißrussen (1,8 Prozent). Diese bilden die Mehrheit der Industriearbeiter, sind Matrosen, Ingenieure, Ärzte, Wissenschaftler, Militärs. Das kleine Volk der Esten, heißt es, sei davon bedroht »auszusterben«. Im Frühsommer 1992 beschlossen die Esten deshalb, Staatsbürgerrechte nur denen zu verleihen, die vor 1940 im Lande lebten, also auch den alteingesessenen Minderheiten, Juden, Russen, Finnen, aber nicht denjenigen, die später kamen, auch wenn sie für die Unabhängigkeit gestimmt hatten. Seit dem Sommer 1993 gilt das »Gesetz für Fremde«. Dort heißt es: Nichtstaatsbürger müssen innerhalb eines Jahres eine Aufenthaltserlaubnis beantragen, und die estnische Staatsbürgerschaft kann beantragen, wer mindestens zwei Jahre in Estland lebt, sich einer Prüfung unterzieht, Kenntnis der Landessprache, der Landeskunde vorweist, dem Staat gegenüber eine Treueerklärung abgibt. Die meisten der Russen, Ukrainer, Weißrussen, der russischsprechenden Juden haben nie Estnisch gelernt, viele weigern sich weiterhin, manche sind damit schlicht überfordert. Auch er beherrsche die estnische Sprache nicht, gesteht der Seemann und winkt uns in die Rechtsabbiegerspur. Über Nebenstraßen geht es zum jüdischen Friedhof, der direkte Weg über die Pernauer Chaussee ist gesperrt. Die eigentliche Schwierigkeit für die »Fremden« aber sei nicht der Antrag, die Prüfung, sondern die Demütigung, der man ausgesetzt sei. Man habe jemanden durchfallen lassen, weil er die exakten Maße der estnischen Flagge nicht habe angeben können, sagt der Seemann. »Keine ständige Aufenthaltsgenehmigung soll bekommen, wer durch sein Handeln nationale Interessen oder das internationale Ansehen Estlands kompromittiert«, heißt es im Artikel 12 Paragraph 4 Absatz 3 des Gesetzes. ». . . too much room for arbitrary decisions« attestierte der KSZE-Hochkommissar für Nationale Minderheiten Max van der Stoel dieser Bestimmung in einem Brief an den estnischen Präsidenten Lennard Meri. Keiner kontrolliere die Prüfungskommissionen, sagt der Seemann. Prüfungen auf staatliche Loyalität würden von Kollegen genutzt, um alte Rechnungen zu begleichen. »In my view«, so der KSZE-Hochkommissar, »it is necessary not only to analyse the law on its purely legal merits, but also to consider its psychological effects on the Russian-speaking population of Estonia.« Ausgerechnet Estland tut sich so schwer mit seiner Fremdengesetzgebung, denke ich, Estland, das 1925 so stolz war auf sein Minderheitenrecht! Ob es in Deutschland etwa gerechter zugehe, wer von den Zugewanderten bei uns Staatsbürgerrechte erhalte, frage ich mich.

Das Oberste wurde zuunterst gekehrt. Je größer die wirtschaftliche, die politische Not, um so hitziger die Streitereien, um so unüberwindlicher die gegenseitigen Vorbehalte. Die Arbeitslosigkeit, die die estnische Industrie bedroht, werde zuerst die Fremden treffen, schimpft, flucht der ukrainische Seemann, als probe er die Hieb- und Stichfestigkeit seiner Flüchtlingsidentität für die amerikanische Botschaft. Der hat gut reden!, denke ich, was aber soll ein weißrussischer Arbeiter sagen, der in einem Dorf bei Tschernobyl zu Hause war, dessen Frau etwa aus Georgien stammt, wo der Bürgerkrieg tobt. Der Seemann hat eine jüdische Frau, darf deshalb in den Westen ausreisen. Der estnische Vorwurf, sie seien Okkupanten, verbindet die russischsprechende Bevölkerung in Estland, und nun der Status des Fremden, des Staatenlosen; die Möglichkeit zur Ausreise aber trennt sie, ist ein jüdisches Privileg, das ein Russe, Ukrainer, Weißrusse allenfalls durch verwandtschaftliche Bindungen oder käuflich durch gefälschte Papiere erwerben kann.

Die letzten Hochhäuser am Südrand von Tallinn liegen schon hinter uns. Wir fahren an Mauern entlang, hinter denen – inzwischen estnische – Kasernen stehen. Der ukrainische Seemann wirft der estnischen Armee Vandalismus und Terror vor – zu jung, hitzig und ungebildet seien die Soldaten –, berichtet von Schießereien, obskuren Versuchen, die estnische Partisanentradition der »Waldbrüder« neu zu beleben zur Selbstverteidigung gegen die Restverbände der Sowjetarmee. »Waldbrüder« nannte man in Estland zu Kriegs- und Nachkriegszeiten die Männer, die in den Wäldern versteckt gegen die Sowjetregierung revoltierten. Nachkriegskinder fürchteten, mieden ihretwegen die Wälder, erzählt die estnische Schriftstellerin Viivi Luik in dem Roman ›Der siebte Friedensfrühling‹. Auf der anderen Seite, sagt der Seemann, hätten sich im *Slawjanskij sobor*, in der Slawischen Gemeinde, Nationalisten zum Kampf für ein sowjetfreies, judenreines Estland formiert. Auch die russischen Arbeiter würden mit Protestaktionen drohen. Die Industrie- und Grenzstadt Narva, zu neunzig Prozent von Russen bewohnt, ein Ort der Konspiration, habe für Autonomie zu streiten begonnen. Russen im »nahen Ausland« nennen russische Zeitungen ihre Landsleute in den abtrünnig gewordenen Republiken. Die Russen im »nahen estnischen Ausland« werden in dem Maße, wie sie versuchen, der Moskauer Regierung Unterstützung abzupressen, sich als Drahtzieher alter Seilschaften aufzuspielen, zum Unterpfand der Politik zwischen Estland und Rußland – je nachdem Lockvogel, Spielball oder Klotz am Bein. Von ihrem

Wohlbefinden, der Befriedigung ihrer Interessen soll abhängen, ob die Truppen der einstigen Sowjetarmee abziehen und wann; ob es Öl, Gas, Material für die Industriebetriebe geben wird oder nicht; gegen Devisen oder zu Rubelpreisen; ob die Grenzen unangetastet bleiben oder alte Ansprüche geltend gemacht, Gebiete zurückerstattet werden – Gebiete nördlich um Narva und südlich um Petschur (Petschory), die Estland 1920 zugesprochen, ihm 1940 und 1944 von Rußland wieder abgenommen wurden. Pressekampagnen werden entfacht. Die russische Regierung aber entscheidet all diese Fragen nach eigenem Gutdünken. Rechtsdefinitionen hin, Rechtsdefinitionen her. *Die* Russen in Estland gibt es nicht, genauso wenig wie *die* Juden. Dieser Sammelbegriff bringt den einzelnen zum Verschwinden, möchte glauben machen, daß man an mehr als einer halben Million Menschen vorbeisehen kann.

Der *Juudi kalmistu*, der jüdische Friedhof, liegt dem *Rahumäe kalmistu*, dem christlichen, genau gegenüber. Kleine Davidssterne krönen ein schmiedeeisernes Tor. Die Menora erkenne ich im Eisengitter. Hinter dem Tor steht auf einem freien Platz, einer kleinen Erhebung eine Friedhofssynagoge wie ein Sommerhaus hölzern, gelb-grün gestrichen mit einem hohen Eingangsportal, rechts und links davon je ein großes, weiß gerahmtes, mehrfach gegliedertes Fenster mit zierlichen, weißabgesetzten Blendarkaden. In den Oberfenstern, auch über der Tür, formen feine Streben Davidssterne im Glas. Leute wohnen im Anbau. Sie bewachen den Friedhof, pflegen die Gräber. »Die Gemeinde und die Angehörigen im Ausland bezahlen sie dafür«, sagt der Seemann und führt mich durch die Gräberreihen – Genss lese ich, Halbreich, Fallstein, Rubin, Markowitsch, Gurwitz, Levin, Bappak, Kitt . . . viele andere Namen in hebräischer, russischer, deutscher, selten in estnischer Schrift, Gräber aus den zwanziger, dreißiger Jahren. Einen abgeknickten Baum zum Zeichen des gewaltsamen Todes, den Leuchter für das Grab einer Frau, den Stern finde ich hier und dort auf den Steinen. Verglichen mit solchen in Galizien sind diese schlicht. Ich stehe vor Familiengräbern, die den gewaltsamen Tod ihrer Angehörigen in der Zeit des Holocaust anzeigen, vor einem

Mahnmal zur Erinnerung. Gehe an frisch geharkten Gräberreihen entlang. Den alten jüdischen Friedhof in der Magazinstraße, Ecke Hernestraße aus dem 18. Jahrhundert hat der Seemann nicht mehr gekannt. Dort befinde sich nun, sagt er, eine Autobusgarage. Kaum jemand erinnere sich noch daran, heißt es in der Tallinner jüdischen Zeitung *Haschachar*, daß dort nach dem Krieg zwischen zerbrochenen Steinen und hohem Gras, als die Magazinstraße noch den Namen A. Tislers trug, eine Synagoge im orientalischen Stil stand. An ihrer Mauer war eine Gedenktafel für die jüdischen Soldaten angebracht, die im Kampf für die estnische Unabhängigkeit 1918 bis 1920 gefallen waren. Wir gehen frisch geharkte Wege entlang, an Gräbern aus jüngerer Zeit vorbei.

Der Seemann führt mich zum Grab seines Schwiegervaters, das er pflege und nicht seine Frau. Die Erde ist feucht von einem Regenschauer. Aroma von Kiefernnadeln hängt in der Luft. Schnell versickert das Wasser im Sand. Eine Frau trägt Zinkeimer über den Weg, pflanzt Begonien auf ein Grab. Der Seemann verabschiedet sich. Ich fahre zurück Richtung Stadt, suche dort, wo die Tondi und die Pernauer Chaussee zusammentreffen, die Straßenbahnen eine Schleife drehen, nach einer Abzweigung in die Marta, von da in die Magdaleena; dort soll noch eine Synagoge stehen. Die Magdaleena entpuppt sich als ein erdiger Weg. Ein Holzhaus finde ich. Hinter dem Zaun einen kahlen, dunklen Hof unter Bäumen. Hunde bellen dort. Knochen liegen herum. Ein Mann kommt heraus, ein Schwall Suppengeruch. Der Mann nimmt einen der Hunde, einen Dackel, auf den Arm, verscheucht die andern. Ich habe ihn beim Essen gestört. Dennoch läßt er mich ein, öffnet eine Innentür, entschuldigt sich, die Behelfssynagoge werde gerade renoviert. Farbeimer stehen neben grüngestrichenen Bänken. In einer Ecke hängen rechts und links vom Feuerlöscher und zwischen zwei Plakaten aus Israel – eines zeigt die Klagemauer, ein anderes den Davidsstern auf blauem Grund über der heiligen Stadt – Bilder, Photographien, von der einstigen, der großen Synagoge von Tallinn. Er sei, sagt der Mann mit dem Hund unterm Arm, der Sohn des ehemaligen Rabbis. Der Vater, der vor ein paar Jahren nach Israel emigrierte, stamme aus der Gegend von Pskow, habe in seiner Jugend, vor dem Krieg, einige Zeit die Jeschiwa besucht, sei aber kein studierter Rabbiner, sondern Koch von Beruf gewesen, habe sich bloß zu diesem in der Sowjetzeit so gefährlichen Amt hingezogen gefühlt, die Alten zum Gebet versammelt, später, in den Jahren der Perestroika, auch junge Leute. Einstweilen wisse er nicht, ob er bleiben oder seinem Vater nachreisen solle. Und was das Holzhaus betreffe – vor dem Krieg habe es einem Deutschen gehört, der vor kurzem gekommen sei und sich's angesehen habe.

Ich fahre ins Stadtzentrum zurück, die Pernauer Chaussee entlang, am Vabaduse väljak, dem Freiheitsplatz, vorbei, über den Viru väljak, einst Russischer Markt. Da, wo die alten Chausseen von Narva, Pernau, Dorpat zusammenlaufen, wo die Zerstörungen des Krieges eine große, leere Fläche hinterlassen haben, beginnt das Tallinn der Nachkriegszeit, regieren Beton und Asphalt, staut sich der Autoverkehr. Klotzig ragt das Hotel *Viru* in den Himmel. Dahinter erkenne ich eine Ecke vom Kaufhaus *Kaubamaja*. Prächtig sah die Synagoge aus, wie sie da stand mitten in der Stadt, hell verputzt, aus Tallinner Kalkstein gefertigt, hoch, eigenwillig, orientalisch im Stil. Die dreiteilige Fassade mit dem Portal in der Mitte, den Rundbogenfenstern in zwei Reihen übereinander rechts und links, mit der Fensterrose über allem, mit den Türmchen und Gesimsbordüren erinnert an einen Entwurf zur Synagoge in der Synagogenstraße von Mainz, vielleicht. Vor den Toren der alten Hansestadt, im Zentrum der sich entwickelnden modernen estnischen Stadt hatte die Jüdische Gemeinde sich einen Bauplatz gekauft und Anfang der achtziger Jahre des vergangenen Jahrhunderts eine Synagoge bauen lassen, lese ich in der ›Geschichte der Juden in Eesti‹, die der Augenarzt und Hobbyhistoriograph Nosson Genss 1933 in Tartu veröffentlichte. Das »Herumrütteln der Bundeslade« sollte endlich ein Ende haben, zitiert Nosson Genss aus dem Revaler *pinkas*, eine gemeinsame Synagoge zwischen den Soldatenfamilien und den Kaufleuten Eintracht schaffen. Die uneingeschränkt rechtmäßig Ansässigen hätten diejenigen mit einer zeitlich befristeten Aufenthaltserlaubnis herablassend behandelt, beide Gruppen bis dahin eigene Bethäuser gehabt. Der damalige Rabbiner habe sich große Mühe gegeben, alle Juden in der Gemeinde zu vereinigen und alle Mitglieder der Gemeinde anzuspornen, Anteil am Bau der neuen Synagoge zu nehmen. Im letzten Krieg wurde die Synagoge zerstört. Statt ihrer steht nun das Kaufhaus *Kaubamaja*; geblieben ist die Parkanlage zwischen Estonia-Allee und Pernauer Chaussee.

Ich fahre die Narva maantee, die Narvaer Chaussee, entlang. Fünf-, sechsstöckige Mietshäuser stehen rechts und links der Fahrbahn. Hier lärmt der Verkehr. Vor dem Krieg wohnten die Juden von Tallinn wo sie wollten in der Stadt. Es gab kein jüdisches Viertel, kein Ghetto. In der Narva maantee verlebte Simon Katz seine Kindheit in einem jener Holzhäuser mit steinernem Fundament, die man dort nicht mehr, wohl aber noch in den Seitenstraßen Richtung Kadriorg, Katharinental, findet. In der Mäekalda-Straße zum Beispiel: zweistöckig, verwinkelt, mit Veranden inmitten eines leicht verwilderten Gartens. Mag sein, daß die Holzhäuser an der Narvaer Chaussee keinen Garten hatten, daß sie schlichter, weniger geräumig waren. Im engen Zimmer eines niedersächsischen Übergangsheims für »Kontingentflüchtlinge« habe ich oft mit Simon Katz, seiner Frau Lea, der Tochter, dem Schwiegersohn und den beiden Kindern zusammengesessen, und der zierliche alte Herr Katz hat erzählt. Sein Vater Samuel sei kein reicher Mann gewesen, habe bloß eine gutgehende Werkstatt und ein Schuhgeschäft besessen. »Zenatmacher« sei er gewesen, habe zusammen mit seinen Angestellten Oberleder für Schuhe entworfen und gefertigt. Die Mutter sei regelmäßig zu den Treffen der zionistischen Frauenorganisationen in den Bialik-Klub an der Narva maantee gegangen und die Familie zu ihrem gemeinsamen Vergnügen zu Aufführungen in Alexander Edelkinds Theater. Im Frühsommer 1941, kurz vor dem Einmarsch der Deutschen, hätten die Sowjets die Familie wie viele andere sogenannte »kapitalistische« jüdische Familien nach Sibirien deportiert, erzählt Simon Katz, in einem Güterwaggon bis in die Gegend von Tomsk. Ein

Junge sei er damals gewesen! Eine Verwechslung wohl, denn viel habe die Familie nie besessen. Im siebenundvierzigsten Jahr seien sie zurückgekehrt und im neunundvierzigsten, zwei Jahre später, noch einmal deportiert worden, dieses Mal in den Kirower Bezirk. Holzfällerarbeiten habe er verrichten müssen, dort Lea aus Pernau, seine spätere Frau, kennengelernt.

Simon Katz spricht stets deutsch mit mir. Alle, die etwas auf sich hielten in Estland vor dem Krieg, hätten deutsch gesprochen, auch die, bei denen zu Hause wie bei den Katz' Jiddisch üblich war. Dann und wann mischt sich eine jiddische Wendung in Simons Rede. Lea erzählt, in der Verbannung habe ihre Frauenbrigade im Kolchos Lehmziegel formen müssen, doch der Ofen, in dem sie gebrannt werden sollten, sei nicht fertig geworden. Da habe der Regen die Ziegel wieder zu Lehm aufgeweicht. Die beiden Töchter seien in Sibirien geboren. Erst habe man nur ihr, Lea, und den Kindern erlaubt, nach Estland zurückzukehren. Ohne ihren Mann aber habe sie es nicht ausgehalten. Freiwillig sei sie nach Sibirien zurückgekehrt. Eine Fahrt sei das gewesen! Mit den beiden Kleinen tagelang im Zug, dann mit einem Geländewagen durch die wegelose Wildnis viele Stunden lang mitten im Winter. In der Hütte angekommen, hätten sich die Kinder gleich in der Nacht, als seien sie nie fortgewesen, zum Spielen an ihr Tischchen gesetzt. 1958 habe man Simon endlich erlaubt, mit seiner Familie nach Estland zurückzukehren, nicht nach Tallinn, sondern nach Türi, in die Provinz. Seit dem Herbst 1992 leben Simon und Lea Katz nun in Deutschland. Sie folgten ihren Kindern und Enkelkindern in die Emigration.

Ich stehe vor einem Hochhaus aus den dreißiger Jahren an der Pernauer Chaussee. Grau, unansehnlich ist die Fassade. Hinter Ladenfenstern wird gemischte Ware – westliche, sowjetische –, Kleidung und Spielzeug verkauft. Im Durchgang zeigt eine Tafel Alter und Baumeister des Hauses an: 1933, E. Habermann. Die runden Fenster im Gang, der Lichthof im inneren Rund – gelb reflektieren die Mauern Helligkeit – zeigen deutlich modernistische Intentionen. Achtlos liegt ein Baugerüst auf die Seite gekippt neben dem Hauseingang. Im Treppenaufgang hängt ein Bündel Kabel von der Wand mit offenen Enden. Der Bauschutt im Fahrstuhl ist in eine Ecke gefegt. »Haus ohne Hüter!« empfängt mich Frau Gurin-Loov mit Eleganz. »So liegt das Zeug schon geraume Zeit.« Eugenia Gurin-Loov ist die zweite Vorsitzende der Jüdischen Gemeinde von Estland. Sie führt mich in den Salon, bietet mir einen der Stühle am großen, behäbigen Eichentisch an. Niedliche Löwenköpfe sitzen rechts und links auf den Ecken der Lehnen, schmücken auch die Kanten des zum Tisch passenden Eichenbüfetts an der Wand. Eine gerahmte Porträtphotographie gegenüber zeigt beinahe in Lebensgröße einen stattlichen Mann: den Großvater mütterlicherseits. Die Aufnahme sei, sagt Eugenia Gurin-Loov, 1885 entstanden.

Von ihrem Vater Samuel Gurin, der vor dem Krieg Direktor des jüdischen Gymnasiums von Tallinn war, erzählt sie, daß er in Brest-Litowsk, Weißrußland, geboren und aufgewachsen, nach einem selbstverdienten Studium in Warschau, einigen Jahren als Junglehrer in Moldawien und Bessarabien, wo er seine Frau kennenlernte, nach einem weiteren Jahr Arbeit am staatlichen jüdischen Lehrerseminar in Wilna Mitte der zwanziger Jahre an das neugegründete Gymnasium nach Tallinn kam. Ein russisch-assimilierter, nichtreligiöser Jude sei ihr Vater gewesen, ein Menschewik, vor allem in Bessarabien sehr engagiert in der Politik. Jüdisches Brauchtum habe die Familie in Maßen gepflegt, an den Feiertagen die Lichter angezündet, an *Purim* »Hamantaschen« zu *Pessach* »Mazze« gegessen, an *Jom Kippur*, *Rosch Haschana*, *Pessach* die Synagoge besucht, nicht mehr. Niemals aber habe sie vergessen, auch nicht verhehlt, daß sie Jüdin sei. Hebräisch und Jiddisch hat Eugenia Gurin-Loov in der Schule gelernt. Deutsch spricht sie so gut wie ihre Muttersprache Russisch, auch Estnisch alle Tage. Juden in Estland waren sehr verschieden orientiert, die einen deutsch, die anderen russisch, die dritten estnisch, sie pflegten das Brauchtum, waren aber an Fragen der Religion nicht übermäßig interessiert – ohne Bildung, würde ein *litwak* sagen. Nur die Alten hätten noch die Synagoge besucht, erinnert sich Helmut Eschwege, der, 1913 in

Hannover geboren, in Hamburg aufgewachsen, Mitte der dreißiger Jahre für einige Zeit in einer Gruppe der linkszionistischen Jugendorganisation *Haschomer Hazair* in Tallinn Zuflucht fand. Statt dessen seien die Abendveranstaltungen der jüdischen Bildungsvereine in jiddischer, hebräischer, seltener auch in der Landessprache recht beliebt, stark besucht gewesen. Bei Tee und finnischen Plätzchen erzählt Frau Gurin-Loov vom jüdischen Gymnasium, von der Zeit der Kulturautonomie. Ein Gesetz habe 1926 die Deutschen, die Russen, die Schweden und all jene, die – wie die Juden – beweisen konnten, daß sie mehr als dreitausend Seelen zählten, als Minderheiten anerkannt, ihnen Kulturautonomie verliehen.

Vorbildlich höre, lese ich immer wieder, seien die Minderheitenrechte in der ersten estnischen Republik gewesen; so steht's auch im ›Golden Book‹ des *Jewish National Fund*. Statt auf die Kulturautonomie hätte er lieber auf die Integration der Juden in ein freies, demokratisches Estland gesetzt, schreibt der Bruder des Historiographen Nosson Genss, der Jurist und Kunstsammler Julius Genss. Staatsbürgerrechte hätten sie seit 1919 ohnehin besessen und auch Schulen, Klubs, Gemeinden. Sein Sohn Leo Gens*, Architekturhistoriker in Tallinn, ist noch heute der Ansicht, Kulturautonomie diene nur dazu, Minderheiten abzufinden, herauszuhalten aus Staatsangelegenheiten.

1926 seien 3100 estnische Juden registriert worden, sagt Eugenia Gurin-Loov, 1934 4434. Beinahe alle estnischen Juden (4381) hätten Mitte der Dreißiger dem Kataster der Kulturautonomie angehört, die übrigen sich meist weiterhin, wie in der Zarenzeit üblich, zur russischen Bevölkerung gezählt. Aus allgemeinen, direkten und geheimen Wahlen ging der jüdische Nationalrat, eine fiskalische und kulturelle Selbstverwaltung, hervor. Anfangs waren Jiddischisten und Zionisten darin beinahe gleichstark vertreten, dann gewannen die Zionisten eindeutig die Oberhand. »Demo-

* Die Schreibweise des Familiennamens war in der ersten estnischen Republik »Genss« und wurde in der Sowjetrepublik Estland zu »Gens«.

kraten« und »Zionisten« unterscheidet Julius Genss, der im Präsidium des Nationalrates saß, in seinen Memoiren. Julius Genss war Jiddischist, ein Linker. Von »Zionisten« auf der einen und »radikalen Elementen« auf der anderen Seite dagegen spricht Jakob Lestschinsky in einem Artikel über die estnische Judenheit. Der Nationalrat beaufsichtigte die Schulen. Sie standen im Zentrum der Aufmerksamkeit, denn der Streit zwischen Zionisten und Jiddischisten fixierte sich auf die Sprachenfrage: Hebräisch wurde zur Unterrichtssprache erklärt. Aus Protest hätten die Jiddischisten ihre Kinder von den Schulen genommen, jiddische Schulzweige eingerichtet, mit dem Austritt aus dem Kataster gedroht. Opfer dieses Spiels seien die Kinder gewesen, schreibt Julius Genss, man habe sie von den guten estnischen Gymnasien herunternehmen und sie in die primitive jiddischistische Schule geben müssen, um ein Exempel zu statuieren.

Politik interessiert Frau Gurin-Loov nicht sonderlich. Das Gymnasium, erzählt sie, sei das kulturelle Zentrum der Juden von Tallinn gewesen. Alle größeren Veranstaltungen der Kultusgemeinde, die verschiedenen Vereinsfeste, Vortragsabende, Wohltätigkeitsbälle, hätten dort stattgefunden. Das Gymnasium habe der Synagoge den Rang streitig gemacht, doch der Oberrabbiner Dr. phil. Abba Gomer aus dem polnischen Białystok, ein hochgebildeter Mann, habe die Synagoge mit dem Gymnasium zu verbinden gewußt. Tamarkin sei Lehrer für jiddische Kultur gewesen, Kantor Gurewitz habe Musikunterricht erteilt. Viel Anklang habe das Büfett von Frau Perelmann im Souterrain des Gymnasiums gefunden. Dr. Gomer habe in Köln und Berlin studiert, in Köln 1930 über das litauische Judentum promoviert und sei, erzählt Frau Gurin-Loov, von den Nazis später auf schreckliche Weise gedemütigt und zu Tode gequält worden. Niemals habe sie es für möglich gehalten, daß das Gebäude in der Karu wieder jüdisches Schul- und Versammlungshaus werden würde, sagt sie.

Ich nippe am englischen Tee, nehme eins der finnischen Plätzchen, schaue mich im Zimmer um. Auf der Anrichte stehen gerahmt, ein wenig verblichen, Familienphotos aus der Vorkriegszeit. Während des Krieges sei ihre Familie nach Rußland evakuiert worden, sagt Frau Gurin-Loov. Zehn Tage nach der Befreiung sei sie nach Tallinn zurückgekehrt. Die Wohnung an der Pernauer Chaussee habe sie von dem ehemaligen Hausmädchen und von zwei sowjetischen Matrosen bewacht gefunden, habe vom Hausmädchen erfahren, daß in den Kriegsjahren zwei Wehrmachtsoffiziere in der Wohnung kampiert und alles, was nicht niet- und nagelfest war, heim ins Reich hatten transportieren lassen: das Meißner Porzellan, das Kristall, den Damast, das Silber. Nur die Eichenmöbel seien für den Transport wohl zu schwer gewesen. Im September vierundvierzig habe sich dann ein Kapitän der Roten Armee die Wohnung aneignen wollen, die beiden Matrosen zur Bewachung geschickt. Von dem Kapitän habe sie, zweiundzwanzig sei sie gewesen, persönlich die Rückgabe der Wohnung verlangt und, was niemand für möglich hielt, sie tatsächlich bekommen. Später hätten sich im Eichenbüfett hinter leeren Schnaps- und Weinflaschen noch sechs Kristallpokale wiedergefunden.

Eugenia Gurin-Loov führt mich durch die Altstadt von Tallinn, zuerst die Uus tänav, die Neue Straße, außerhalb der alten Stadtmauer entlang. Schmucke kleine, alte, gut restaurierte Häuser säumen die Gasse. Eines von ihnen, der ehemalige Hanfhof, Nr. 15, ist das Kulturhaus der Stadt, in dem auch die Deutsche Botschaft dann und wann Feste feiert. Am Ende der Gasse, in der Nähe der kleinen Strandpforte steht, hinter einem Bauzaun versteckt, vom Stolfing-Turm überragt, ein hohes Haus aus grauem Kalkstein – nur die kleinen Fenster unterm Gesims sind fort – der alte Pulverkeller. Darin habe, weiß Frau Gurin-Loov von Nosson Genss, drei Jahre lang, von 1867 bis 1870, die erste Synagoge von Reval Unterkunft gefunden. »Wo konnte die Rede von der Gründung einer Synagoge sein, wo alle Maßnahmen der Militärmacht auf die Erzwingung der Taufe der jüdischen Kantonisten gerichtet war? Wo konnte die Rede von einer Synagoge sein, wenn bei ertappten geheimen Gottesdiensten die Beteiligten auf das strengste bestraft und gepeinigt wurden?« fragt sich Nosson Genss. Kinder waren die Kantonisten doch noch, nur wenige von ihnen nach jüdischem

Verständnis schon mündig, d. h. über dreizehn Jahre alt; was verstanden sie, frage ich mich, in all der Not, dem Kampf ums Überleben, überhaupt von Religion? »Sehen Sie, da hat man einen Haufen von diesen verdammten Judenkindern zusammengeholt, im Alter von acht, neun Jahren. Ob sie in die Flotte gesteckt werden sollen oder sonstwohin – ich weiß es nicht. Zuerst wurde befohlen, sie nach Perm zu treiben, aber das wurde abgeändert, jetzt treiben wir sie nach Kasan. Ich habe sie vor etwa hundert Werst übernommen. Der Offizier, der sie übergab, sagte: ›Es ist eine wahre Not mit ihnen, ein Drittel ist unterwegs liegengeblieben‹ (und der Offizier zeigte mit dem Finger auf den Boden). ›Nicht mal die Hälfte wird den Bestimmungsort erreichen‹.« In einem gottverlassenen Dorf des Gouvernements Wjatka schüttete ein Offizier Alexander Herzen, der auf dem Weg in die Verbannung war, sein Herz aus. Er hatte »Kantonisten«-Kinder zu führen. »Bleich, abgezehrt, verängstigt standen sie da in ihren plumpen, dicken Soldatenmänteln mit den hochgestellten Kragen«, erinnert sich der russische Schriftsteller, »und warfen hilflose, klägliche Blicke auf die Garnisonssoldaten, die sie grob zurechtschoben; die weißen Lippen, die blauen Ringe um die Augen zeigten, daß sie fieberten oder froren. Und diese kranken Kinder gingen ohne Pflege, ohne ein gutes Wort, durchblasen vom Wind, der unaufhörlich vom Eismeer her wehte, dem Grabe entgegen! – Und beachten Sie dabei, daß sie von einem Offizier geführt wurden, der ein guter Kerl war, dem die Kinder offensichtlich leid taten. Aber was wäre erst gewesen, wenn sie an einen Militärzahlmeister für politische Gefangene geraten wären?«

In Reval habe es bis 1858 eine »Kantonistenschule« gegeben, schreibt Nosson Genss. Danach sei sie in eine Militärschule umgewandelt worden. Aus Kurland und den litauischen Gouvernements habe man jüdische Knaben nach Reval gebracht und dort versucht, sie zum russisch-orthodoxen Glauben zu bekehren. Auf wunderbare Weise sei es den Knaben gelungen, eine Erlaubnis zur Eröffnung eines Bethauses zu erwirken. In der Wismarstraße soll sich ihr erstes Bethaus befunden haben, in der Ofenstraße das zweite, das dritte in der Schubbestraße, alle außerhalb der Mauern in der Vorstadt gelegen. Endlich habe, so Nosson Genss, die russische Militärmacht den Juden ein Gebäude zur Verfügung gestellt: den Pulverkeller an der Kleinen Strandpforte. Man habe eine Tür in die Fassade gebrochen und auch einen *cheder* darin eingerichtet. In der Uus tänav, der Neuen Straße nahe der Kleinen Strandpforte, soll der Tuchfärber und Chintzfabrikant Hirsch Heinrich Bauer aus Hamburg ein Haus gehabt haben. »Neugasse sub No 427.« Er habe sich taufen lassen, sei am 21. September 1809 ins Bürgereidbuch eingetragen worden, sei »sicherlich der erste jüdische Bürger Revals« gewesen, schreibt Nosson Genss.

Frau Gurin-Loov erzählt, schon viele Gäste habe sie in die Uus tänav zur ehemaligen Synagoge geführt. Heute wolle sie die Gelegenheit nutzen, wieder einmal bei ihrer Hausverwaltung vorzusprechen, in ihrer Wohnung tropfe es durch die Decke, schon jahrelang. Es werde nicht viel nützen, niemand werde kommen, dennoch, ihr Name, ihr Anliegen würden einmal mehr in den Büchern verzeichnet sein. Die Hausverwaltung in der Uus sei, sagt sie, für die gesamte Altstadt zuständig. Für eine Altstadt, die ein Museum ist! Frau Gurin-Loov, Pensionärin, von Beruf Wirtschaftswissenschaftlerin, arbeitet über die Geschichte der Juden von Tallinn, erzählt, im Archiv habe sie Verhörprotokolle von Juli, August 1941 gefunden, an die fünfhundert Akten; doppelt so viele, 921 sollen es sein. Die Tallinner Juden, die nicht nach Rußland geflohen, sondern geblieben waren, habe man erst bürokratisch nach der sogenannten »Rassenzugehörigkeit«, auch nach der Gesinnung befragt, dann umgebracht. Mancher habe sich als »Antikommunist« bezeichnet, noch auf Schonung gehofft. Frau Gurin-Loov ist dabei, die Akten zur Veröffentlichung vorzubereiten. So wenig wisse man davon, wie die Juden in Tallinn ermordet wurden, daß es bisher keine Erinnerungstafeln, keinen Gedenkstein gibt. Als 1942 dreißig Kilometer nordwestlich von Tallinn das KZ Klooga für litauische, lettische und deutsche Juden errichtet wurde, lebten in Tallinn keine Juden mehr. Klooga ist Gedenkstätte schon seit der Sowjetzeit.

Wir gelangen in die Viru tänav, die alte Lehmstraße. Am Stadttor ist wie jeden Tag Blumenmarkt. Die Sonne scheint, der Himmel ist blau. Viele Menschen sind unterwegs in der engen Gasse. Die Viru zählt zu den ältesten, ist eine der Hauptgeschäftsstraßen des alten Reval gewesen. Gleich vorn am Tor links war das Hotel *Europa* der Abramsons. Die Familie verlange das Haus nun zurück, höre ich, wolle, was der Stadt nicht paßt, ein *McDonald's* darin einrichten. Gegenüber befand sich das Geschäft des Juweliers und Uhrmachers Rubin. Er sei geblieben, als die Deutschen kamen. Seine Tochter habe man schrecklich gequält, vergewaltigt, alle aus der Familie getötet. Neben dem Hotel *Europa* sei ein Schuhgeschäft gewesen, Grinstan habe es gehört; gegenüber Markowitsch, der Juwelier, und neben dem noch ein Abramson – *Pelze*; auf der anderen, der linken Straßenseite das Kino *Skandia* der Fallsteins, heute heißt es *Pionier*, dahinter Gutkins großes Textilgeschäft und am Ende der Viru, schon am Alten Markt, das Eckgeschäft *Jockey-Club*, Bekleidung für den gehobenen Bedarf, habe Epsteins gehört. Viele Häuser an der Viru tänav wurden »arisiert«, später verstaatlicht.

Beim Juwelier Rubin habe der Onkel als Buchhalter gearbeitet, dort seine Jiddischkenntnisse verbessert, höre ich Walter Maurach sagen. Im Haus der deutschbaltischen Carl-Schirren-Gesellschaft, einem mittelalterlichen Lüneburger Kaufmannshaus, hat mir der sechsundachtzigjährige Geschichtslehrer im Ruhestand von seiner Kindheit in Moskau und später, nach der Russischen Revolution, in Tallinn erzählt. Auch Herr Maurach erinnert sich an die Geschäfte in der Lehmstraße. In den Arbeitspausen und nach Feierabend habe man, wisse er vom Onkel, in den Räumen hinter dem Laden bei den Rubins zusammengesessen, jiddische Lieder gesungen. An die jüdische Zahnärztin Frau Wilensky – eine Dame sei sie gewesen – erinnert sich Walter Maurach, an andere Ärzte jüdischer Herkunft. Schon »Magister Johann de Jode«, der erste Jude, dem, wie es im ›Aeltesten Denkelbuch‹ heißt, die Stadt Reval im Jahr 1333, also noch in der dänischen Zeit, »securitatem a dominica Misericordia Domini usque ad Mychaelis« gewährte, soll Arzt gewesen sein: »Men ken mer nischt mit a gewisn grunt rechenen, as men hot im aher arobgebracht fun dejtschland als a bawustn arzt, als welcher er hot do oich praktisirt«, schreibt der Historiograph Kopl Jokton, ein Zeitgenosse von Nosson Genss. So viele jüdische Ärzte habe es im Estland der Zwischenkriegszeit gegeben, daß nicht alle Arbeit in ihrem Beruf gefunden hätten, berichtet Ella Amitan-Wilensky aus Tartu in ihren Erinnerungen.

Allein gehe ich die Viru, die Lehmstraße entlang. Die meisten der Fassaden sind offenbar kaum älter als hundert Jahre, die Hansehäuser nicht mehr zu finden. Die Sauna tänav, die Badestubenstraße hingegen, die spitzwinklig links abführt, schmal, dunkel ist, verspricht noch die alte zu sein. Durch ein gotisches Portal gelange ich in eine geräumige, hohe Diele ohne den Schmuck, ohne Malereien oder Schnitzwerk nach westfälischer Art wie im mittelalterlichen Reval üblich. Keine Treppen mit prachtvoll geschnitztem, bunt bemaltem Geländer führen heute mehr auf Galerien. Adam Olearius und Paul Fleming, so heißt es, hätten sich in den Räumen der Kaufmannshäuser heimisch gefühlt. Lederarbeiten und Silberschmuck, Bilder und Töpferware gibt es heute hier zu kaufen. Ich setze mich vor eine Bäckerei in die Abendsonne am Karjavärava plats, dem Karritor-Platz. Der Duft des frisch gemahlenen Kaffees, des Biskuit-, Sand- und Hefegebäcks, der Anblick, der Geschmack der fetten Sahne im Kaffee, läßt allgemeine Vorurteile gegen die Ungastlichkeit und Armut des »Ostens« schnell schwinden. Ein Kinopalast aus stalinistischer Zeit wirft seinen Schatten auf das Straßencafé, verstellt den Blick auf die Altstadt. Doch der Turm der *Niguliste kirik*, der St. Nikolaikirche, überragt noch den protzigen Bau. Dem Café gegenüber verkauft eine Frau am Kiosk Einkaufsbeutel in den Farben der blau-schwarz-weißen estnischen Nationalflagge. Freundlich fragt sie auf russisch, ob mir Tallinn gefalle, erzählt, daß sie aus Moldawien stamme.

Vom Karritor-Platz gehe ich zum Alten Markt. Sehe links die neugotischen Giebel eines die alten Kaufmannshäuser an Breite und Höhe protzig überragenden Hauses. Sie gehören zum ehemaligen Bankhaus Scheel, sind deutschbaltisches Erbe. Am Alten Markt geben prächtige Portale, Luken für die Lastenaufzüge unter spitzen

Giebeln, spitzbogige Blendnischen, Fensterschlitze die Hanse-Bürgerhäuser leicht zu erkennen. Dort erhebt sich der wuchtige Bau des ehemaligen städtischen Packhauses. Ich spaziere die Alte-Markt-Kehle hinauf. Ehrwürdige, behäbige Bürgerhäuser machen die Armut, die Ungewißheit des heutigen Estland vergessen. Ihre Gegenwart ist stärker als die der Menschen, die mit leeren Einkaufsbeuteln durch die Straßen gehen, ständig in Angst um ihr Fortkommen, um ihre Staatsangehörigkeit. Da ziehen die grauen Kalksteinmauern eines schmalen, beinahe zierlichen, doch schmucklosen, festgefügten Gebäudes mich an. Ein schlanker Turm, eine hohe, nadelspitz in den Himmel treibende Haube zwingt den Blick in die Höhe. Ich stehe vor der Ostmauer des Rathauses – mehr als ein halbes Jahrtausend ist es alt, Anfang des 15. Jahrhunderts wurde es erbaut. Der Stolz der bürgerlichen Stadt! Ein Arkadengang führt auf den Rathausplatz. Seine Weite rückt das hohe Haus würdig ins Bild, holt den Himmel in den Farben der estnischen Flagge auf die Dächer herunter. Auffällig viele Touristen flanieren über das Kopfsteinpflaster. An Andersens Märchen erinnert die Kaufmannsstadt, an die ›Galoschen des Glücks‹, ›Die alte Stadtlaterne‹. Dänisch höre ich, Schwedisch, Deutsch. Im Touristenservice am Platz spricht man deutsch; ich erhalte einen Stadtplan, den *Baltic Observer* aus Riga, *The Baltic Independent* aus Tallinn, das *Tallinn City Paper*. Vom Rathausplatz gehe ich an der alten Apotheke vorbei durch den Saiakang, Weckengang, an der *Pühavaimu kirik*, der Heiliggeistkirche, vorbei die Pikk tänav, die Langstraße hinunter. Menschen stehen vor einem der alten Kaufmannshäuser, laut russisch redend. Ein Zettel in kyrillischer Schrift, russischer Sprache hängt am Eingangsportal. Eine Woche lang, verkündet er, werde es keine Visa für Rußland geben. Man ist empört. Ich stehe vor der Russischen Botschaft in der Pikk. Das Reisen zwischen Rußland und Estland ist seit diesem Sommer schwieriger geworden, ein Visum dafür nötig. Zehn Dollar an den russischen Staat kostet es für einen Tag und das Doppelte für längere Zeit.

Ich betrachte das Haus der *Kanuti-*, der Handwerker-Gilde (die Russische Botschaft ist gleich nebenan), das Schwarzhäupterhaus, das Haus der *Oleviste*-Gilde, die Drei Schwestern, prächtige Bürgerhäuser, gehe die Pikk tänav bis zur *Oleviste kirik*, der St. Olaikirche. Die erste Kaufmannssiedlung, der skandinavische Handelshof, soll sich hier befunden haben. Gehe die Lai, die Breitstraße ins Zentrum der alten Stadt zurück. Die Lang- und die Breitstraße verbanden schon die Estenburg und den Handelshof, zählen zu den ersten, den ältesten Straßen von Reval.

Plötzlich höre ich Blasmusik, Paukenschläge, sehe Menschen in Paradeuniformen, sehe, wie sich ein Festumzug nähert, Soldaten, eine Militärkapelle – die Instrumente glitzern in der Sonne –, dazwischen Leute in Zivil festlich aufgeputzt. Über dem Zug schwankt ein Baldachin im Rhythmus der Musik. Passanten bleiben stehen, wundern sich, als der Umzug sich mit Pauken und Trompeten den Weg durch die Menge bahnt, die Straße eng macht für so viele Menschen, und sich dann plötzlich, unerwartet, wie er gekommen ist, auflöst, als sei er über die Ziegeldächer der Kaufmannshäuser verschwunden. Als ich aufblicke, sind es bloß schwatzende Touristen, die mich umgeben.

1888. Die jüdischen Soldaten, etwa achthundert an der Zahl, seien unter dem Druck der militärischen Verordnungen aus dem öffentlichen Leben fast vollständig ausgeschlossen gewesen, berichtet Nosson Genss nach einer mündlichen Überlieferung. Unter den Soldaten habe es mehrere Gelehrte gegeben – *lomdim*, die *smicho*-Diplome als Rabbiner besaßen. Diese hätten beschlossen, eine Thora schreiben zu lassen. Geld sei gesammelt worden, vierhundert Rubel habe man zusammengebracht. Dem Unternehmen wohlgesonnen, habe die russische Obrigkeit der Gemeinde erlaubt, einen Thora-Schreiber, einen *sofer*, nach Reval kommen zu lassen. Im Frühjahr 1888 sei die Thora fertig geschrieben, ein feierlicher *sijum* angeordnet und unter der *chuppe* die neugeschriebene Thorarolle in einem festlichen Umzug mit zwei Regimentsorchestern an der Spitze, russischen Offizieren, mehreren hundert jüdischen Soldaten und einigen einheimischen Juden durch die Lehmpforte, kreuz und quer durch die Altstadt und wieder zurück in die Synagoge getragen worden.

Ich folge der Rataskaevu, der Raderstraße, zur St. Nikolaikirche, streiche am Fuße des Dombergs entlang. Der 1812 geborene Korsettmacher Jakob Kuklinsky aus der Gegend von Polozk lebte hier. Kuklinsky habe zwar kein Wohnrecht in Reval besessen, berichtet Nosson Genss, seine Aufenthaltsgenehmigung jedoch mehrfach verlängern können, denn er war sehr geschickt darin, elastische Korsetts, Leibbinden für schwangere Frauen, Bruchbinden gegen Verkrümmungen, elastische Apparate für Personen mit einem verbogenen Rückgrat zu fertigen, war unersetzlich in seinem Fach. Aus Ratsdokumenten, Gerichtsprotokollen, Zeitungsberichten rekonstruiert Nosson Genss Kuklinskys Lebensgeschichte: zwar nur »einseitig gebildet, d. h. bloß in jüdisch-religiösen Büchern bewandert«, sei er aber den nach Reval verbannten Soldaten ein »teilnahmvoller Fürsorger«, ein engagierter und couragierter Mann gewesen, habe sich gegen die Taufe von drei »Hebräern« empört, »auf die Christliche Religion und den Heiland (ein H . . . kind) geschmäht«, einen der »Kantonisten« zur Desertion überredet, ihm auch dazu verholfen und ohne Erlaubnis der Obrigkeit »Hebräerkinder« unterrichtet. Kurzum, Kuklinsky wurde verklagt, vor Gericht zitiert, mußte Reval nach zehn Jahren verlassen. Am 10. Juli 1852 gaben die *Revaler Wöchentlichen Nachrichten* bekannt: Kuklinskys Sohn Aron, sechzehn Jahre alt, klein von Wuchs, schwarze Haare und graue Augen, bekleidet »mit einem neuen schwarzen tuchenen Rock, einer schwarzsammetnen Weste, grauen gestreiften Sommerbeinkleidern und einer weiss sammetnen Mütze« sei von einer Ausfahrt in einem rot angestrichenen, »mit einem 8-jährigen Rappwallach mittleren Schlages« bespannten Korbwagen nicht nach Hause zurückgekehrt. Die Vermißtenanzeige des Korsettmachers ist das letzte, was von ihm überliefert ist.

Ich gehe die Harju tänav, die Schmiedestraße, entlang. Rechts zieht sich ein Trümmerfeld den Hang hinauf. Schilder verkünden, was man in Tallinn lange nicht öffentlich sagen durfte, daß die sowjetische Luftwaffe in einer Märznacht des Jahres 1944 diese Häuser der Altstadt in Schutt und Asche legte, daß 463 Menschen dabei ums Leben gekommen und zwanzigtausend obdachlos geworden sind. Der militärisch wenig nützliche Luftangriff habe sich, sagt man, gegen die estnische Kollaboration mit den Nationalsozialisten gerichtet. An einer Buchhandlung gehe ich vorbei, kein Goldschmiedegeschäft finde ich mehr in der Harju, der Schmiedestraße. Namen jüdischer Graveure, Silber- und Goldarbeiter, Petschierstecher, Pfeifenmeister, Branntweinbrenner fand Nosson Genss bezeugt für die Zeit, in der den Juden Zünfte und Gilden der Hansestadt noch verschlossen waren. In der Goldschmiede-, damals Kremerstraße, habe Herr Tydemann Knypp, heißt es im Revaler Stadtbuch aus dem Jahre 1413, Pawele »deme joden ene bode«, eine Ladenwerkstatt, verpachtet. Am 11. März 1634 phantasiert ein gewisser Chrysostomus Dudalaeus Westphalus in Reval von einem Juden daselbst, »gebürtig von Jerusalem, Ahaspherus genannt, welcher die Kreuzigung unseres Herrn und Heilandes Jesu Christi gesehen, und noch am Leben ist«. Am 27. Mai 1783 leistete der Büchsenschmied Elias Salomon in Reval den Eid, bei Adonai, dem Schöpfer des Himmels und der Erde, bei der Thora, mit dem Stempelprägen fürs kaiserliche Lizenz-Kontor keinen Mißbrauch zu treiben. »Wo ich aber einige Betrüglichkeiten hierin gebrauche, so sey ich verflucht ewiglich, und dass mich übergehe und vorgehe das Feuer, das zu Sodoma und Gomorra überging.«

Zur Zeit Katharinas der Großen seien Kaufleute aus dem »Ansiedlungsrayon«, aus Mogiljow und Schklow, weißrussischen Städten, die ihre Handelshäuser in Moskau hatten, nach Reval gekommen: Aron David Suzi, Kaufmann der Ersten Gilde, Chaim Aron, Isaac Beer & Co., Witwe Hirsch und Sohn, Feywel Scheftel, Hosias Behr Zettels und viele andere. Diese Kaufleute hätten mit Hirsch Levin in Königsberg, Johannes Heinrich Issrael in Hamburg, Itzig & Co. in Berlin, Nathan Moses Levy in Hannover, J. B. Levy in Breslau, Levy Oppenheim in Amsterdam korrespondiert. Via Stettin, Hamburg, Lübeck, Königsberg und London seien Taft, Musseline, Seide, Damast, halbseidener Damast, Durant, Canevas, Camelot, Manchester, Coton Piqué, Florentiner Tücher, Leinen, Barchand, castorne (flauschig baumwollne) Strümpfe, Schargen zum Beschweren der Seide, Spinoletten und für die Juweliere

Mitckalles, Gewichte für kostbare Dinge wie Perlen und Edelsteine, über Reval ins Russische Reich importiert, diese Geschäfte in Reval von Commis abgewickelt worden. Im Kampf ums Dasein seien Juden immer wieder nach Reval gekommen, schreibt Nosson Genss, und das Bild, das sich ergeben habe, sei immer wieder dasselbe gewesen: »[. . .] es wird streng vom Rate angeordnet, dass die Juden ausgewiesen werden, die Anordnung ergeht auch an die Juden, sie werden tatsächlich trotz vielen Sträubens ausgewiesen, aber es dauert nicht gar zu lange, so ist wieder eine nicht geringe Zahl vorhanden und das Spiel beginnt von vorne. [. . .]

1. Israell Koslowitsch, sein Pass ist den 8. Janry 1806 abgeloffen, und hat augenblicklich gar kein Pass.

2. Joseph Koslowitsch, sein Pass ist den 23. Janry 1805 abgeloffen, und hat augenblicklich gar kein Pass.

3. Meyer Aronowitsch, sein Pass ist den 1. März 1807 abgeloffen.

4. Seilge Lasser, sein Pass ist bey dem Herren Generalgouverneur Graf von Buxhöwden und ist hier unter den Gericht (1805, 14. April, 1806, 10. April, 1807, 9. Jul.) [. . .].«

Ratsprotokolle berichten davon, wie das Revaler Goldschmiedeamt versuchte, sich der unliebsamen Konkurrenz zu entledigen; wie Revaler Goldschmiede jüdische Kollegen beim ihnen damals verbotenen Handwerk aufspürten, ihnen Goldringe wegnahmen und das Amt obendrein noch das Werkzeug beschlagnahmte.

Keine Goldschmiede, sondern Konfektions-, Galanteriewaren- und Wäschegeschäfte fanden sich in den Dreißigern an der Harju. Die meisten Tallinner Juden seien kleine Kaufleute und Handwerker gewesen, schreibt Ella Amitan-Wilensky im Erinnerungsbuch der Gesellschaft der Juden Lettlands und Estlands in Israel. Die Juden in Estland hätten zwar nur ein Prozent der städtischen Bevölkerung ausgemacht, seien aber mit sechs Prozent in der estnischen Wirtschaft vertreten gewesen, heißt es bei dem israelischen Historiker Dov Levin. Im Handel en gros mit Stoffen, Konfektions-, Rauch- und Galanteriewaren, auch im Juwelierhandel sei es ihnen gelungen, sich einen Namen zu machen.

Im Haus der Schriftsteller in der Harju tänav treffe ich den estnischen Romancier Jaan Kross, einen stattlichen älteren Herrn mit Backenbart im bunt gelb-grünen, kurzärmligen Sommerhemd. Ein hellblauer Plastikkamm lugt aus der Brusttasche. Juden in Estland sind für Jaan Kross nicht interessant. Nie hätten sie eine besondere Rolle gespielt, nicht einmal zum Jiddischen Kultur-Kongreß 1937 nach Paris jemanden aus ihren Reihen geschickt. Statt dessen sei der estnische Sprachforscher Paul Ariste alias Paul Berg gefahren, der Jiddisch beherrschte. Was den Antisemitismus in Estland betreffe, sagt Kross, so sei der ein sowjetisches Erbe, das mit dem Zerfall des Imperiums, der Konsolidierung der Republik wieder verschwinden werde. Im *Café Moskva*, ehemals *Kultas*, habe nach dem Krieg der Fiedler Schagal aufgespielt, daß den Juden dort, wie es so oft heiße, der Zutritt verboten gewesen, sagt er und lächelt verschmitzt, sei demnach Legende.

Bis zu den Revolutionen von 1905 und 1917 waren Esten und Juden einig gegen Barone und zaristische Selbstherrschaft, selbst das Landesvolk nur marginal – in den Stadtparlamenten – an der Macht beteiligt. Als die Esten Staatsvolk wurden, gewährten sie den Juden Kulturautonomie. Spalten ließen sich Juden von Esten, Juden wie Esten erstmals, nachdem Konstantin Päts von der *Isamaaliit*, der Vaterländischen Union, im Frühjahr 1934 eigenmächtig das Parlament aufgelöst, die Regierung übernommen hatte, als man in Estland die »Fremden« – Deutsche, Russen, Juden – aus Wirtschaft und Gesellschaft zu drängen begann. Im Kreuzfeuer der totalitären Regime eskalierte die Spaltung. Ein Riß, der oft quer durch die Familien ging. Der Vorsitzende der Kulturautonomie Grigori (Hirsch) Aisenstadt wurde nach Sibirien deportiert. Sein Sohn hingegen war bereits vor dem Hitler-Stalin-Pakt Mitglied der kommunistischen Partei. Vom nationalsozialistischen Deutschland inspiriert, waren im Estland der dreißiger Jahre deutsche und estnische faschistische, antisemitische Vereinigungen entstanden. Mitte der dreißiger Jahre habe ihr Vater versucht, sie in Tallinn in einer Privatschule anzumelden, sagt die Tochter des Julius Genss, die Japanologin Inna Gens, die in Moskau lebt und die ich in Berlin kennenlernte. Freimütig, energisch und in klarem Deutsch erzählt Frau Gens vom Tallinn ihrer Kindheit. Mit zwei jüdischen Kindern in der Klasse glaubte man – wie es damals hieß – »die Quote« erfüllt zu haben, also sei sie abgelehnt worden. Purer Unsinn sei es zu glauben, der Antisemitismus sei ein sowjetisches Phänomen, es habe ihn in Estland immer gegeben. In einer Dokumentation lese ich, Rochlin, ein *Bundist*, und Halbreich seien Delegierte der estnischen Juden auf dem *Erschten Alweltlechen Jidischen Kultur-Kongreß* in Paris 1937 gewesen. Und aufspielen, Herr Kross, heißt nicht Gast sein dürfen im *Café Moskva*.

Ich gehe die Harju hinunter Richtung Vabaduse väljak, Freiheitsplatz. Ein für Tallinner Verhältnisse noch ungewohnt großes, blankes Schaufenster auf der rechten Seite erregt Aufmerksamkeit. Schaufensterpuppen westlich drapiert, leger, aber edel – Leder, Leinen, Seide –, der Hintergrund glänzt in Chrom, Holz und Marmor, das Ganze von Halogenstrahlern effektvoll in Szene gesetzt. Eleganz für die *nouveaux riches* im Tallinn der postsowjetischen Zeit. Nebenan hat eine Bank neu eröffnet, im gleichen Stil für dieselbe Klientel. In einem dieser Häuser am Ende der Harju muß das *Café Feischner* gewesen sein, wo die Avantgardedichter der *Siuru*-, der *Noor-Eesti*-, der *Tarapita*-Gruppe verkehrten – Marie Under, Johannes Semper, der unselige Johannes Barbarus. Vom Dichter und Provinzarzt – »Ich bin eine Projektion des Firmaments [. . .]« beginnt eines seiner Gedichte – avancierte er zum Marionetten-Minister der Sowjetmacht, nahm sich 1946 in Tallinn das Leben. Im *Café Feischner* habe auch ihr Vater verkehrt, sagt Inna Gens, ebenso im *Café Corso* am Vabaduse-Platz. In den Tallinner Cafés aber hätten nicht, wie es im k.u.k. Lemberg oder in Czernowitz üblich war, Zeitungen ausgelegen, die man in jüdischen Kreisen las. Daheim aber habe man Zeitungen aus Riga, Wilna, Warschau, ja sogar aus Wien und Berlin gehalten: *Jidische schtime, Dos wort* – beide mit Wochenbeilagen für die estnischen Juden –, *Wilner tog, Undser tog, Frimorgen, Literarische bleter, Jidisches Poiln, Jüdische Rundschau*, Bubers Revue *Der Jude*. Die Familie habe in der Rosenkranzstraße gewohnt, in einem der schönsten

Häuser der Stadt, höre ich Innas Bruder, den Architekturhistoriker Leo Gens sagen. Ihn treffe ich zu Hause in Tallinn leider nicht an, kann mir deshalb die alte Rosenkranzstraße, das Haus der Kindheit nicht zeigen lassen. Auch Herrn Gens begegnete ich, wie der Schwester, in Berlin. In der Harju vom *Café Feischner* keine Spur. Das *Café Moskva* alias *Café Kultas* um die Ecke dagegen ist gerade noch zu erkennen. Nackte, rostige Eisenstreben blieben von den alten Namenslettern über dem Eingangsportal. Die Tür ist versperrt, das Café eine Baustelle geworden.

Geräumig ist der Freiheitsplatz. Mercedes, BMW, Volvo, meist frisierte Schabracken, dröhnen über die flachen, quadratischen, blau-grau schimmernden, finnischen Pflastersteine. Busse, Straßenbahnen halten dort, Bremsen quietschen. Fünf-, sechsstöckige Häuser – für Tallinner Verhältnisse außergewöhnlich hoch – umstehen den Platz. Prunkvoll ist an der Westseite das Hotel *Palace*, daneben das Restaurant *Astoria*, das russische Theater. Der blaurote expressionistische Klinkerbau der Stadtverwaltung schließt sich an. Ein bißchen Metropolenatmosphäre, Reminiszenz an den Freiheitskampf, an die erste Republik, an die *roaring twenties*, die mit Verspätung, im Kleinformat nach Tallinn kamen, vermittelt der Vabaduse väljak.

Im Haus der Stadtverwaltung, erfahre ich, habe vor dem Krieg die Familie des Kinobesitzers Fallstein gewohnt. In ihrem wundersamen Auto – ständig piept es, bockt, sperrt sich, heult auf; Fahrer hinter, neben uns hupen, gestikulieren – fährt mich Mara, eine Enkelin der Fallsteins, zum Glück nicht allzu lange in Tallinn herum. Mit diversen Alarmanlagen, lacht sie, habe ihr Mann das Auto ihr zur Beruhigung gesichert. Drei, vier Häuser in der Viru, der Lehmstraße, hätten ihrem Großvater gehört, sagt Mara, unter anderem das Kino *Skandia*, nun *Pionier*, und auch das *Gloria*, nun *Astoria* und russisches Theater, am Vabaduse-Platz. Das Gloria sei ein Kinopalast mit allerlei Schikanen gewesen.

Schwarzer Kaviar auf Butter, einem Hauch Weißbrot zergeht auf der Zunge. Zu Napoleonschnitten serviert Mara Kaffee am Küchentisch, lacht und erzählt *pirogí* – bittersüße Leckerbissen.

Wie der Sohn eines Arztes aus dem estnischen Provinzstädtchen Pernau sich unsterblich in die Tochter des Kinobesitzers Fallstein verliebte. Für das Mädchen aus gutem Hause, die Malerin in Paris werden wollte, in London Ökonomie studiert hatte, nicht eben eine gute Partie. Wie der Krieg begann, die Sowjetunion Estland annektierte, die »kapitalistische« Familie Fallstein 1941 nach Sibirien deportiert wurde, 1944 zurückkehrte. Wie der Arztsohn, mittlerweile NKWD-Offizier, die »Kapitalisten«-Tochter heiratete, diese ihm drei Kinder gebar. Wie man die Fallsteins mitsamt der Tochter fünf Jahre später, 1949, ein zweites Mal – ihr jüngstes Kind war gerade vier Monate alt – nach Sibirien verschleppte. Dem NKWD-Offizier brachte die Verwandtschaft mit dem »Kapitalisten« Fallstein »nur« einige Monate Gefängnis ein. Die Kleinen blieben bei der russischen Kinderfrau. Wie die *njanja* die Kinder mit Erzählungen fütterte von den Greueltaten der deutschen Faschisten. Wie Stalin die Rote Armee von jüdischen Offizieren säuberte, was auch den Arztsohn betraf. Und wie die Kinder nach Stalins Tod, sechs war das jüngste, zum ersten Mal die Mutter wiedersahen, die deutsch sprach wie die Faschisten. Der Kinobesitzer Fallstein und seine Frau sind lange tot, auch der Arztsohn ist gestorben, seine Frau, die »Kapitalistentochter«, ist mit zweien ihrer Töchter nach Amerika emigriert. Nur Mara blieb in Tallinn zurück.

Ich steige den Lühike jalg, den Kurzen Domberg, zur Oberstadt hinauf. Steil, noch krummer wird die Gasse, holprig ihr Kopfsteinpflaster. Den Fahrweg säumt ein Treppengang. Hochmütig blicken Adelshäuser von der Höhe auf die schmale, steile Gasse, die roten Ziegeldächer der Stadt hinunter. Verwinkelter, dunkler werden die Gassen, prächtiger, mächtiger deren Häuser. Ich bin in der Adelsstadt. Auf dem Domberg richtete der Vassallenadel des Ordens sich seine Stadthöfe ein. Nach dem Zerfall des Ordensstaats übernahm der Landadel diese Paläste. – Legenden überlagern die Geschichte von Tallinn, auch die der Oberstadt. Kalev, der Riese, heißt es, habe hier sein Grab. Linda, der Witwe, seien so viele Tränen darauf geflossen, daß aus ihnen der Ülemiste, der

Obersee, entstand. Vom Domberg überblicke ich Tallinn. Minaretten ähnlich überragen Kirchtürme und Rathausturm die rotgerippte, löchrige Dächerdecke. Um den Domberg lagert die Kaufmannsstadt, um die Kaufmannsstadt die Neustadt des beginnenden zwanzigsten Jahrhunderts mit den ersten Hochhausflachdächern, dem deutschen Schauspielhaus, dem estnischen Theater *Estonia*, dem Haus der Künste, dem Gebäude der Stadtverwaltung am Freiheitsplatz. Wohnblockketten, Schlafstädte verdrängen die ländlichen Holzhäuser, legen sich wie eine Festungsmauer um die estnische Metropole. Grauweiß schimmert das Tallinn der Sowjetzeit in der Ferne. Das Meer im Norden sehe ich nicht, es liegt hinterm Domberg, auch nicht den Ülemiste, den Obersee, im Süden, obgleich er 36 Meter über dem Meeresspiegel liegt, die Stadt dagegen in einer Senke. 1867 soll der See zuletzt Straßen, Keller, Stadtteile von Tallinn überschwemmt haben. Die Angst, der See könne die ganze Stadt überfluten, lebt in Legenden fort. Ein Zwerg, der vom Grunde des Sees aufsteigt, warnt darin: Baut an der Stadt, sagt, damit der See nicht über euch komme, niemals, daß sie vollendet sei. Ich spaziere durch die alte Adelsstadt, meine Blicke streifen über Fassaden hin, bleiben an Löchern im Mauerwerk, hellen Flecken auf Hauswänden hängen. Tafeln, Reliefs wurden hier abgerissen. Eine Frau, einen Mann, die mir entgegenkommen, spreche ich russisch, deutsch an. Sie antworten nicht, schauen verschämt zu Boden. Als ich nicht ablasse, stammelt der Mann – durchaus des Russischen mächtig –, einem sowjetischen Gelehrten zu Ehren habe hier eine Gedenktafel gehangen. Man habe sie abmontiert.

Kein Riesenspielzeug des Kalev-Sohn, vielmehr Machtdemonstration aus den letzten Jahren der Zarenherrschaft ist die Alexander-Newski-Kathedrale. Bunt und drall prunkt sie inmitten der Adelsstadt, dem vornehmen kleinen rosa-weiß gestrichenen Schloß genau gegenüber, das, gut hundert Jahre älter als die orthodoxe Kirche, schon Gouverneursresidenz war und nun das Parlament beherbergt. Welch Unglück für die Esten, wie Alexander Newski ihr Parlament bedrängt! Zur Strafe lassen diese scheint's die russische Kathedrale mit dem Namen des Bojaren, der die Ordensritter bekämpfte, einfach verfallen, genau so wie die Residenz Zar Peters I. gleich nebenan. Putz, Farbe löst sich, Feuchtigkeit zerfrißt das Mauerwerk, das Holz der Türen und Fenster.

Der deutsche Dom wird restauriert. Furchteinflößend ist sein Anblick im Innern! Adelsschilde, Wappen, Fahnen, Grüfte, das hohe Gestühl atmen Gewalt, Grausamkeit, Tod. Hell, voll von feinem, goldfarbenem Zierat, kunstvollen Bildergeschichten in Holz geschnitzt ist dagegen die estnische *Pühavaimu*, die Heiliggeistkirche, in der Unterstadt. Den Dom haben Dominikanermönche zu bauen begonnen. Die Schwertbrüder und der Deutsche Orden nahmen sich seiner an. Ein schwedischer, ein russischer Feldherr, deutschbaltischer Adel liegt hier begraben. Die Heiliggeistkirche aber ließen Hansekaufleute für die Mission der *Grauen*, der Esten, bauen.

Auf dem Harju mägi, dem Schmiedeberg, nicht weit vom Kanonenturm *Kiek-in-de-kök*, steht ein Pavillon unter hohen Laubbäumen. Dort haben sich Menschen versammelt, Tallinner, Touristen wie ich, daneben, mit allerlei volkstümlichen Instrumenten ausgestattet, in verschiedenerlei Trachten bunt gekleidet – mit Bastschuhen, Lederstiefeln, grobleinenen, wollenen Röcken und Beinkleidern, reich bestickten Röcken und Blusen, Hüten und Häubchen – estnische Sängerinnen und Sänger vom Kind bis zum Greis. Als die Alten aus rauhen Kehlen ihre Lieder anstimmen, betörend einförmige Gesänge, ihr Tanzbein zu schwingen beginnen, daß die mächtigen silbernen Brustwehren und Ketten hüpfen und klirren, die Mikrofone zu kippen drohen, höre ich das ländliche Estland, wie es zäh, verschwiegen festhält am alten Brauch. Sprichwörtlich ist die estnische Tradition der Volkssangeskunst. Zusammenhalt bot sie, ein Eckchen Zuhause in den schlechten Zeiten der deutschbaltischen, der russischen, zuletzt der sowjetischen Fremdherrschaft.

Plötzlich wird es dunkel auf dem Harju mägi. Eine schwarze Regenwolke hat sich vor die Sonne geschoben. Die ersten Tropfen fallen, unterbrechen die Musik. Die Leute flüchten sich unters

Pavillondach. Ein Mann spricht mich an, in englischer Sprache. Sohn lettischer Auswanderer sei er, aus Amerika nach Tallinn gekommen für ein Jahr, um die estnische Folklore zu studieren. *The singing revolution* fasziniere ihn. Ob auch ich von hier sei. »Nein«, sage ich, gehe fort vom Sängerfestplatz. Bin auch keine Ethnologin, erst recht keine Thule-Forscherin. Die Suche nach dem mythischen Estland, dem nordischen Atlantis überlasse ich der Literatur. Der Schriftsteller Lennart Meri, ein Nationaldemokrat, nun Präsident Estlands, fand Thule in Estland, behauptet, das estnische Ösel sei die Insel, von der der griechische Seefahrer Pytheas spricht. Die Anfänge Estlands sind somit sagenumwoben und erleichtern die ersehnte »Heimkehr« nach Europa. Ihre Sprache, ihre Lieder aber besagen: die finnougrischen Esten kommen aus dem Ural.

DORPAT–TARTU ALS ZUFLUCHT

»Tartu dórog?
– Gorod utrat.«
(Ist Tartu kostbar?
Eine Stadt der Verluste.)
Mischa

Der Zug von Tallinn nach Tartu ist drei Stunden unterwegs. Etwa zweihundert Kilometer sind die Städte voneinander entfernt. Beinahe alle Plätze im Wagen schon besetzt, als ich einsteige. Die Luft ist schlecht. Hart spüre ich die Bank, die mit Kunststoff bezogen, aber ungepolstert ist, jedesmal, wenn Schiene an Schiene stößt, die Räder über eine Schwelle rattern. In ausgeschlagenen Gleisen schlingert der Zug hin und her. Mit großen Augen starrt eine junge Frau von der Bank schräg gegenüber zu mir herüber. Ein Mann geht, im schwankenden Wagen sich nur mühsam auf den Beinen haltend, von Reihe zu Reihe, zieht aus einer tiefen Tasche am Bauch Zeitungen hervor, preist sie mit heiserer Stimme, hochrotem Kopf den Fahrgästen an. Mütter halten ihre Kinder fest auf dem Schoß, reden estnisch miteinander, schauen an dem Mann mit seinen Zeitungen vorbei müde aus den Fenstern, an denen Wälder, Heide, Moore, Wiesen, selten Dörfer vorüberziehen. Das Mißtrauen und die Angst der Leute voreinander im Zug sind nicht dahin. Die meisten der Telegrafenmasten längs der Bahnlinie sind gebrochen; manche von ihnen haben sogar Bäume mit sich ins Gestrüpp gerissen, so daß das Jammern und Summen der Bartholomäustagswinde im Gedräht hier ein Ende hat, das Sie einmal, Herr Suits, so steht's in einem Ihrer Gedichte, zu einer Reise ins Weite rief. Mich treiben Geschichten nach Tartu, vom Studentenleben, von Scharaden – puschkinesken Dialogen, einer Hochzeit zu dritt – und hochtheoretischen Diskussionen in den *letnije schkoly*, den Sommerschulen in Tartu. Tartu schien mir Legende, kein Ort. Professor Lotman, der Einstein der sowjetrussischen Semiotik, lehrte an der altehrwürdigen Universität von Tartu, ermunterte die russische Philologie zu so gewagten wie methodisch exakt berechneten wissenschaftlichen Höhenflügen und entzog sich auf diese Weise der sowjetischen Zensur, den KGBschniks, dem Spitzelwesen. Professor Juri Lotman ist ein Jude der Herkunft nach. Weit würde er, könnte ich ihn noch danach fragen, dieses Erkennungszeichen von sich weisen als zu eng, altmodisch, schablonenhaft. Da hält der Zug in Tartu.

Tartu – der Name klingt exotisch, tatarisch beinahe. Nach der Haupt- und Handelsstadt Tallinn, dem alten Reval, ist die Stadt im Südosten Estlands die zweitgrößte, das geistige Zentrum, die Universitätsstadt des Landes. Da grenznah und Militärgebiet, war Tartu zu Sowjetzeiten für Ausländer verboten. Erst der Klang ihres alten Namens – Dorpat – eröffnet bei uns einen bekannten Gedächtnisraum. Worte, Bilder drängen hervor von der sogenannten baltischen Heimat, von altdeutscher Universitätstradition, akademischen Vereinen, Burschenschaften, gemütlichen Professorenhäusern, von Bällen, Jagdpartien – dem gesellschaftlichen Leben auf den Gütern ringsum. Dorpat war Bischofssitz, Hansestadt. Viel wurde in deutscher Sprache über die *Alma mater Dorpatensis* geschrieben und über das Leben der Deutschbalten in Dorpat; um so mehr, als es seit 1939 endgültig verloren, bloß noch Erinnerung ist. Ich schultere den Rucksack, steige aus, gehe durch das zierliche hölzerne Bahnhofsgebäude noch aus zaristischer Zeit über den Vorplatz in die Julius-Koperman-Straße hinein. Mehrfamilienhäuser im russischen Stil, vielleicht schon so alt wie der Bahnhof, säumen in loser Anordnung hinter Bäumen die Straße, sehen ärmlich aus.

Bis Zar Alexander III. ihm vor hundert Jahren einen russischen Namen gab, ihn nach der Burg des Jaroslaw von Nowgorod, die hier einst gestanden hatte, Jurjew hieß, nannte übrigens auch das zaristische Rußland, das Rußland der Puschkinzeit, den Ort am Ostrand seiner Westprovinzen Derpt/Dorpat und »Stadt der deutschen Professoren«. Derpt war von Sankt Petersburg kaum weiter entfernt als von Riga. Puschkins Rußland begann gleich nebenan, jenseits des Peipussees, in Michailowskoje, dem Verbannungsort und elterlichen Gut des russischen Dichters. Über Derpt, heißt es, habe Puschkin erwogen, sich dem Zugriff des Zaren zu entziehen, nach Westen zu fliehen.

Professor Lotman soll, weil er in Sankt Petersburg, damals Leningrad, nichts habe werden können, nach Tartu gekommen sein, Anfang der sechziger Jahre, zusammen mit seiner Frau Sarah Minz, die wie er Philologie lehrte. Auch Lotman suchte herrschaftsfernen Raum, floh nach Westen, an die Grenzen des Reiches der staatsideologisch kontrollierten Sowjetwissenschaft. Überhaupt ist er westlich orientiert, auch terminologisch, und Tartu in dieser Hinsicht kein unbeschriebenes Blatt. Westorientierung ist Tradition in Tartu. Ich gehe am Haus der Burschenschaft *Estonia* Ecke Kastanienstraße vorbei, über die Veski-Straße, biege in die Vallikraavi, in den Wallgraben ein. Gehe mitten auf der Fahrbahn – kein Auto stört – über die alten flachen, grauen finnischen Pflastersteine; rechts und links zur Gosse hin fassen die einheimischen bunten, buckligen den Weg ein. An einer Ecke steht wie vergessen eine behäbige Litfaßsäule noch aus der Vorkriegszeit – ohne bunte Plakate, ohne Aufschriften nackt und grau. Die Straße wird eng, dunkel vom Laub der Bäume, die auf der einen Seite steil den Domberg hinaufwachsen, auf der anderen Seite Villengärten beschatten. Professorenhäuser, deutschbaltische Villen waren sie einst, sind zum Teil aus Holz, zwei, drei Stockwerke hoch gebaut mit Veranden, Erkern, Schnitzwerk unterm Giebel, zum Teil aus Backstein im neogotischen oder klassizistischen Stil. Eine beherbergt nun ein Waisenhaus, eine andere *Peetri Pizza*, ein Restaurant. Aus dem Wohnhaus des estnischen Dichters und Literaturprofessors Gustav Suits ist das Kunstmuseum von Tartu geworden. In dem einen oder anderen der Holzhäuser am Wallgraben haben nach dem Zweiten Weltkrieg sowjetische Offiziere gewohnt.

Den Namen Tartu trägt die Stadt offiziell erst seit 1920 in der ersten estnischen Republik. Doch für die Einheimischen ist sie schon immer Tartu, Tarbatum lateinisch, estnisch Tarapada oder Tarabada – je nachdem, Niederung oder Berg des Taara, des Altvaters, der die Erdscheibe schuf –, ein Eden der heidnischen Sage nach. Wo Vanemuine, der Gott der Dichtkunst, seinen »herzergreifenden Hymnus« sang, wie Friedrich Robert Faehlmann, der Mythen- und Märchensammler, überliefert. Wo »die Sprachen gekocht« wurden, und in einem nahen Bach das Schwert des Kalev-Sohns blinkt und singt. Tartu, eine Bauernburg, wird 1030 in der Nowgoroder Chronik zum ersten Mal erwähnt, mehr als ein Jahrhundert vor Tallinn, 170 Jahre vor Riga. Nirgends verteidigten sich die Esten tapferer gegen Eindringlinge als in Tartu, vertrieben Jaroslaw von Nowgorod, sammelten ihre letzten Kräfte gegen die Kreuzritter. Seit Jahrhunderten, nicht erst seit der Küster Kässo Hans in estnischer Sprache ein Poem aus ihr machte, irrt die Frage »Oh! ma waene Tardo-linn! / Mes sündi nüüd siin minnoga?« (Oh! ich armes Tardo-linn!/Was ist nun aus mir geworden?) klagend durch den Raum der estnischen Geschichte: Siebenhundert Jahre deutschbaltische, dann polnische, fast einhundert Jahre schwedische, zweihundertfünfzig Jahre russische Fremdherrschaft. Übers Eis des Peipussees sind die russischen Truppen Peters des Großen – 1707 war's – nach Dorpat vorgedrungen, haben die Stadt eingenommen, einen Großteil der Einwohner nach Rußland verschleppt. Daher die Klage des estnischen Küsters. Der Peipsi-järv, so nennen die Esten den See unweit von Tartu, markiert eine natürliche Grenze zwischen Rußland und Estland und einen Verbindungsweg.

Ich überquere die Ülikooli, die Universitätsstraße, gehe dann die Küüni, die Kühnstraße, bis zum Rathausplatz, suche ein Telefon. Der Rucksack beginnt zu drücken. An der Rüütli, der Ritterstraße, der Ruine der Johanniskirche zu Füßen, steht eine Zelle. An der Johanniskirche waren die Lenzens Pastoren. »Hier lebt der Bruder des unglücklichen L. Er ist Oberpastor, wird von allen geliebt und hat ein gutes Einkommen. Ob er wohl auch an seinen Bruder denkt?« schreibt in Reisebriefen über Dorpat, das er »ein prächtiges Städtchen!« nennt, der russische Dichter Nikolai Michailowitsch Karamsin, als er, zweiundzwanzig Jahre alt, 1789 auf der großen Poststraße von Petersburg nach Dorpat kam. Karamsin kannte Jakob Michael Reinhold Lenz aus Moskau, hatte einige Zeit mit ihm im selben Haus gewohnt. Das Telefon funktioniert ohne Bezahlung. Auf diese Weise umgeht man die ständige Kraftprobe mit den Kleinkriminellen, denn das Kupfer der Telefon-Kopeken handeln die *businessmen* der baltischen Länder zur Zeit als heiße Schwarzmarktware. Also montieren sie allerorts kurzerhand die Münzautomaten ab. Netti Shurakowskaja, die zweite Vorsitzende der Jüdischen Gemeinde von Tartu, meldet sich nicht, statt dessen Ljuba Switski, ihre Mutter. Professor Juri Lotman erlitt – wie ich erfahre – in seinem siebzigsten Lebensjahr einen zweiten Herzinfarkt, ist schwerkrank. Ihn möchte ich unbehelligt lassen. Verwunderlich, daß es überhaupt jüdisches Leben, jüdische Tradition in Tartu gab und gibt, finde ich doch in der umfangreichen deutschsprachigen Literatur über Dorpat nur wenige Informationen über die Kultur der Esten dort, geschweige denn etwas über die Juden.

Es beginnt schon zu dämmern. Ich gehe die Rüütli zurück, am Telegraphenamt vorbei. An einem Gebäude schräg gegenüber erinnern verwitterte Lettern an Hugo Treffners Privatgymnasium. Schüler aller Altersstufen aus allen Teilen des russischen Riesenreiches – Esten, Deutsche, Letten, Russen, Juden, Georgier, Polen – hätten sich dort auf ein externes Abitur vorbereiten können. An Treffners Gymnasium habe der estnische Schriftsteller Anton Hansen-Tammsaare (1878–1940) Abitur gemacht. So bunt wie die Schülerschaft sei das Lehrerkollegium gewesen, lese ich bei Friedrich Scholz, einem Kenner der baltischen Literaturen.

Ich gehe am Brunnen vorbei über den Rathausplatz, den traditionellen Mittelpunkt der Stadt, der Schüler- und Studententreffen, Feste, Kundgebungen, Aufmärsche und Exekutionen sah im Wandel der Zeiten. Der Platz ist menschenleer. Nur aus dem Bistro schallt laut Musik herüber, dort sitzen noch Gäste draußen im Dämmer unter hellen Schirmen, drinnen vor der Theke im Neonlicht. Ich gehe an den klassizistischen Bürgerhäusern vorbei, verweile kurz vor dem Schiefen Haus, gehe Richtung Fluß zur

Brücke, drehe mich noch einmal um. Majestätisch blickt das drei Stockwerke hohe, dreiteilige frühklassizistische Rathaus, das Dorpater Handwerksmeister 1789 fertigstellten, vom oberen Ende über das lange, schmale Rechteck des Platzes, auf die Brücke, den Fluß herunter. Der letzte Krieg hat die schöne Steinbrücke aus Katharinas Zeiten mit ihren Toren zerstört, deren Rundbögen den Rahmen abgaben für das Bild vom Platz, mit dem Rathaus in der Mitte. Von der Brücke aus gesehen ist Tartu eine Kleinstadt von unverkennbar deutschem Gepräge. Die Betonfußgängerbrücke ist schmal, schief, verbaut. Über den geschwungenen Bogen der Brükke zu balancieren, sei unter Studenten eine Mutprobe gewesen, höre ich meinen Bekannten Mischa Besrodny sagen. Mischa hat in den siebziger Jahren in Tartu studiert. Er kennt die Studentenbräuche. Mittlerweile ist er Doktor der Philosophie und lebt in Deutschland. Viele Abende lang hat er mir in seinem kleinen Arbeitszimmer beim Summen des Computers und umnebelt vom Tabakqualm seiner Pfeife über Tartu und Juri Lotman erzählt. Einmal habe ein Paar sein Bett auf den Brückenbogen geschafft, sagt Mischa, dort eine Liebesnacht verbracht. Unten zieht der Fluß gemächlich dahin. Algengrün schimmert, Blech blinkt.

Regelmäßig verkehrten Schiffe zwischen Dorpat/Tartu und der russischen Handelsstadt Pskow über den Emajögi, den Embach, der in den Peipsi mündet, oder andersherum gesagt, in einem Sinnbild des Nationalepos. ›Kalevipoeg‹, achter Gesang: »Milch vom Mutterfluß gespendet/Sog der Peipussee begierig.« Der Sage nach ließ Altvater die Tiere den Emajögi, den Fluß der Mutter, graben – zum Empfang des ersten Menschen. Ein Berg hob sich an dessen Ufer, wurde Taaras Eichenhain, Kult- und Opferstatt. Nach harten Kämpfen machten Jaroslaw von Nowgorod, später Ritter Johannes von Appeldern und Bischof Hermann, die Brüder des Bischof Albert von Riga, den Esten das Heiligtum streitig. Sie begannen Dorpat zu erbauen. Die Stadt im Urstromtal wurde ein »Hauptstapelplatz« am Kreuzungspunkt zweier Handelsstraßen von Rußland (Nowgorod, Ladoga) zu den Ostseehäfen (Reval, Riga). *Tschudskoje osero*, See des fremden, des finnischen Volkes, nennen die Russen den Peipussee, der im Laufe der Geschichte immer wieder Schauplatz des Machtkampfs um die west-östlichen Einflußsphären war. Vor dem brennenden Pskow kämpft ein slawischer Recke gegen die Ritter, ein Heer, eine Front. Monströse Rundhelme, schwarze Kreuze auf weißen Gewändern, riesige Schilde, die sich schwerfällig über die Leinwand bewegen in Eisensteins Filmklassiker ›Alexander Newski‹, der zum Politikum, zur Kassandra wurde im Rußland des Hitler-Stalin-Pakts. Durch Parkanlagen gehe ich am Denkmal für den Klassiker der jungen estnischen Literatur Friedebert Tuglas (1886–1971) vorbei, überquere die Narvaer Chaussee, gehe nicht ins Restaurant *Kaunas*, in dem, wie Mischa sagt, *soft strip* zu sehen gewesen sei schon in der Sowjetzeit.

In sicherer Entfernung von den Zentren der Macht, im blinden Winkel dieses gefährlichen, für Ausländer verbotenen Grenzgebiets, in Kääriku, einem Dorf bei Tartu, trafen sich, Professor Lotman hatte eingeladen, seit 1964, neun Jahre lang, Studenten, Dozenten aus Leningrad, Moskau, anderen Städten der Sowjetunion, einige Dutzend Leute, aus verschiedenen Wissenschaftszweigen; lebten alljährlich in den Sommerferien für ein paar Wochen eine fröhliche Wissenschaft zwischen Seen, Wiesen und Wäldern. Lotmans Schule wurde Geheimtip, für russische Studenten jüdischer Herkunft wie Mischa zumal, die vom *numerus clausus* an sowjetischen Hochschulen stärker als andere betroffen waren.

Ich gehe die Roosi, die Rosenstraße, hinauf, biege links in die Pikk, die Langstraße, ein, klingle bei Ljuba Switski an der Wohnungstür. Die Tochter Netti werde, sagen Ljuba und ihr Mann Kopl, noch in der Nacht nach Tartu zurückkehren. Ljuba ist fünfundsechzig Jahre alt, Kopl siebzig und arbeitet noch in der Holzfabrik, von der Rente allein könnten sie nicht leben. Kopl und Ljuba Switski reden jiddisch miteinander. Sie gehören zu den zweihundert Tartuer Juden, die den Krieg in Rußland überlebt haben, zurückkehrten, zu den wenigen, die dann geblieben, nicht ausgewandert sind. Ljuba ist, stellt sich heraus – Estland ist klein –, die Cousine von Lea Haitow aus Pernau, von Simon Katz' Frau.

Seit etwa einhundertfünfzig Jahren bis auf den heutigen Tag lebt eine kleine jüdische Minderheit in Dorpat – Jurjew – Tartu, der baltischen Vielvölkerstadt, in der der Rat, die Gilden, die Professoren lange das Sagen hatten. Die ersten Juden, die auf den Epiphanias-Jahrmärkten in Dorpat Handel trieben, schreibt Nosson Genss, seien Ende des 18. Jahrhunderts die Kaufleute aus Mogiljow und Schklow gewesen. Später habe der Rat Juden aus dem russischen »Ansiedlungsrayon« erlaubt, sich in den Universitätskliniken – so gut war deren Ruf, so weit sprach sich's herum – kurieren zu lassen. Die ersten, die sich in Dorpat niederlassen durften, waren wie in Reval »Kantonisten«, 1859 – zehn Familien. Der Großvater sei wahrscheinlich der Sohn eines »Kantonisten« gewesen, erzählt Ljuba, und der Großvater ihres Mannes sei aus dem weißrussischen, einst polnischen Pinsk nach Dorpat gekommen. Die Nacht über darf ich bei den Switskis bleiben.

Kopls Schwester Hene Schagall, eine zierliche alte Frau von über siebzig, wohnt im Nachbarhaus. Sie kommt am Morgen. Seit 1939 habe sie nicht deutsch gesprochen, seit die Freundin von nebenan »heim ins Reich« gefahren sei mit den Worten, sie fahre gern, Hitler habe recht, die Juden seien tatsächlich merkwürdig. »Ich kann nicht gedenken«, sagt sie und beginnt dann zaghaft mit leicht jiddischem Akzent deutsch zu sprechen, so daß ich sie gut verstehen kann. In den Jahren nach dem Krieg habe sich noch ein *minjan* regelmäßig zum Sabbat in der Wohnung des *schochet* Baron zum Gebet versammelt, erzählt Kopl Switski. Damals habe der Direktor der Lederfabrik Lew Kuritzki den Zusammenhalt der Juden von Tartu unterstützt, ihnen Arbeit gegeben. 1949 sei all das verboten worden. Kopl Switski fährt uns mit seinem Auto ins Sommerhaus, Netti warte dort, sagt Ljuba, und die Sauna fürs Familienbad sei bereits angeheizt.

Netti Shurakowskaja, die zweite Vorsitzende der Jüdischen Gemeinde von Tartu, ist stolz auf ihre alteingesessene Tartuer Familie, bei der sich die Verwandtschaft all die Jahre hindurch traf zu *Pessach*, *Jom Kippur*, *Rosch Haschana*, *Sukkot*, *Purim*, den jüdischen Feiertagen. Netti ist müde von der Arbeit. Eine Woche lang hat die

Deutschlektorin an der Universität während ihrer Ferien einen Intensivsprachkurs geleitet, um ihr Gehalt aufzubessern, von dem allein die Familie – der Mann ist arbeitslos – nicht leben kann. Netti zeigt mir das Sommerhaus – ihr Vater, ihr Mann haben es selber gebaut –, führt mich im Garten herum. Die Beeren sind geerntet. Das Kartoffelkraut liegt schon welk am Boden. Im Gewächshaus reifen Gurken, Tomaten, Zucchini. Gern würde sie, sagt Netti, auf die Selbstversorgung, die so zeitraubend sei, verzichten. Ich setze mich zu Hene Schagall auf die Bank vorm Haus in die Sonne. Ljuba Switski gesellt sich zu uns. Margeriten, Mohnblumen blühen im Garten. Dann und wann trägt der Wind den Geruch würzigen Holzes herüber. Hinterm Zaun rauscht der Bach. Kopl Switski hat alte Photos mitgebracht.

Seit auch Handwerker, Kaufleute der Ersten Gilde und Studierte außerhalb des »Ansiedlungsrayons« siedeln durften, wuchs wie in Reval die jüdische Gemeinde von Dorpat. Um die Jahrhundertwende hatte sie, heißt es, mehr als anderthalbtausend Mitglieder in der gut vierzigtausend Einwohner zählenden Stadt. Nach den Esten (siebzig Prozent), den Deutschen (siebzehn Prozent), den Russen (sieben Prozent) waren die Juden die viertgrößte Bevölkerungsgruppe (vier Prozent). Waren meist kleine Handwerker, Schneider, Schuhmacher, Klempner, Dachdecker, Hutmacher, Uhrmacher, auch Kaufleute und Studenten. Wohnten vor allem in den schmucken, dicht an dicht stehenden Holzhäusern um die Alexanderstraße, die – parallel zum Fluß – vom Zentrum nach Süden führt, in den ärmlicheren Holzhäusern zwischen Rathaus- und Rosenstraße jenseits und im sogenannten »Gemüseviertel« diesseits des Flusses, aber auch in den feinen Steinhäusern im Zentrum der Stadt. Der Rat habe sich den Juden gegenüber tolerant gezeigt, heißt es, 1884 sei sogar einer ihrer Repräsentanten in die Stadtregierung gewählt worden. Als meine Gastgeber in den Zwanzigern geboren wurden, lebten weit weniger, nicht einmal mehr tausend Juden in Tartu. Der Erste Weltkrieg, der estnische Unabhängigkeitskampf, die Revolutionswirren hatten sie auseinandergetrieben, nicht alle waren in das nun demokratisch regierte estnische Tartu zurückgekehrt, in dem sich die jüdischen Gemeinden Estlands bereits 1918 politisch zu formieren begannen, einen Nationalrat gewählt hatten und nun eine offizielle Vertretung im Stadtamt besaßen.

Noch einmal gehe ich über den gepflegten Rasen der Parkanlagen jenseits des Embach. Die Lorgnette läßt den lockenhäuptigen Friedebert Tuglas mit dem Buch in der Hand eher blind erscheinen. Ein weißes, drei Stockwerke hohes Haus stand, wo nun Park ist, am Fuße der Steinbrücke, das Hotel *Bellevue* – die großen Lettern an der Fassade konnten Fremde schon vom Rathausplatz her erkennen. Das Hotel habe der Zahnärztin Ljuba Genss, der Schwester von Nosson und Julius, gehört, erzählt Inna Gens. Ljuba, ihr Mann, die beiden Kinder seien nicht nach Rußland geflohen, von den Nazis in Tartu umgebracht worden. Ich gehe über die Embachbrücke. Ein paar Boote schaukeln am Steg gut vertäut, manche mit hochgezogenem Motor, mit Planen zugedeckt. Kein Mensch macht sich an ihnen zu schaffen. Ein Vergnügen seien, lese ich, sommerliche Ausflüge mit dem Raddampfer über den Peipussee nach Pskow gewesen, vor den Kriegen. Breite *lodjen*, Segelkähne, schmale Jollen hätten damals im Wasser gelegen, dicht an dicht; schon lange verkaufen russische Fischer ihren Fang aus dem Peipussee nicht mehr am Embachkai in Tartu. Am Ufer gegenüber habe man Holz in quadratischen Stapeln gelagert. Auf der Rathausplatzseite der Steinbrücke seien die Märkte abgehalten worden, der Viktualien-, der Fleischmarkt zur Rechten, der Obst-, Gemüse-, Butter- und Käsemarkt zur Linken. Die Ampel zeigt Grün, ich überquere den Vabaduse puiestee, den Freiheits-Boulevard, gelange auf den Rathausplatz. Hier standen, bis das Automobil sie verdrängte, in Reih und Glied, im Winter auf Schlittenkufen, mit Pelzdecken bestückt die Pferdedroschken. Drei Bürgerhäuser am Platz haben der Familie Genss gehört. Der Großvater Ber Genss, ein Handschuhmacher aus Litauen, habe sie, erzählt Inna Gens, auf den Namen seiner Kinder gekauft, noch ehe er sich mit einem Zahnarzt-Diplom – erworben im ukrainischen Kiew – im Jahre 1903, nach achtzehn Jahren unsicherer Existenz, in Dorpat/Jurjew Bürger- und Besitzrecht habe verschaffen können. Sieben Söhne hatte der Handschuhmacher und Kaufmann der Ersten Gilde Ber Genss – Nosson, Julius, Jakob, Sally, Joseph, Naphtali, Abram – und die Tochter, Ljuba. Im Haus vorn zum Embach hin, dem Schiefen Haus gegenüber, Großer Markt 15, hat Julius mit seiner Familie gewohnt. Dort haben Inna und Leo ihre Kindheit verbracht. Die Häuser, die den Genss' gehörten, wurden im Krieg zerstört.

Junge Leute, Schüler, vielleicht Studenten, schlendern über den Platz. Touristen bewundern die Rathausfassade. Aus dem Bistro dröhnt Popmusik. Dort steht die Jugend nach *Pommes* mit *Ketchup* und *Cola* Schlange. Ich biege in die Küüni, die Kühnstraße, die vor dem Krieg Voidu, Siegerstraße hieß. Im Haus an der Ecke habe der Zahnarzt Dr. Jacob Pajenson seine Praxis gehabt, erzählen Hene Schagall und Ljuba Switzki, Dr. Pajenson habe mehr als zwanzig Jahre lang das Jiddische Theater von Tartu geleitet, überall im Land Gastspiele organisiert. Das Haus wurde – wie so viele andere auch – im Krieg zerstört. Die ganze Zeile stammt aus der Nachkriegszeit. Unter den Linden der Küüni finde ich ein Lokal. Alle Tische sind besetzt; Bedienung, Geschirr, Menü im alten, sowjetischen Stil. Die niedrigen Preise ermuntern die Leute zumindest zu einem Sonntagskaffee. Eine halbe Stunde warte ich, ohne bedient zu werden. Seit dem vierzehnten Lebensjahr, ihr ganzes Leben lang habe sie als Verkäuferin gearbeitet, höre ich Ljuba Switski sagen, zuerst bei Sally Genss im *Promtowar* »auf dem Winkel« der Küüni, der Kühn- und der Poe, der alten Budenstraße. Die Verkäuferinnen in Tartu hätten die Waren in drei Sprachen – estnisch, deutsch, russisch – anzupreisen gewußt. Ich gehe die Poe-Straße hinunter, an der Apotheke, an einem neueröffneten Kunstgewerbeladen, an den leeren Schaufenstern des alten Sowjetschallplattenladens *Melodija* vorbei. Auch sie habe, berichtet Hene Schagall, vor dem Krieg als Verkäuferin angefangen, bei Solomon Bakscht in der Poe. Auch das Haus, in dem *Bakscht & Söhne – Galanteriewaren* ihr Geschäft hatten, steht nicht mehr. Alle Häuser in der Poe-Straße wurden im Krieg zerstört. Mit ihnen der Kaufhof, die zahlreichen

Geschäfte – Galanteriewaren, Leder & Zaumzeug, Schuhwerk, Uhren, Schmuck, verschwunden auch die Namen Bakscht, Grossmann, Klompus, Uschwanski, Kropmann ... Nun ist da eine Grünanlage. Hinter den Bäumen beginnt ein Asphaltplatz, auf dem zwischen Kiosken, Autos, Wohnwagen die neue Markthalle steht, mit ihren Blendsäulen ein Abklatsch des alten Kaufhofs.

Zwischen Rathausplatz und Rigascher Straße ist nach dem Krieg kaum ein Stein auf dem anderen geblieben. Das Trümmerfeld wurde später mit Grünflächen, Asphalt verdeckt, mit Beton überbaut. Zwischen Rija und Raekoja plats hat die Stadt ihr Gesicht verloren. Ich nehme den Fußgängerüberweg über die Rigasche Straße, die heute eine der Hauptverkehrsachsen Tartus ist. Hene Schagall und ihr Bruder Kopl Switski sind in einem Hinterhof an der Rija aufgewachsen, Kinder armer Leute gewesen. Ich lasse die Touristen, Passanten hinter mir, gehe in die Aleksandri, die Alexanderstraße, hinein. Sonntäglich ruhig ist's, kaum daß sich die Gardinen hinter den Fenstern bewegen. Alter Kropmans Geschäft sei auf der Aleksandri gewesen, Pasternaks Laden schräg gegenüber. Alle Welt habe Hemden, Krawatten in Pasternaks Konfektionskaufhaus an der Alexanderstraße gekauft, erzählen Hene Schagall und Kopl Switski. Sämtliche Häuser in der Alexanderstraße bis zur Lao hat der Krieg zerstört, die meisten ihrer jüdischen Bewohner sind ermordet worden ...

Das erste Haus, das den Krieg überstanden hat, ist Nr. 47, eines der wenigen aus Stein in dieser Straße, neben dem (Nr. 49) die jüdische Schule stand. Die war aus Holz ohne besonderen Zierat, auf einem Steinfundament, zwei Stockwerke hoch, sieben Fenster, vielleicht vier Klassenzimmer lang. Kinder hängen an geöffneten Fenstern. Dora Feiman, L. Muschkat, Lewandowski, Michelson, Lea Schatz, Hene Gens, Zeitlin, Beltschikow, Kopl Kalman, Kopl und Hene Switski, Ljuba Glückmann – lese ich auf der Rückseite einer vergilbten Photographie – sind hier zur Schule gegangen. Der Dorpater Jüdische Volksverband, der Jüdische Kindergarten, der Sportverein *Makkabi* gaben ihre Adresse mit Aleksandri Nr. 49 an. Anstelle der jüdischen Schule – eine Baulücke, Wiese, Schrott.

Dahinter das Haus der Tartuer Feuerwehr. Andere Holzhäuser in der Aleksandri, in ihren Nebenstraßen dagegen sind noch gut erhalten. Bereits 1875 wurde die Elementarschule von der Jüdischen Unterstützungskasse für unbemittelte Studierende in Dorpat gegründet und seitdem von dieser auch finanziert. Studenten unterrichteten dort, verwalteten sie bis 1907. Jiddisch war Unterrichtssprache. In der Zeit der Kulturautonomie wurde sie zu einem zweisprachigen jiddisch-hebräischen Gymnasium ausgebaut. Mangels Schülern mußten 1935 die oberen Klassen jedoch schließen. Im Juli 1941 ist die Schule von der SS zum »Judenhaus« umfunktioniert worden. Einhundertneunundfünfzig jüdische Bürger wurden festgenommen, vernommen, durchsucht und »der Sonderbehandlung unterzogen«, die Frauen und Kinder in der jüdischen Schule interniert. Die Frauen hätten für die Deutschen die gröbsten Arbeiten verrichten müssen, berichtet Per Wieselgren, damals Professor für Skandinavistik an der Universität Tartu, in seinen Erinnerungen. Deportation ins Rigaer Ghetto sei den jüdischen Frauen und Kindern »versprochen« worden, berichtet Inna Gens. Eines Tages im November (1941) seien sie plötzlich abgeholt worden. Nachbarn hätten im verlassenen Haus noch das Frühstück halb verzehrt auf den Tischen vorgefunden, schreibt Per Wieselgren. Die Anwohner hätten sie schreien hören. »Sie ahnten wohl, was geschehen würde«, sagt Inna Gens. Ein Este habe, berichten beide, zur selben Zeit gesehen, wie etwa zweihundert Frauen und Kinder mitten am Tage vom estnischen Selbstschutz unter deutschem Kommando niedergeschossen wurden einige Kilometer von Tartu entfernt an der Landstraße nach Elva. Vermutlich betrunkene Schutzwehrleute hätten kleine Kinder festgehalten, andere geschossen. In ein Lager bei Pskow seien die Frauen, Kinder, die man nicht gleich erschoß, deportiert und dort ermordet worden. An der Elvaer Chaussee – Netti Shurakowskaja führt mich hin – steht ein Mahnmal noch aus der sowjetischen Zeit.

Ein Tartuer Jude sei zur Gestapo gegangen, habe gesagt, er sei Weißgardist, Antikommunist, man solle ihn unbehelligt lassen, erzählt Hene Schagall. Die Deutschen hätten nur abgewinkt, den Mann nach

Hause geschickt. Estnische Hilfspolizisten auf der Straße aber hätten ihn am Genick gepackt, in den nächsten Hof gezerrt, ermordet. Ein anderer Tartuer Jude habe sich bereit gefunden, Landsleute zu denunzieren. Natürlich sei er nicht lebend davongekommen. Als der Bruder dieses Mannes, nach dem Krieg aus Rußland zurück, von der Sache hörte, habe er sich das Leben genommen.

In der Aleksandri Nr. 27 hatte die Jüdische Religionsgemeinde ihren Sitz, im gleichen Gebäude war auch *Linas Hazedek*, der Verein für Fürsorge und Krankenpflege, untergebracht. Die Synagoge stand nicht weit von Schule und Gemeindehaus entfernt zwischen Aleksandri und Turu, Marktstraße Nr. 57, in unmittelbarer Nachbarschaft zum jüdischen Armenasyl (Nr. 59/61). Ich suche mir einen Weg zwischen den Wohnblockreihen hindurch zur Marktstraße. Vor einem der Hauseingänge schiebt eine junge Frau einen Kinderwagen auf und ab über den Plattenweg. Hinter einem der Fenster klappert Geschirr, bewegt sich ein Vorhang. Eine Katze liegt lang hingestreckt, die Augen geschlossen, auf einer Bretterbank unterm Flieder. *Zerehnenbusch* haben die Deutschbalten den Flieder halb russisch genannt.

Um die Jahrhundertwende hatte sich die jüdische Gemeinde der Stadt an der Turu aus dunkelrotem Backstein eine Synagoge errichten lassen. Der einzige Schmuck des schlichten Basilikabaus waren die über zwei Stockwerke reichenden Fensterrundbögen, die Davidssterne darin und das Relief der Gesetzestafeln unterm Giebel der Ostwand. Innen überm Thoraschrein reckte im Gegenlicht des Rundfensters der russische Doppeladler majestätisch Hals und Kronenhaupt, spannte seine Schwingen rechts und links der Gesetzestafeln. Nacheinander hätten, weiß Kopl Switski, der Lederfabrikant Elijachu Menachem Uschwanski, der Druckereibesitzer Hirsch Selmanowitsch, ein Samuel Beltschikow und der Galanteriewarenhändler Solomon Bakscht der Gemeinde vorgestanden. Zuletzt sei Lejb Mostowski Rabbiner gewesen. Ob auch die Synagoge im Sommer 1941 Sammelstelle für die Juden wurde, ist ungewiß. Der Sprachwissenschaftler Paul Ariste habe noch Bücher, Thorarollen, Leuchter, andere Kultgegenstände aus der

Synagoge retten können, sagt Netti Shurakowskaja. Jahrzehntelang hätten diese Dinge im Keller des Stadtmuseums verborgen gelegen, im Dezember 1992 habe eine Ausstellung sie in Tartu gezeigt. Ohne Dach, mit leeren Fenstern, ausgebrannt und ausgeräumt stand die Synagoge hinterm Zaun an der Straße nach dem Krieg. Trümmer, Ruinen ringsherum. Statt der Synagoge nun die Wohnblockreihen. Durch die Kalevi gehe ich ins Zentrum zurück, an so verwitterten, verfallenen wie mannigfaltigen alten Holzhäusern vorbei. Schön sind an vielen die Haustüren mit kunstvoll unterteilten und gerahmten Oberfenstern, geschnitzten Schnörkeln und verschiedenfarbigen Mustern. Die Fassade eines hölzernen Mezzanins täuscht einen Portikus vor, getragen von Blendsäulen mit korinthischen Kapitellen. Das dreistufige, feinstrebig gegliederte Giebeldach eines Aufgangs oder Windfangs zeigt die Leichtigkeit, die Holz im Jugendstil haben kann.

Ich gehe am neuen Vanemuine-Theater vorbei, in die Ülikooli, die Universitätsstraße, in der, wie es wegen Brandgefahr Vorschrift war, nur Steinhäuser stehen, suche das *Wiener Café Werner*. Julius Genss habe da oft mit seinen Künstlerfreunden zusammengesessen, erinnert sich Zerna, die Frau von Sally Genss, die, achtundachtzig Jahre alt, unweit von Tartu in Elva lebt. Das Café sei das Stammlokal der linksliberalen Intelligenz von Tartu gewesen, sagt Walter Maurach, damals Student an der *Alma mater Tartuensis*. Man habe dort gegen das Revaler materialistisch-kapitalistische Denken den *Tartu vaim*, den »Dorpater Geist«, gepflegt, sich nebenbei über Parvenü-Erscheinungen im arrivierten estnischen Bürgertum mokiert. Inna Gens erzählt: Julius, der zweite von den sieben Söhnen des Handschuhmachers Ber, habe wie die meisten seiner Brüder mit dem Handwerks- und Kaufmannsgeschäft nichts mehr im Sinn gehabt, habe Jura studiert, sich aber mehr für schöne Bilder und Bücher interessiert. Ein Löwe, der daliegt, unter den Vorderpranken einen Stoß Bücher hält, den Kopf dreht und brüllt, war eins seiner *ex libris*. Auf Reisen nach Moskau, wo er bei seinem Bruder, dem Arzt Abram, unterkam, habe Julius Genss die Revolution und Wladimir Majakowski kennengelernt, sich wie der Futurist vom sowjetischen Experiment faszinieren lassen. Dabei sei er Bohemien, Kunstliebhaber, Jiddischist geblieben. Julius Genss war wohl auch Mitglied der Gesellschaft *Frejnt fun jidisch* und nicht der prokommunistischen *Licht*. Als er eine Zeitlang nicht ins *Café Werner* habe gehen dürfen, weil Scharlach in der Familie grassierte, habe er zu Hause aus lauter Langeweile *Schir ha-schirim*, das ›Lied der Lieder‹, auf Pergament abgeschrieben, der estnische Künstler und Freund Ado Vabbe die Illustrationen dazu gemacht, erzählt Inna Gens, die in Moskau das Familienarchiv hütet. Kurz vor dem Krieg habe der Vater aus seiner Sammlung noch eine Wanderausstellung »Jüdische Graphik« in Tallinn und Riga zeigen lassen. Aus dem Nachlaß des verarmten deutschbaltischen Adels habe er Kunst aufgekauft und – was man ihm in diesen Kreisen bis heute übelnehme – 1939/40 als Experte der deutsch-sowjetischen Kommission für Fragen des Kulturbesitzes die Ausfuhr von Kunstwerken verhindert, die für Estland Wert und Bedeutung hatten. Alfred Rosenberg habe Genss' Kunstsammlung und Bibliothek, darunter Judaica vor allem aus Osteuropa, zu schätzen gewußt. Die Raritäten und Kostbarkeiten seien vom Einsatzstab des Reichsleiters später kassiert worden und auf wunderliche Wege geraten. In Kisten verpackt habe man sie mit der Eisenbahn nach Deutschland verfrachtet. Die russischen Befreier hätten sie bei Kriegsende von dort, unausgepackt wie sie waren, zurück in die Sowjetunion geschickt, zuerst nach Vilnius, und von Vilnius später ins weißrussische Staatsarchiv nach Minsk, wo Teile der Sammlung wohl heute noch lagern. Ein beträchtlicher Teil der jüdischen Graphiken aber sei durch einen Zufall an die Familie zurückgelangt, erzählt Frau Gens. Jemand habe sie, in der Annahme, es handele sich um Bilder des bekannten Ado Vabbe, aus den Kisten gestohlen, in denen sie in Tallinn für den Transport nach Deutschland bereitlagen. Die Graphiken seien für den Dieb jedoch uninteressant gewesen. Deshalb habe er sie der Familie nach dem Krieg zurückgegeben. Einmal in Moskau hat Frau Gens die Mappe geöffnet und Bild für Bild vor mich hingelegt, darunter auch Graphiken von Marc Chagall, Nathan Altman, Issachar Rybak.

Ich gehe die Ülikooli auf und ab, lese an der Fassade eines Hauses, die estnische Dichterin Lydia Koidula (1843–1886) habe an der Universitätsstraße gewohnt, auch eine Erinnerungstafel für Friedrich Robert Faehlmann (1798–1850) finde ich hier. Vom Denkmal herab verfolgt Nikolai Iwanowitsch Pirogow (1810–1881) meine Schritte. Der russische Professor der Medizin, Sohn eines Moskauer Rentmeisters, Reformer des russischen Hospitalwesens, Autor berühmter anatomischer Atlanten, Mitglied der russischen Akademie der Wissenschaften in Sankt Petersburg, hatte in der Gildi, der Gildenstraße, einer Querstraße zur heutigen Ülikooli, sein Domizil. Vergeblich suche ich nach einem Café in der Universitätsstraße. Als Mischa Mitte der Siebziger in Tartu studierte, soll es das *Café Werner* noch gegeben haben, hätten, sagt er, im vorderen Raum alte Damen gesessen, im Hinterzimmer Studenten und Bohemiens beim Schachspiel. Ich frage Passanten. Das Café sei ausgebrannt, schon vor geraumer Zeit. Sie weisen auf einen Bauzaun, über dem gerade noch die Giebelwand eines niedrigen Hauses im Rohbau zu sehen ist.

Ein paar Schritte schräg über die Straße, Ülikooli 16, im von Bockschen Haus, wurde 1802 die Universität wiedereröffnet, befand sich anfangs das Auditorium Maximum. Später zogen die Philologen, Historiker, Soziologen ein. Mischa saß dort in Vorlesungen von Juri Lotman, im Seminar bei Sarah Minz. Die Philologen bekommen nun ein neues Gebäude direkt nebenan, in der Lossi, den Domberg hinauf. Ich gehe an den dicht aneinandergeschmiegten alten Bürgerhäusern der Ülikooli entlang, die den großen Brand des Jahres 1775, die Kriege überstanden haben, bewundere das mächtige klassizistische Bauwerk gegenüber: Sechs toskanische Säulen, drei Stockwerke hoch, ein dorischer Portikus, flankiert von fünf Fenster langen Seitenflügeln, schaffen sich mächtig Platz, bestimmen das Straßenbild. Das Hauptgebäude der *Alma mater Dorpatensis* übertrumpft alle umstehenden Häuser, auch das Rathaus nebenan. Ein Großteil der alten Steinhäuser in Tartu sind Universitätsgebäude. Da es das *Café Werner* nicht mehr gibt, gehe ich ins Restaurant *Wolga* um die Ecke. Schummrig ist es dort drinnen und leer, heller nur auf der Tanzfläche in der Mitte unter den achtzackigen roten Sternen im Oberlicht, und die Musik ist laut und westlich wie anderswo. Einige Tische entfernt sitzen zwei, reden gedämpft deutsch miteinander. Die Serviererin, der Schmand am Salat, das Bier sind estnisch, gut auch die Bouillon, das Omelette mit Käse. Da stolpern vier junge Männer die Stufen von der Tanzfläche herauf – ob sie estnisch oder russisch sprechen, verstehe ich nicht –, scharren umständlich mit den Stühlen, trinken eine Runde, ziehen schwankend weiter.

Hinter der Universität, am Fuße des Dombergs steht seit einigen Jahren auf einem Piedestal eine grazile Bronzefigur von Gustav II. Adolf. 1632 habe der Schwedenkönig die *Alma mater* als eine lateinische Akademie gegründet, betonen die Esten, Zar Alexander I. habe sie nach den Wirren der Nordischen Kriege im Jahre 1802 bloß wiedereröffnet. Dorpat wurde die »Landesuniversität« Liv-, Est- und Kurlands, kein Adels-, sondern ein russisches Staatsinstitut, daher nach der von Moskau, vor denen in Kasan und Sankt Petersburg als eine der ältesten russischen Universitäten geführt. Doch anders als diese genoß die *Alma mater Dorpatensis* Sonderrechte, das Privileg der Autonomie – »reichsdeutsch« waren die Professoren, Deutsch war die Unterrichtssprache –, Rechte, die spätere Zaren ihr streitig machten, Alexander III. ihr am Ende ganz absprach. Durchs Portal betrete ich das Hauptgebäude, das mich innen, Garderobe zur Linken, Halle zur Rechten, geradeaus das Treppenhaus, an ein altehrwürdiges Gymnasium erinnert. Einst war die Universität von Dorpat berühmt für ihre medizinische Fakultät, für ihre Naturwissenschaften. Dank der Position an der Peripherie der einen wie der anderen Hegemonialmacht kam es trotz Mentalitätsdifferenzen, patriotischen Eitelkeiten, Eifersüchteleien dennoch zu deutsch-russischen Begegnungen, fruchtbaren Verschränkungen der Blickwinkel, Irritationen der westöstlichen Perspektivik an der Dorpater Universität. In diesem Sinne wirkte das »Institut der Professoren«, eine vom Zaren gestiftete Einrichtung, die russische Wissenschaftler zur Vorbereitung für eine Fortbildung an deutschen Universitäten nach Dorpat brachte.

Dorpat, das für den Westen Osten war – deutsche Kolonie im Zarenreich, Adelsgesellschaft, Agrarland –, war für den Osten Westen mit seinen wohlhabenden Baronen und Kaufleuten, dem Zugang zum *mare balticum*. Selbst als die Ständeordnung ins Wanken geriet, die Rede von der Nation aufkam, die Beamten des Zaren die Universität zu russifizieren, deutsche Professoren sich als letztes Bollwerk des »Deutschtums« an den Grenzen Asiens zu verstehen begannen, konnten sich Wissenschaftler aus Rußland und Deutschland in Dorpat austauschen. Deutsche forschten, lehrten im russischen Reich. Protestantische Theologen hatten vorzüglichen Zugang zu den Quellen der russisch-orthodoxen Kirche, Historiker die Archive zur Geschichte Osteuropas, Rußlands vor der Tür. Zu den letzten, die von deutscher Seite solche Möglichkeiten nutzten, zählt der Historiker Georg von Rauch, 1904 als Sohn eines Arztes in Pskow/Pleskau geboren, der in Tartu, Tübingen und Breslau studierte, von 1930 bis 1939 Lehrer und Dozent für Geschichte in Tartu war, 1941 über die Universität Dorpat habilitierte und im Nachkriegsdeutschland die Osteuropa-Geschichtsforschung wesentlich mitbestritt. Als einen »ivory tower in relation to its surrounding Estonian environment« bezeichnet in einem Aufsatz Toivo U. Raun, ein estnischer Wissenschaftler aus Long Beach, California, die Universität von Dorpat zu Beginn des 19. Jahrhunderts. Schwer hatten es all die, die nicht zur Kolonie deutscher Wissenschaft, deutschbaltischer Kultur und Gemütlichkeit gehörten, keinen Zugang zu den akademischen Vereinigungen *Estonia, Curonia, Livonia, Fraternitas Rigensis* hatten, zu den *Mussen*, den Vereinsunterkünften, und den Professorenvillen zwischen den Holzhäusern, den Bauernhütten in und um Dorpat. Die Esten waren – im Dorpater russisch-estnisch-deutschen Idiom gesagt – *hauskerl*, Köchin, *naispassija* (Aufwartefrau), *njanja* (Kindermädchen), Wäscherin bei den *saksad*, den deutschen Herrschaften, waren Handwerker und Bauern. An die Universität gelangten sie nur, wenn sie kein *Kadakendeutsch* sprachen, Mimikry übten. Dorthin führte – Faehlmann, Kreutzwald, viele andere nahmen diesen Weg – einzig das Nadelöhr der Assimilation. Zivilisation, Bildung,

Geschichte, Tradition waren deutsche Begriffe. Auf Initiative deutscher Professoren und Pastoren kam (1838) die *Estnische Gelehrte Gesellschaft* zustande. 1859 taten sich die estnischen Studenten zusammen zur *Eesti Üliõpilaste Selts*, einer Kulturorganisation, die erst vierundzwanzig Jahre später (1883) Anerkennung fand. 1865 wurde der erste estnische Gesang- und Kulturverein *Vanemuine* gegründet. Erst nach der Revolution 1905 bildeten sich andere estnische Studentengruppen.

Ich gehe einen Flur entlang, an einer Gedenktafel für den Schriftsteller Anton Hansen-Tammsaare vorbei eine Treppe hinauf. Die Sammler estnischer Volkskultur, die ersten Patrioten, die Dichter und Schriftsteller, die künstlerische Avantgarde der zwanziger/dreißiger Jahre – die meisten von ihnen haben hier studiert. Ich steige bis in den zweiten Stock, suche die Wendeltreppe zum »Karzer« nicht, von dem, so Mischa, noch in den Siebzigern alle Welt geredet habe, gehe über den Flur, finde eine Tür offen, stehe auf einer Galerie, schaue über Kronleuchter hinweg auf einen säulenumstandenen Saal. Das Auditorium maximum. Eine Frau steht auf einer Leiter, putzt eine Lampe an der Wand. Zu Semesterbeginn und anderen Feierlichkeiten versammeln sich hier Studenten, Dozenten. »Füchse«, »Burschen« tragen blaue Deckel mit weiß-rotem Rand, schmettern »Gaudeamus igitur«. Estnische, russische, jüdische Studenten pflegen den ritterlichen Ehrencodex, deutschtümelnde Gebräuche.

Ich gehe die Lossi zum Domberg hinauf, sehe über den Bäumen auf dem Turm der Sternwarte die estnische Nationalflagge wehen. Die Universität, die Dorpat Namen wie »Embach-Athen« oder »Heidelberg Rußlands« eintrug und ein Unikat deutsch-russischer Kontakte, auch Kollisionen war, dazu Wiege des nationalen Erwachens für Esten und Letten, ist für Juden seit langem ein Zufluchtsort. Von Anfang an gab es zwischen den deutsch-baltischen Adels- und Bürgersöhnen jüdische Studenten. Das ›Album Academicum Dorpat‹ verzeichnet sie ohne besonderen Aktenvermerk. Drei Levis, Demetrius August, Moses Ezechiel und Joachim, studierten bereits in den Jahren 1809 bis 1816 hier Medizin. Sie waren wohl Brüder, Nachkommen des Schutzjuden Levi-Bamberger, der 1764 nach Riga gekommen war. Ich gehe unter der Engelsbrücke hindurch – eine Inschrift verspricht OTIUM REFICIT VIRES/MUSSE ERNEUERT DIE KRÄFTE –, spaziere in den Universitätspark hinein, der immer noch etwas von der Aura eines heiligen Haines hat. Unter Bäumen sitzt würdevoll ein Greis aus Stein, schaut nachdenklich in das Buch auf den Knien – der Embryologe und Arzt Karl Ernst von Baer (1792–1876), Sohn eines deutschbaltischen Gutsbesitzers, wie Nikolai Pirogow Mitglied der russischen Akademie der Wissenschaften. Zusammen mit Demetrius August Levi, der als Militärarzt Karriere machte, leitete Karl Ernst von Baer im Krieg gegen Napoleon ein Lazarett bei Riga mit dreihundert Patienten. Der Weg führt mich hügelauf zu den Universitätskliniken – das »anatomische Theater« bleibt zwischen den Bäumen versteckt –, von dort zur mächtigen Ruine des Doms, der seinerzeit, als das Bischofsschloß statt der Sternwarte den anderen Hügel einnahm, dem Dom von Riga nicht nachstand an Schönheit und Größe. Der Chor des Doms beherbergte die Universitätsbibliothek, bis sie 1984 ein eigenes Haus erhielt. Der erste jüdische Student, der es in Universität und Stadt zu Amt und Würde brachte, war wohl Mitte des 19. Jahrhunderts der Jurist Alexander Wulfius, der sich taufen ließ und Ratsadvokat wurde, Universitätsarchivar und Sekretär für studentische Angelegenheiten. Stolz sind die Juden von Dorpat–Jurjew–Tartu darauf, daß der bekannte Zionist Jakow Bernstein-Kohen (1859–1929) aus Kischinjow in Dorpat Medizin studierte. Hügelab führt mich der Weg am Denkmal für den früh verstorbenen estnischen Dichter Kristjan Jaak Peterson (1801–1822) vorbei, auf dessen Arm, Schulter und Haupt die Studenten von Semester zu Semester höher hinauf Kränze zu legen pflegen, gelange zum Opferstein, Relikt einer Kultstätte für den Gott Taara, vielleicht. Wie die Esten, die Letten, orientierten sich die Juden an den vorgegebenen, herrschenden deutschen Universitätsstrukturen; ordneten sich, wenn möglich, unter, bis sie dann – parallel zu den deutschbaltischen – eigene Vereinigungen zu gründen begannen. 1875 die Jüdische Studentische Hilfskasse, 1883/

1884 die Literarisch-Musikalische Gesellschaft, die Gesellschaft für Jüdische Wissenschaft, den Akademischen Verein für Jüdische Geschichte und Literatur. Zu Beginn des Jahrhunderts hätten die Versammlungen und Veranstaltungen des Akademischen Vereins im Hause Genss stattgefunden, schreibt Ella Amitan-Wilensky in ihren Erinnerungen. Einen »scharfen Konflikt«, den der Verein mit den Studenten der *Curonia* riskiert habe, erwähnt, ohne näher darauf einzugehen, der Historiker Roderich von Engelhardt in seinem Buch über die Universität Dorpat. Die Universität habe den Streit zugunsten der Juden entschieden. Jurjew zog jüdische Studenten geradezu an, denn Zar Alexander III. hatte allein die »deutsche Universität« in seinem Reich von der Einführung des *numerus clausus* für Juden ausgenommen. Aus den russischen Städten kamen assimilierte, aus politischen Gründen dort abgelehnte oder exmatrikulierte Studenten, aus den Jeschiwot, den Talmudhochschulen des »Ansiedlungsrayons« in Woloschin, Slobodka, Telschai jiddisch- und hebräischsprechende *bocherim*. Zwanzig Jahre lang, von den neunziger Jahren bis zum Ende des Ersten Weltkrieges, stellten die Juden ein Viertel der Studentenschaft, nach den deutschbaltischen, später den russischen Studenten die zweitgrößte Gruppe. Eine außergewöhnlich hohe Zahl. Die lettisch-jüdischen Politiker Max Laserson, Paul Minz, Mordechai Nurock, Noah Meisel, viele andere namhafte jüdische Intellektuelle des Baltikums studierten in Jurjew, auch der Autor der ›Geschichte fun di Jiden in Estland‹, Kopl Jokton, die Brüder Genss. Der Geologe Franz Juljewitsch Lewinson-Lessing aus Petersburg, der Mathematiker Leonid Samuilowitsch Leibenson aus Charkow begannen ihre Karrieren an der estländischen Universität. Schon in den achtziger und neunziger Jahren des vergangenen Jahrhunderts, nach den Pogromen in Südrußland, vor dem ersten Zionistenkongreß, seien viele in der *Chowĕwe Zion*-Bewegung, die meisten unter ihnen Sozialisten gewesen, erfahre ich. 1904 hätten sich auch in Jurjew Studenten und Arbeiter zu einer Gruppe des *Bundes* zusammengeschlossen, 1905 mitrevoltiert, dann, gegen die antijüdischen Pogrome nach der Zerschlagung der Revolution Selbstverteidigungsgruppen gebildet. Eine Schule des nationalen Erwachens, der Emanzipation, der Revolution wurde die Universitätsstadt Jurjew für jüdische wie für russische, estnische und lettische Studenten um die Jahrhundertwende, als die Deutschbalten die Russifizierung, den Niedergang der *Alma mater Dorpatensis* beklagten.

Ich spaziere über die Seufzerbrücke. Ein Vater knipst seine Familie im Sonntagsstaat. Besteige den »Berg der sich Küssenden«, setze mich auf eine Bank. Die Februarrevolution 1917, die Gründung des estnischen Staates habe wie ein Befreiungsschlag auf die Juden von Jurjew gewirkt, höre ich. In dieser Zeit seien der Demokratische Klub, die Jugendgruppe *Schoschana Zion* (Lilie Zions) und die Studentenorganisation *Hechawer* (Der Genosse) gegründet worden, dann *Achdut* (Einigkeit), *Atchia* (Wiedergeburt), prozionistische Gruppen. Auch die zionistische *Hechaluz* (Der Siedler) habe es in Tartu gegeben. 1922 seien die ersten aus der Stadt nach Palästina emigriert. Die Studenten aus dem nun sowjetischen Rußland, aus Deutschland seien fortgeblieben. So habe sich die Zahl der jüdischen Studenten in Tartu von 188 (1926) auf 96 (1934) verringert. Achtzig Mitglieder habe die Jüdische Unterstützungskasse gehabt, von jedem sechzig Kronen Beitrag pro Semester verlangt, erzählt mir Samuel Salzmann aus San José/USA, in den dreißiger Jahren Medizinstudent in Tartu, habe dafür Unbemittelten das Studium finanziert, ein Bildungsprogramm geboten. Drei jüdische Korporationen an der Tartuer Universität zählt er auf: eine estnisch-jüdische – die jiddischsprachige *Limuwia* mit den Farben Blau-Weiß-Gold, dann eine zionistisch-revisionistische – *Hasmonea*, Hellblau-Weiß-Gold, blauer Deckel, und die *Akademische Union*, die die liberalste von den dreien gewesen sei. Dazu die Organisation *Hazfira* (Morgenröte) der Studentinnen. 1930 habe Dr. Jakob Blumenfeld eine Gesellschaft zur Verbreitung der jüdischen Wissenschaft an der Universität gegründet, aus der Gesellschaft sei 1934 ein judaistisches Seminar geworden, an dem ein Flüchtling aus dem nationalsozialistischen Deutschland, der Philosophieprofessor aus Königsberg Lasar Gulkowitsch, begann,

Lehrer für die jüdischen Schulen in Estland auszubilden. Über die Kabbala hatte Gulkowitsch promoviert, über den Chassidismus seine Habilitation geschrieben und in Tartu noch etwas zum Thema ›Rationale und mystische Elemente in der jüdischen Lehre‹. Die Vorlesungen über jüdische Geschichte und Literatur bei Gulkowitsch seien »äußerst interessant« gewesen, erinnert sich der Flüchtling aus Deutschland, Helmut Eschwege, der sich in Dorpat einige Monate mit Holzhacken, anderen Gelegenheitsarbeiten den Lebensunterhalt verdiente, ehe er weiterfloh, über Stockholm, Antwerpen, Frankreich, Zürich nach Palästina. »So ein kluger, gebildeter Mann in unserem Provinznest Tartu! Wir bemitleideten Gulkowitsch. Die deutschen, die estnischen Professoren mieden ihn«, erzählt Inna Gens. In den Dreißigern seien die meisten Deutschen in Tartu Nationalisten, Antisemiten gewesen, sagt Samuel Salzmann bitter lächelnd. Einer von ihnen, der Gymnasiallehrer, Dozent für Geschichte und Kirchengeschichte am Luther-Institut, Vorsitzende des Deutschen Lehrervereins und der Dorpater Genealogischen Gesellschaft, Georg von Rauch, sollte – allerdings erst ein paar Jahre später – 1941, vielleicht um sich für die neue Reichsuniversität Posen zu qualifizieren, gegen die Judenemanzipation polemisieren, die »jüdische Gefahr« fürs Baltikum beschwören. Gulkowitschs seien geblieben, hätten keine Kraft mehr gehabt zu fliehen. »Die zierliche und gebrechliche Frau Gulkowitsch mußte als Scheuerfrau arbeiten und ihr krankes Kind sich mit übermäßiger Arbeit abquälen«, berichtet Per Wieselgren vom Herbst 1941. Professor Lasar Gulkowitsch und seine Familie sind in Tartu ermordet worden. Hügelauf, hügelab, kreuz und quer streife ich an den Tennisplätzen vorbei durch den Park.

Seit vier Jahren gebe es die Jüdische Gemeinde in Tartu, erzählt Netti Shurakowskaja, mit einhundertundsieben Mitgliedern; persönlich habe sie die geworben. Die Lotmans zählten nicht dazu. Der älteste Sohn, ein Philologe, verstehe sich als Katholik, der zweite, ein Biologe, bezeichne sich als Este, nur der jüngste, der Künstler, stehe zum Judentum. Wir fahren mit dem Bus an die Peripherie, zum neuen jüdischen Friedhof. Am Friedhofstor wartet Salman Schois, der Vorsitzende der Jüdischen Gemeinde, Uhrmacher von Beruf und Jurist ohne Studienabschluß. Netti hat ihn hierher gebeten. Der kleine Friedhof erstreckt sich auf freiem Feld am Rande der Stadt, umgeben von einem Zaun. Eine starke Mauer brauche er, sagen Salman und Netti – zum Schutz der Gräber. Dreimal sei es in letzter Zeit zu Grabschändungen gekommen, zum erstenmal im November 1991; zweimal im Juni, Juli 1992. Blumental steht auf einem der Grabsteine geschrieben. Hirsch Blumental sei auch ein Flüchtling aus Deutschland gewesen, erzählt Salman in gebrochenem Deutsch. Estnisch ist seine Muttersprache. Die Erinnerung ans Jiddische, das seine Mutter noch kannte, ans Deutsch seines Stiefvaters, der aus Danzig kam, hilft ihm, mich zu verstehen. Hirsch Blumental ist vor dem Einmarsch der Sowjets, der Nazis gestorben. Salman und Netti zeigen mir zerbrochene Steine, geöffnete Gräber, Hakenkreuzschmierereien.

Tartu war sowjetischer Garnisonsstützpunkt mit zehntausend Mann; der Militärflughafen, das Flugschreiberwerk, wo nunmehr die Arbeit ruht, erforderten so viele Soldaten, wie Studenten in Tartu leben, ein Zehntel der Einwohnerschaft. An den russischen Kasernen vorbei fährt Salman Schois zum alten jüdischen Friedhof. Ein verfallenes Holzhaus, Fenster und Türen zerschlagen, ein Haufen angekokelter Matratzen davor, ein zweiter drinnen, bildet das Eingangsportal. Stadtstreicher, Soldaten, sagt Netti, träfen sich gern hier zu Gelagen. Die Jüdische Gemeinde habe den Friedhof in Ordnung gebracht, Steine aufgerichtet, die Wege geharkt. Das Fernsehen sei hier gewesen, ein Film gedreht worden über die Geschichte der Juden in Estland. Wir gehen durch den Hof, an dem Müll vorbei zu den alten Gräbern im Schatten der hohen, dicht stehenden Bäume. Der Friedhof ist klein, wie die Gemeinde von Dorpat es war. Doch wir sehen keine Steine mehr aufragen, nur Springkraut stehen, auf einem freien Platz Reste eines Lagerfeuers; erst dann, zwischen dem Unkraut, die Trümmer; beinahe alle Grabsteine von ihren Sockeln gestoßen. Der Friedhof der russischen Altgläubigen hinter dem Zaun dagegen ist unversehrt.

Salman, Netti ringen um Worte. »Kein Haus, keine Synagoge oder Schule haben wir, nur die beiden Friedhöfe, ungeschützt . . . Kein Kind, kein einzelner hat so viel Kraft, die Steine zu bewegen.« Angst macht sich breit, ihre Kinder könnten wie diese Steine behandelt werden. Im Zentrum, in einer der beiden Kaufhallen der Stadt, sitzt Salmans Sohn, vierzehn Jahre alt, in einem Kiosk allein im Einkaufsgedränge, nimmt Uhren an zur Reparatur. Wahrscheinlich sei, sagt Salman Schois, der Protest der estnischen Juden gegen ein Treffen der *metsavennat*, der »Waldbrüder«, ehemaliger *omakaitse*, Selbstschutzveteranen, in Pernau am 8. Juli 1991 der Anlaß für die ersten Grabschändungen gewesen. Die *omakaitse*, Teil der SS-Division, die Estland auf Anforderung der Nazis stellte, haben in Tartu die Mordarbeit für die Deutschen erledigt. Eigentlich der Wehrmacht unterstellt, hätten sie auf Befehl des SS-Sturmbannführers Dr. Martin Sandberger, Leiter des Sonderkommandos 1a, aus ganz Estland etwa tausend Juden zusammengetrieben, vom 26. bis zum 29. September 1941 gemeinsam mit dem Einsatzkommando vierhundertvierzig jüdische Männer erschossen, schreibt der Historiker Raul Hilberg. Egal, ob sie am faschistischen Massenmorden beteiligt gewesen seien oder nicht – geschmacklos, politisch gefährlich sei es, die Veteranen nun als »Antikommunisten« und »Nationalhelden« zu feiern, sagen Netti Shurakowskaja und Salman Schois. Das Schweigen der Regierung zum Treffen der SS-Veteranen habe die Jüdische Gemeinde damals zum Protest bei der Schwedischen Botschaft genötigt, Schweden daraufhin mit einem Kreditstopp für Estland reagiert. – Gefährlich könnte es für die jüdischen, die sowjetischen Propagandisten werden, wenn man die Juden nicht mehr nur als Opfer, sondern auch als Täter betrachtet, droht der in Deutschland lebende estnische Emigrant Olgred Aule und wirft den estnischen Juden Kollaboration mit der sowjetischen Besatzungsmacht vor. Gift und Galle spuckt Robert Raid, ein anderer estnischer Emigrant, in seinem Buch ›Wenn die Russen kommen‹ gegen den Rechtsanwalt Kropmann, den Schuhhändler Klompus, die Textilkaufleute Mirwitz, Genss, Bakscht, Kofkin, Pasternak, den jungen Himmelhoch, dessen Eltern die Drogerie auf der Aia-Straße besaßen, den Photographen Schuras von der Rija, gegen die gesamte estnische Judenheit, denn sie allesamt hätten für das NKWD gearbeitet, dessen Zentrum in Tartu die Universität war. »Prima antisemitische Nazischeiße!« kommentierte ein Leser mit Bleistift am Rand des Buches, das ich aus der Niedersächsischen Landesbibliothek in Hannover entlieh. Eine Reihe von Juden in Tartu hätten mit der neuen Macht zusammengearbeitet, erfahre ich, der Student der Wirtschaftswissenschaften Michail (Moisej) Swerdlow sei erster Komsomolsekretär im Stadtkomitee geworden; immerhin habe es 1940/41 unter der sowjetischen Regierung keine Judenverfolgung gegeben. Ich hänge dich an der Rathausturmspitze auf, wenn du nicht anders zu denken, nicht bei uns mitzumachen beginnst! habe einer aus dem Komsomol ihr damals gedroht, sagt Hene Schagall, ihre Familie habe, obgleich sie sehr arm war, die Kommunisten, deren Politik gegenüber den *spekuljanty* nie leiden können. Olgred Aule, Robert Raid führen zum Beweis für die Kollaboration der estnischen Juden mit der Sowjetmacht die *istrebitelnye bataljony*, die »Vernichtungsbataillone«, an, jene aus Zivilisten zusammengestellten Truppen, die, bevor die Deutschen kamen, das Land verwüsten, Sowjetfeinde umbringen sollten. »Waldbrüder« bekämpften die »Vernichtungsbataillone«. In der Nähe von Tartu, heißt es, hätten sie vierhundert Menschen, davon fünfzig Juden umgebracht. Ahnungslose Jungen in einer ausweglosen Lage seien in die Bataillone gegangen, meist umgekommen, sagt Frau Gurin-Loov. Sie seien keine Kommunisten gewesen. Juden, die jungen zumeist, kämpften auch in der Estnischen Division der Roten Armee auf der Seite der Bolschewiki. Jüdische Familien wurden aus Estland nach Rußland evakuiert, so in Sicherheit gebracht, andere, Esten und Juden, zehntausende, in den Jahren vor und nach dem Krieg nach Sibirien verschleppt. Viele sind dabei ums Leben gekommen. Einigen Juden aber hat die Deportation das Leben gerettet. Bei den Deutschen hatten sie ohnehin nicht die Wahl wie die Esten.

Nach den Wendehälsen versuchten sich derzeit die Nationalisten, oft zweitklassige, unerfahrene Leute, in der Politik, sagt Salman Schois. Nationalistisches im Negativbild des Fremdenhasses begeistere auch estnische Intellektuelle auf der Suche nach Sinn. Der Vorsitzende der Jüdischen Gemeinde möchte die Grabschändungen nicht an die große Glocke hängen. Er hat eine estnische Frau, spricht die Landessprache, kennt Sitten und Gebräuche, sucht den Dialog mit den Esten, betont den Unterschied zur Mehrheit der Juden in Estland, in Tallinn, Tartu, Rakvere, Narva, die erst nach dem Krieg aus der Sowjetunion kam, meist nur russisch spricht, das Bild von den heutigen Juden in Estland prägt. Mit den Sowjets ist auch Juri Lotman, sind andere russische und russisch assimilierte Professoren und Studenten jüdischer Herkunft nach Tartu gekommen, haben solidarisch mit dem »kleinen Volk« der Esten an der Peripherie gegen das Machtzentrum Moskau konspiriert. Mit Hilfe eines jüdischen Studenten hat seinerzeit Solschenizyns ›Archipel GULag‹ über Tartu einen Weg in den Westen gefunden. Der Pasternak-Fachmann Lasar Fleischman, der Leiter der engagierten Gruppe *Memorial* Arseni Roginski, auch der Wirtschaftsberater an der estnischen Botschaft in Moskau Michail Bronstein studierten in Tartu. Die russische Philologie, die Philosophie in Tartu lag zeitweise beinahe ganz in den Händen von Professoren jüdischer Herkunft – Minz-Lotman, Wolpert-Rejfman, Blum, Stolowitsch, Bernstein. Man las Claude Lévi-Strauss, Roland Barthes, Stanisław Lem neben russischsprachiger Literatur, die in der Sowjetwissenschaft lange offiziell nicht anerkannt war: Michail Bachtin, Pawel Florenski, Olga Freudenberg, neben den Texten der »Westler«, der »Formalen Schule« von Boris Eichenbaum, Juri Tynjanow, Viktor Schklowski, Boris Tomaschewski.

Salman fährt uns, obgleich seine Frau im Gartenhaus dringend auf die Einweckdeckel wartet, die er besorgt hat – es ist Beerenerntezeit –, in seinem Lada zum deutschen, dem neuen Johannisfriedhof, dann zum kommunalen, dem vereinigten Universitäts-, alten Johannis- und Marienfriedhof, in der Nähe der protestantischen Petrikirche; zeigt uns Gräber der Gelehrten von Dorpat, das

Erbbegräbnis der Dehios, die Gräber der von Samson-Himmelstjerna, die Ehrengrabmale für Karl Ernst von Baer, Friedrich Robert Faehlmann, Friedrich Reinhold Kreutzwald; führt uns zum Stein für Gottlieb Eduard Lenz, der – ein Neffe des berühmten, aus der Art geschlagenen Dichters – wie Vater und Großvater Oberpastor an der Johanniskirche war; geleitet uns an den Gräbern vieler anderer deutschbaltischer Adels-, Pastoren- und Professorenfamilien, estnischer Gelehrter und Patrioten, an der Grabstätte des polnisch-russischen Publizisten aus der Dekabristenzeit Thaddäus Bulgarin vorbei zu dem Platz, an dem vor zwei Jahren Sarah Minz, die Frau Lotmans, nach russisch-orthodoxem Brauch begraben wurde. Ein schlichter Stein, ein karges Grab. Mischa erzählt, der russische Symbolismus sei das Zentrum ihres Denkens gewesen, die russische Kirche habe ihr nähergestanden als die Synagoge. Auch ihr Mann Juri Lotman fühle sich in der russischen Kultur zu Haus, wenngleich die Semiotiker eine ideologische Orientierung meiden. Ihn habe die Dekabristen-, die Puschkinzeit geprägt. Der Universalismus der Aufklärung, dessen russische Variante, ist sein Haus, entnehme ich Lotmans Puschkin-Biographie, das Lyzeum in Zarskoje Selo, die Knabenfreundschaften und Bildungsideale dort, verfeinert, angegriffen bereits von der Ironie der Romantik.

Bei Baiser und Kaffee am Wohnzimmertisch ihrer Eltern erzählt Netti Shurakowskaja, daß die Universität der Jüdischen Gemeinde einen Raum zur Verfügung stelle zu Veranstaltungen, an Feiertagen, für die Proben des jüdischen Kinderchors. Einer der Dozenten halte Vorträge zu jüdischen Themen – undenkbar zu Sowjetzeiten! Weit entfernt von einer Wissenschaft des Judentums ist die Semiotik der Tartuer Schule. Juri Lotman, Sarah Minz, die anderen Professoren waren selbstredend Mitglieder der Partei, Atheisten, Internationalisten, universale Denker. Juri Lotman, Sohn einer Petrograder Intellektuellenfamilie, hatte mit den estnischen Juden in Tartu nicht viel mehr gemein als die Eintragung des berühmten »fünften Punktes« auf sowjetischen Fragebogen, des Stempels »Nationalität – Jude« im Paß. Aber Tartu war auch für Juri Lotman ein Zufluchtsort. Die Semiotik, die Sprache, Literatur, Kunst als Zeichen versteht, Kultur zum Text, Netzwerk, System verknappt, rüstete ihn, Grenzen zu unterwandern, die Gemengelage an der Peripherie beflügelte seine Phantasie. Tartu schlug den sowjetischen »Westler« zu einem Ritter der Wissenschaft im ostwestlichen Gelände, stellte ihn in eine Reihe mit den Kaufleuten und »Kantonisten«, den Juden aus dem russischen »Ansiedlungsrayon«, dem Judaisten Lasar Gulkowitsch aus Deutschland, mit der jüdischen Geschichte des Ortes. Am 28. Oktober 1993 ist Juri Lotman im Alter von zweiundsiebzig Jahren in Tartu gestorben.

Das Haus in der Laulupeo, in dem Juri Lotman zuletzt gewohnt hat, blickt nach hinten auf das »Gemüseviertel«, nach vorn auf eine herrschaftliche, mehrreihige Lindenallee. Von »geheimen Kneipen« und »Unzuchtstätten« berichtet ein deutschbaltischer Dorpater in seinen Erinnerungen an die Erbsen-, Melonen- und Bohnenstraße, ungepflasterte, sandige Wege, an denen kleine, verwitterte Holzhäuser stehen; in der Nähe eine Brauerei. Auch vom »Schnapspogrom« am 1. Mai 1917 in diesem Viertel erzählt er. Der Arbeiter- und Soldatenrat habe vorsorglich angeordnet, die Porterfässer der englischen Brauerei A. Le Coq zu zerschlagen, das Starkbier zu vernichten, bevor die kriegsmüde und durch die Revolution aufgebrachte Menge sich darüber hermache an diesem Feiertag der Arbeiterklasse, Kräfte sammele, um loszuschlagen gegen die Herren Okkupanten, Bourgeois und Barone. Schnell habe sich's herumgesprochen, und als der Porterstrom durch den Rinnstein floß, hätten die Bewohner des »Gemüseviertels« als erste bäuchlings auf den Straßen gelegen – eine Szene, die zu jener Zeit im revolutionären russischen Reich wohl symptomatisch und gut für grausige Anekdoten war. Auch Czesław Miłosz, der polnische Dichter, damals sechs Jahre alt, berichtet von solch einem Schnapspogrom und von Dorpat auf seiner Irrfahrt durch »Asien« in seinem Erinnerungsbuch ›West und östliches Gelände‹. 1917 habe es die Familie nach Dorpat verschlagen, der Vater sei Ingenieur bei der Eisenbahn gewesen. Vielleicht hat auch Miłosz damals im »Gemüseviertel« gewohnt. »Die Holztreppe des Hauses war ärmlich, der Hof traurig. Hier brodelten dauernd Gespräche über Hunger um mich herum. Es mangelte an Zucker und Fleisch . . .« Miłosz erzählt von Brot aus Sägemehl, Sacharin und Kartoffeln; von Männern in Lederjoppen, hohen Stiefeln, die des Nachts in die Wohnung eindrangen, Schränke und Schubladen aufrissen – alle Dorpater erzählen davon –, die töteten und dann reihenweise selbst tot auf den Plätzen lagen, als 1918 die Deutschen kamen, Soldaten, die, in nichts den russischen ähnlich, den Jungen eher an bewegliches Spielzeug erinnerten. »Sie bliesen Trompete.« »Vor ihnen standen Notenständer.« Sie eröffneten eine deutsche Universität in Dorpat, für ein Semester. Auch ihre Gegenwart war nur noch von kurzer Dauer. Damals begann Estland, eine neue Zeit.

Ich bin für eine Nacht im »Gemüseviertel« untergekommen, genieße in einem Gartenhäuschen estnisch-russische Gastfreundschaft. Ein hagerer Dostojewski, einem Märtyrer gleich, blickt traurig vom Plakat an der Wand, selbst das Papier scheint altersmüde. In der einen Ecke ein Bett, daneben ein Bücherschrank, in der anderen stapeln sich Möbel. Auf einem schmalen Schreibtisch steht eine verstaubte Schreibmaschine mit kyrillischen Lettern, daneben ein hölzerner Karteikasten, prall mit Zetteln gefüllt, ganz dünnen, vergilbten mit zerfleddertem Rand. Ein Fenster mit Gartenblick. Schwer trägt der Apfelbaum an seinen Früchten. Wasser schwappt träge über den Tonnenrand, als die Nachbarin in Kittel, Kopftuch und Gummistiefeln den Eimer eintaucht, um in ihrem Garten zu gießen. Ein Refugium ist das Gartenhaus im Innenhof eines der Grundstücke im »Gemüseviertel« von Tartu. *Fligel*, Flügel, nennen es seine Besitzerinnen stolz, *sarai*, Schuppen, wenn sie ihm übelwollen. Der Boden ist morsch, die Bretter sind zum Teil gebrochen. Sommers ein lauschiges Plätzchen, verwandelt der Tartuer Winter das Gartenhaus – trotz Kanonenofen, Heizkissen, Wärmflasche – in einen Ort lausiger Kälte. Auf der Suche nach der berühmten »Tartuer Schule« bin ich in diese Idylle geraten. Meine Gastgeberinnen bewohnen im Vorderhaus eine der drei Wohnungen – unterm Dach ein Zimmer mit Küche. Die jungen Frauen mit den beiden kleinen Kindern sind Außenseiterinnen im »Gemüseviertel«, in der sonst vorwiegend alte, arme Leute, Esten und Russen, leben. »Aussteiger« sind sie und Schülerinnen der Tartuer Schule. Auf dem Schreibtisch im *fligel* liegt der Jubiläumsband ›Lotman 70‹, Ergebnis eines Symposiums, dem Semiotiker zu Ehren, an der Universität Keele in England. Ira ist Dozentin der russischen Philologie. Silvi arbeitet als Übersetzerin für den Magistrat. Beide sorgen sich um ihr Auskommen in dieser ungewissen Zeit der Teuerungen und um die Zukunft der Tartuer Schule.

RIGA VON DER MOSKAUER VORSTADT HER GESEHEN

Jakobikirche, Dom und Petrikirche, die drei Türme der Hansestadt sind bis heute Wahrzeichen von Riga. Vom Fluß her, dem alten Wasserhandelsweg zwischen Rußland und der westlichen Welt, den die Letten Daugava, die Deutschen Düna, die Russen Dwina, die Juden jiddisch Dwine nennen, begrüßen sie den Ankömmling. Der Wehrturm am Schloß, zwischen Bäumen versteckt, ist von weitem kaum zu erkennen. Neben den Kirchtürmen ragt ein Hochhaus auf im stalinistischen Zuckerbäckerstil, die Akademie der Wissenschaften.

Erinnerungen an das Ghetto schieben sich vor das schöne Riga-Bild, an Kaiserwald, Rumbula, den Bickernschen Wald, an Salaspils, Jungfernhof, das makabre Märchen vom Fischerdorf »Dünamünde«. Statt, wie von den Nazis versprochen, ein neues Zuhause fanden Juden in den Bussen dorthin den Gastod. Jäh sehe ich die Hansestadt aus deutschbaltischer Verklärung ins Grelle, Schreiende, scheinbar Abseitige gerissen. Ich fahre die Uferstraße entlang. Verschwindend wenige Autos sind unterwegs an diesem Julisonntag. Vielleicht wegen der hohen Benzinpreise in Lettland. Drei Brücken unterquere ich, biege ab, verfahre mich in den Zubringerschleifen der Hauptausfallstraßen, gelange endlich doch, ein Trolleybus nimmt mir die Sicht, in die breit ausgefahrene, schlecht gepflasterte Lāčplēša, die Bärentöterstraße, in der Moskauer Vorstadt. ›Lāčplēsis‹, ›Bärentöter‹, heißt das lettische Nationalepos, vom »Jungletten« Andrejs Pumpurs (1841–1902) in Hexameter gefaßt. Jungletten nannte sich nach dem Vorbild des »Jungen Deutschland« die erste Generation studierter lettischer Patrioten. Ich überquere, beinahe hätte ich sie nicht bemerkt, so rücksichtslos bahnt sich die Lāčplēša ihren Weg, die Moskauer Straße. »In den alten Zeiten der deutschen Selbstherrschaft war es russischen Kaufleuten nicht erlaubt, innerhalb der Stadtgrenzen zu siedeln.

Wenn sie mit ihren Waren den breiten Moskauer Handelsweg daherkamen, lagerten sie bei den Stadttoren, schlugen ihre Zelte auf, bauten Baracken und Häuschen«, schreibt der russische Emigrant Georgi Iwanow im Jahr 1934. »[. . .] So wurde die heutige Moskauer Straße gebaut, so ist nach und nach am Rande der livländischen Hauptstadt eine russische *predmestie* gewachsen, die breithingelagerte Moskauer Vorstadt.« Slum nennen manche Leute bis heute die Moskauer Vorstadt, eine üble Gegend. Was ich da wolle, fragten Arvid und Kamilla, Rigaer Freunde. Ich biege rechts in die Sadownikow-Straße. Ein Teil der Moskauer Vorstadt war Ghetto im Krieg. Im Herbst 1941 wurde das Areal zwischen Moskauer, Witebsker, Juden-, Großer Berg-, Katholischer, Jakobstädter, Bärentöterstraße umpfählt und mit Stacheldraht umzogen. Wo vorher dreizehntausend Menschen gelebt hatten, mußten sich nun mehr als doppelt so viele zusammendrängen, in der Regel eine ganze Familie in einem einzigen Zimmer.

Lāčplēša, Sadovņikov iela. Riga ist in dieser Gegend im Laufe der Zeit nicht ansehnlicher geworden. Über die Lāčplēša, die Bärentöterstraße, rasseln Busse, Autos, Laster. Mietshäuser, deren Fassaden schmutzig, schadhaft, schmucklos sind, reihen sich aneinander. Baulücken unterbrechen die Reihen. Trampelpfade schlängeln sich durchs Gras. Im Buschwerk stehen Bretterverschläge, Bänkchen. Hier war, berichtet Percy Gurwitz, Professor für Germanistik im russischen Wladimir, in seinem Erinnerungsbuch ›Zähl nicht nur, was bitter war‹, ein Ghettotor.

An einem eisigen Novemberabend des Jahres 1941 marschierten viertausend meist junge Männer mit gelben Sternen auf Brust und Rücken mitten auf der Fahrbahn die Sadownikow-Straße entlang. Wachsoldaten begleiteten sie rechts und links durch das Tor. Ich stehe am Ende der Straße, ›Jews in Latvia‹, eine Broschüre über das jüdische Riga in der Hand, die der Rigaer Historiker Marģers Vestermanis verfaßt hat. Marģers Vestermanis lernte ich im Jüdischen Gemeindezentrum, in der Skolas, der Schulenstraße, kennen. Er ist seit der Perestroika, der Unabhängigkeit Lettlands ein vielbeschäftigter Mann. Vestermanis kennt Percy Gurwitz. Kaum vierzehn Jahre war er alt und Gurwitz zwanzig, als Ribbentrop und Molotow das geheime Zusatzprotokoll unterzeichneten, die Rote Armee Lettland besetzte, der Zweite Weltkrieg begann, die Deutschbalten »heim ins Reich« geholt, im Andreashafen eingeschifft wurden, die Truppen der Deutschen Wehrmacht, die Sonderkommandos der SS in Riga einmarschierten . . . Marģers Vestermanis und Percy Gurwitz lebten im Rigaer Ghetto. Seit Jahrzehnten sammelt der Historiker Berichte, Dokumente.

Als Marģers Vestermanis, Percy Gurwitz und die anderen Männer an jenem Novemberabend 1941 von ihren Arbeitsstellen zurück ins Ghetto kamen, fanden sie ihre Familien nicht mehr, ihre Eltern, Großeltern, Schwestern, Frauen, Kinder. Statt dessen stand ein paar hundert Meter weiter, an der Ludsener Straße, ein zweites Ghettotor. Die Familien der viertausend lettischen »Arbeitsjuden«, insgesamt 27 800 Menschen, hatte man in den Vorort Rumbula geschafft und abseits, am Rand riesiger, frisch ausgehobener Gruben erschossen. Während die Männer im Armeebekleidungs- oder Quartieramt waren, im Fuhr- oder Sanitätspark, auf den Sammelstellen für Schrott, Kleidung, Pelze, in den Kommandanturen, Kasinos, Lazaretts – zur Arbeit in den deutschen Dienststellen der Etappenstadt Riga –, war hier ein kleines Areal abgezäunt worden, wohin man sie nun trieb.

Die Moskauer Vorstadt ist längst nicht mehr so, wie sie einmal war. Mit einer lebendigen, jedoch armen russischen Stadt im »Ansiedlungsrayon« verglich sie bei seiner Ankunft in Riga 1886 der junge Lehrer aus Innerrußland Fjodor Alexandrowitsch Ern, halb russisch, halb jüdisch sei ihre Bevölkerung. Ein halbes Jahrhundert später meinte der russische Schriftsteller Georgi Iwanow in der Moskauer Vorstadt »Seite an Seite mit Nachtasylen, Spelunken, mit der unverschämt schrägen, löchrigen Schlägermütze, dem stehenden Messer im Stiefelschaft« noch etwas von dem »Kornspeicher-Arschin-Geldsackrußland« wiederzufinden, das Rußland selbst längst an die Revolution verloren hatte. Ich gehe an fünf-, sechsstöckigen Mietskasernen vorbei in der Lāčplēša-, der Katholischen (sowjetisch: Kiewer), der Moskauer Straße. Gegen die

Mietskasernen der Moskauer Vorstadt wirken die steinernen Kaufmanns- und Bürgerhäuser der alten Hansestadt wie Paläste.

Das schönste, das Schwarzhäupterhaus am alten Rathausplatz – geschwungene Giebel trugen schmiedeeiserne Verzierungen – wurde von deutschem Artilleriefeuer versehrt, die Ruine nach dem Krieg in die Luft gesprengt. Auch das klassizistische Rathaus fiel den Sprengungen zum Opfer. Doch die mittelalterlichen Wohnhäuser, »Drei Brüder« genannt, Eckens Konvent, die Kreuzgewölbe der Großen Gilde, das Schwedentor blieben erhalten, auch viele der alten spitzgiebeligen Speicherhäuser. Verschnörkelte Beschläge zieren schwere Eichenportale. In der Mārstaļu, die gerade neu gepflastert wird, tragen eben restaurierte, frisch gestrichene barokke Partrizierhäuser noch immer den alten, vergangenen Reichtum der Stadt zur Schau. – In die Mietskasernen, die Holzhäuser, Häuschen der Moskauer Vorstadt pferchten SS-Mannschaften im Herbst 1941 – lettische Sicherheitshilfspolizisten faßten kräftig mit an – die Menschen mit dem gelben Stern. Getaufte, Freidenker, Orthodoxe, Zionisten, *Bundisten*; Rabbiner, Wissenschaftler, Lehrer, Ärzte, Juristen, Kaufleute, Handwerker, Arbeiter; Arm und Reich; Frauen, Männer, Kinder; weil sie Juden und nicht geflohen waren.

Es wird plötzlich dunkel. Wind kommt auf in der Katholischen Straße. Es blitzt, donnert, Tropfen fallen, dann bricht ein Gewitter los. Ich flüchte vor dem Schauer in die nächstbeste Toreinfahrt – feuchtes, dunkles Mauerwerk umfängt mich –, werfe einen Blick in den Hof, der verlassen wirkt, sehe Reste einer Backsteintreppe, die – wie lange schon? – ins Leere führt, daneben Schuppen, Holzverschläge, Gerümpel.

Die Familien der lettischen Juden waren kaum fort, da begannen die Transporte, die ersten neun aus Berlin, dann aus Stuttgart, Wien, Hamburg, Köln, Kassel, Düsseldorf, Bielefeld, Osnabrück, Münster, Hannover, Theresienstadt, Leipzig, Wien, Prag . . . nach Riga. Holz unterm Herd, Matratzen in der Ecke, einen gedeckten Tisch fand Hilde Winkler, ein Mädchen aus Mönchengladbach, bei ihrer Ankunft im Großen Ghetto vor. Die Speisen aber waren gefroren.

Durch zwei Stacheldrahtzäune von den einheimischen, lettischen im Kleinen Ghetto getrennt – zwischen den Zäunen verlief die Ludsener Straße – lebten die deutschen, österreichischen, tschechischen Juden, wohl an die zwölftausend Menschen, für die Riga meist Durchgangsstation in die Todeslager, an die Gruben, in fahrende Gaskammern war. Weniger als siebenhundert von ihnen überlebten. Die Chance zu überleben bot ihnen wie den lettischen Juden eine Arbeitsstelle in der Stadt: Treppeputzen im Lazarett, das Kunstakademie, vordem Kommerzschule gewesen war, auf der Esplanade; Schneeschaufeln, Eishacken auf der Dünabrücke, bei der Oper, am Alfred-Rosenberg-Ring, in der Hitlerstraße, bei AEG, vor der SS-Kaserne; Putzen in den Bahnhöfen und Lazaretten, in der SS-Bekleidungskammer der *Vorburg*, einem Luxuswohnkomplex am Washingtonplatz; Sortieren von jüdischem Eigentum aus den Koffern der Deportierten im Warenlager der Sicherheitspolizei am Washingtonplatz, von Uniformen im Militärbekleidungsamt an der Richard-Wagner-Straße; Packen und Lastentragen am Hafen für die Reichsbahn, für die Höhere SS- und Polizeiführung »Ostland und Rußland Nord« im *Ritterhaus*, für das Reichskommissariat »Ostland« im Schloß am Dünaufer . . .

Von der Kunstakademie, dem Kunstmuseum, kann man über die Esplanade zu den imposanten Kuppeln der orthodoxen Christi-Geburts-Kathedrale hinüberflanieren, von weitem schon das Freiheitsdenkmal, über dem Kopf der neun Meter hohen bronzenen Frauenfigur drei goldene Sterne blitzen sehen. Blumen liegen dem Denkmal zu Füßen, welken in der Sommerhitze. Vor wenigen Jahren noch, in der Zeit des Unabhängigkeitskampfes, versammelten sich um den Granitsockel, auf dem in goldenen Lettern »Für Vaterland und Freiheit« geschrieben steht, um die markigen in Stein gehauenen, pseudomythologischen Figuren am Sockel herum oft Menschen mit Plakaten und Fahnen. Nun stehen Wachsoldaten reglos davor.

Von 1935 stammt das Freiheitsdenkmal, wurde Symbol des stetigen, stillen, dann des offenen lettischen Widerstands gegen die sowjetische Fremdherrschaft. Mehrmals, so heißt es, hätten die Machthaber es entfernen wollen; zuletzt, weil es angeblich vom umbrandenden Verkehr mürbe geworden, einsturzgefährdet gewesen sei. Da habe der Stadtrat den Platz kurzerhand für den Verkehr sperren lassen.

»[. . .] Freiheit, Freiheit,
Lange wie auf einer abseits errichteten
Straßenbahnhaltestelle mußten wir warten,
Bis wir unsere Freiheit bekamen. [. . .]«

dichtete Aleksandrs Čaks, der lettische Majakowski. Am Freiheitsplatz beginnen die Boulevards. Aus der Hitlerstraße, der alten Alexander-, der späteren Leninstraße wurde wie in der ersten lettischen Republik wieder der Brīvības-, der Freiheits-Boulevard und aus dem Alfred-Rosenberg-Ring wieder der Rainis-Boulevard. Das Innenministerium, das Diplomaten-Hotel *Rīdzene*, die Deutsche Botschaft, die Universität liegen am Rainis-Boulevard. Die lettische Nationaloper, die Hotels *De Rome, Rīga* befinden sich am Aspazijas-Boulevard. Nur der Boulevard entlang der Basteiberge wurde nicht wieder nach Sigfrid Meierovičs benannt, dem Außenminister der ersten lettischen Republik, Sohn einer Lettin und eines jüdischen Landarztes aus Kurland. »Mūšu žīd«, »Unsern Jud« soll man ihn genannt haben. Zwischen Bastei-Boulevard und Rainis-Boulevard standen am 20. Januar 1991 die sowjetischen *Omon*-Spezialkampftruppen, wollten ein unabhängiges Lettland verhindern, schossen in die Menge. Gedenksteine erinnern an die Opfer. Die Boulevards rahmen Parkanlagen. Zwischen Bäumen schlängelt sich der Stadtkanal. Das Schloß, Gouverneurskanzlei in der schwedisch- und in der russischregierten Zeit, ist nun wieder wie in der ersten lettischen Republik Sitz des Staatspräsidenten.

Der Regen hat aufgehört. Wasser ergießt sich den Rinnstein hinunter. Riesige Pfützen stehen auf den Straßen. Ich gehe die Daugavpils-, die Lazdonas-, die Ludsener-Straße entlang an langgezogenen zweistöckigen Mehrfamilienholzhäusern vorbei. Leipziger Straße, schreibt Margers Vestermanis, hätten die deutschen

Juden zuweilen die nach dem lettgallischen Städtchen Ludsen heißende Straße genannt – in ihrem Heimweh nach Deutschland, vielleicht aber auch in der Hoffnung, besser als die »Ostjuden« behandelt zu werden. Percy Gurwitz schreibt, Fuhrleute und Möbelträger hätten sich einst die Häuser gebaut oder gekauft, um ihren Lebensabend zu finanzieren. In einem von ihnen hat vielleicht der lettgallische »Straßenecken-Don Quichote« mit der grellbunten Krawatte zur Untermiete gewohnt, jener Fuhrmann, dessen Verschwinden Aleksandrs Čaks in einem traurigen Abschiedsgedicht besang, als das Automobil den *iswostschiki* aus der Moskauer Vorstadt die Kunden streitig zu machen begann. Schmucklos sind die Häuser zumeist, Brett quer an Brett, schlicht, aber solide gebaut; manche dunkel verwittert, andere verblichen rosa, hellgrün, himmelblau. Viele haben über die ganze Länge acht und mehr Fenster. Auch kleinere Holzhütten mit schiefen Dächern, Veranden, Verschlägen stehen noch, die schäbig gewordenen Steinwürfel sind bis heute Fremdkörper in dieser Gegend. Düsseldorfer, Bielefelder, Kasseler, Dortmunder Straße nannten die Juden aus Deutschland die Straßen des Ghettos, sprachen vom Prager, vom Kölner Tor. Von den landläufigen kannten sie nur den Namen der Ludsener Straße. Zu den lettischen Juden, die deutsch, lettisch, russisch sprachen, sich auskannten, mehr wußten, hatten sie heimlich Kontakt. Lebensmittel, Nachrichten wechselten über den Zaun. Gemessen an den Barackenlagern von Salaspils zwanzig Kilometer südöstlich von Riga und Kaiserwald im Norden der Stadt war das Rigaer Ghetto trotz der alltäglichen Not, dem Leben im Angesicht des Todes so gut, solange es eben ging, ein Gemeinwesen mit Krankenhaus, Apotheke, Altenheim, Schule. 1942 wurden einige hundert Juden aus Kaunas ins Ghetto gebracht. Gurwitz erzählt davon, daß man bei den litauischen Juden mitunter Zitronen, Speck, andere Leckereien bekam. In einer *maline*, einem Versteck, hätten sie einen Gemüseladen, eine Bäckerei eingerichtet, lese ich, und eine Schule, eine Kantine für die wenigen Kinder im Ghetto mitorganisiert.

Wie leer die Straße ist! Kaum ein Auto. Kaum ein Mensch. Ich überquere die Mazā Kalna, die Kleine Bergstraße, sehe links, schon außerhalb des Ghettos, am Ende der Straße die dunklen Kuppeln der russisch-orthodoxen Kirche des heiligen Johannes über den niedrigen Holzhäusern, lese bei Vestermanis von einem Pogrom. Von der Kirche her seien in den Oktobertagen der Revolution 1905 *tschernossotenzy*, Schwarzhundertschaftler, mit Zarenporträts, Nationalfahnen, auch zarentreue Letten, allerlei Gesindel plündernd und mordend gegen die Juden der Moskauer Vorstadt gezogen. Als lettische und jüdische Arbeiterpatrouillen versucht hätten, die *pogromschtschiki* zurückzudrängen, seien die Kosaken erschienen, hätten das Feuer auf die Patrouillen eröffnet. Ein alter Mann geht ganz langsam, auf einen Stock gestützt, die Kleine Bergstraße entlang. Hochgewachsen ist er, würdig sieht er aus mit seinem langen, grauen Bart, dem schwarzen Hut, könnte ein Zeuge sein. Die Līksnas, ehemals Tulastraße, überquere ich. Sie hat noch Kopfsteinpflaster, grasdurchwachsen. Biege rechts in die Viļānu, die Vilansche Straße. Sie wurde mit Wohnblocks in der Sowjetzeit neu bebaut. Fünf Gassen lang, drei Gassen breit war das Ghetto. In einer knappen Stunde ist es bequem zu umschreiten. Ich gelange an einen kleinen Platz, eine mit Bäumen bestandene Grünanlage. Hätte ich Marģers Vestermanis' Broschüre nicht in der Hand, nicht in den Erinnerungen von Menschen, die im Ghetto lebten, gelesen, fände ich nichts Bemerkenswertes an diesem Ort. Die Straße jenseits des Platzes trägt den Namen Ebreju-, Hebräer-, Judenstraße. Erst 1991 erhielt sie diesen, ihren alten Namen zurück. 1725, heißt es bei Vestermanis, habe die Landvogtei den Juden von Riga erstmalig Acker für einen Friedhof verpachtet. Die Gasse zum Friedhof hinauf war die Judenstraße.

Livländische Urkunden erwähnten Juden 1560/61 zum ersten Mal. *»Judaeis vero nulla per totam Livoniam commercia, vectigalia, teloniave ullo unquam tempore concedamus.«* (Den Juden aber gestatten wir nicht, im ganzen Livlande zu irgend einer Zeit irgendwelchen Handel zu treiben oder Abgaben und Zölle zu erheben), hieß es im Unterwerfungsvertrag zwischen dem Ordensmeister Gotthard Kettler und dem polnischen König Sigismund August von Polen. Nach dem Zerfall des Ordensstaates begannen Juden dennoch in der Hafenstadt an der Dünamündung Handel zu treiben. Sie kamen aus dem nahe gelegenen Herzogtum Kurland, aus Litauen, Polen; aus Hamburg, Lübeck, London, Amsterdam übers Meer; von Rußland die Düna herab auf Flößen und Strusen. Mußten in der Moskauer Vorstadt in besonderen Herbergen übernachten. So gedachte die Stadtbürgerschaft sie am besten zu überwachen. »Judenherbergen« fanden die Chronisten seit 1638 verzeichnet, als in Riga die Schweden herrschten, die ersten in der Moskauer und in der Lāčplēša, der Bärentöterstraße. Jüdische Kaufleute, die es sich leisten konnten, mußten den Aufenthalt in der Hansestadt teuer bezahlen mit Mieten, Zöllen, Geleit, anderen Geldern. Dennoch nahmen die Beschwerden der Rigenser Kaufmannschaft über die fremde Konkurrenz kein Ende. Erst als die Zarin Elisabeth im Jahre 1742 alle Juden aus dem gesamten russischen Reich ausweisen ließ, haben die Rigenser den Handel mit den jüdischen Kaufleuten zu schätzen gewußt, Einspruch gegen diesen *ukas* erhoben aus Angst, der livländisch-litauisch-polnische Handel könne zum Erliegen kommen, die Stadt Schaden nehmen. Vergeblich. Von den Feinden Christi wolle sie, so die Zarin, keinen Nutzen ziehen. Die Juden mußten Riga verlassen. Die Luft ist schwül, ich folge einem Trampelpfad durch das Gras. Unter einem der Bäume schaut ein Stein aus der Erde.

Ein Haus für die Beerdigungsbruderschaft, die *Chewra kaddischa*, ein zweites für den Totengräber standen neben dem schmukken Eingangsportal, hinter diesem eine Kapelle nach dem Entwurf des prominenten Rigaer Architekten Paul Mandelstamm. Am 4. Juli 1941, ein paar Tage nach dem Einmarsch der deutschen Soldaten, haben in Riga die Synagogen gebrannt. In ihnen verbrannte man Menschen. »Kommando Arājs«, lettische Faschisten, haben auch in der Judenstraße Menschen zusammengetrieben, in die Trauerhalle, die umliegenden Häuser am Alten Jüdischen Friedhof gesperrt, diese anschließend in Brand gesteckt. »Spontane Selbstverteidigung« nannte Dr. Walter Stahlecker, ein Verwaltungsjurist und SS-Brigadeführer, der Kommandeur der Einsatzgruppe A, die mörderische Aktion. Der Polizist Victor Arājs und seine lettischen Faschisten paßten nur zu gut ins NS-Judenvernichtungsprogramm. Während des ersten großen Massenmordens im November 1941 wurden achthundert Menschen – Frauen, Kinder, alte Leute – in den Ghettostraßen erschossen, die Leichen einfach auf die gefrorene Erde des Friedhofs geworfen. Erschießungsstelle, Leichenstapelplatz war der Alte Jüdische Friedhof im Krieg. Nichts deutet an diesem Ort auf Schändungen hin. Die Rasenfläche ist plan, das Gras kurz gehalten. Nach dem Krieg seien allmählich die Mauersteine, die Grabplatten verschwunden, schreibt Vestermanis. Sowjetlettland habe den Platz »Park der Kommunistischen Brigaden« genannt, bis heute sei die lettische Beteiligung am Holocaust kein Thema in der Öffentlichkeit.

Šmerlis haben die Juden von Riga noch, den neuen Friedhof im Norden der Stadt. Dort steht eine Kapelle. Staat macht Riga hingegen mit seinen Waldfriedhöfen. Gepflegte Pilgerstätte ist der Rainis-Friedhof. Schwülstiger Totenkult wird am pompösen Ehrengrab für den lettischen Nationaldichter zelebriert. Durch die Ebreju iela stürzt ein stockbetrunkener Mann. Die Sonne scheint matt durch die Wolken. Wer kann, denke ich, heute an der Ebreju, der Judenstraße wohnen? – Massenmorde, Erschießungen, Krankheiten, Elend verminderten die Ghettobevölkerung. Widerstand wurde, ehe er wirken konnte, niedergeschlagen. Ende 1943 wurden beide Ghettos aufgelöst, die Häftlinge in andere Lager überführt. Jakob Kahn, Sohn des Buchhalters Markus Kahn aus Kurland, Abiturient des Klassischen Gymnasiums 1938, Held in Percy Gurwitz' ›Zähl nicht nur, was bitter war‹, überlebte die nationalsozialistische Barbarei nicht, wie Gurwitz im Roman fabuliert. Er wurde 1942 in Riga ermordet. Percy Gurwitz gelang es mit Hilfe eines deutschen Rot-Kreuz-Helfers aus dem Lager zu fliehen. Marģers Vestermanis, der mit fünfzehn Jahren ins Ghetto kam, sich dort als Tischler ausgab, für die SS Mahagonimöbel aufpolierte, dafür mal ein Stück Kuchen, eine Tasse Tee bekam, der Leichen transportierte, erzählt, er sei vom Ghetto ins Lager »Kaiserwald«, von dort ins kurländische »Dondangen II« überführt worden.

Baptistische Bauern hätten den Häftlingen zu essen gegeben, unauffällig Kartoffeln, Brot an den Wegesrand gelegt. Bei einem Transport sei ihm die Flucht in den Wald gelungen, wo er auf deutsche und lettische Soldaten gestoßen sei, Deserteure – in lettischer Tradition *meža brāli*, Waldbrüder genannt; nicht zu verwechseln mit der estnischen, die 1941 gegen die sich zurückziehenden Sowjettruppen und die estnischen Juden kämpften; so habe er als Achtzehnjähriger den Kessel von Kurland überstanden. Von den viertausendfünfhundert lettischen Arbeitsjuden, schreibt Marģers Vestermanis, seien etwa eintausendzweihundert in Lettland gerettete und weniger als tausend nach Deutschland verschleppte am Leben geblieben.

Ich gehe die Ebreju iela zur Moskauer Straße hinunter. Straßenbahnen rattern über den ehemaligen russischen Handelsweg. Ein Steinhaus, ein Baum, ein Bretterzaun, ein Holzhaus, ein Baum, der nächste Bretterzaun. Da türmt sich unerwartet ein sechs Stockwerke hohes, vierzehn Fenster breites helles Gebäude vor mir auf. Lettisch *Rīgas Slimnīca* (Rigaer Krankenhaus) und hebräisch *Bikur Cholim* (Krankenpflege) steht auf einem kleinen Schild geschrieben, auf einem anderen etwas von einem Massageinstitut. Hinter einigen der Fenster sehe ich Trockenhauben, Plakate mit Frisuren aller Art. Der Stadtplan von Riga 1991 verzeichnet hier noch das Städtische Krankenhaus Nr. 3. Die Stadt hat der Jüdischen Gemeinde das Gebäude offensichtlich zurückgegeben. Ein jüdisches Krankenhaus könnte Kamilla und Arvid, anderen jüdischen Ärztinnen und Ärzten, die wie sie Nachkriegseinwanderer aus Rußland sind und im neuen lettischen Staat um ihre Staatsbürgerschaft bangen, denen Arbeitslosigkeit droht, ein Auskommen geben. Ich habe Arvid und Kamilla durch Mischa Besrodny kennengelernt. Sie sind seit seiner Tartuer Studienzeit miteinander befreundet. Kamillas Eltern kamen aus Moldawien. Arvids Vater stammt zwar aus Lettland, ist aber in den dreißiger Jahren zur Ausbildung nach Rußland gegangen und erst nach dem Krieg in seine Heimat zurückgekehrt. Arvid und Kamilla sind in Lettland aufgewachsen, arbeiten mit Letten zusammen, beherrschen die Landessprache.

Noch gibt es in Lettland kein »Fremdengesetz« wie in Estland, wohl aber Fremdenhaß, vor allem gegen die mehr als die Hälfte der Einwohnerschaft umfassende »russische« Bevölkerung in Riga. Arvid und Kamilla aber wollen nicht auswandern. Kamilla liebt die Arbeit als Gynäkologin im Krankenhaus. Doch Arvid klagt über die nationalistische Gesinnung mancher Kollegen. Inzwischen ist ihm gekündigt worden – wegen Aufsässigkeit –, wie ich kürzlich erfuhr.

Vor dem Krieg hieß das Haus schon einmal *Bikur Cholim* und war, 1924 gebaut, ein Krankenhaus, in dem nicht nur jüdische Patienten Heilung fanden. Frau W., die einunddreißig Jahre bis zur »Umsiedlung« der Deutschbalten ins Deutsche Reich 1939 in Riga lebte, erzählt, niemals sei sie in die Moskauer Vorstadt gegangen, von keiner Synagoge in Riga habe sie gewußt, zur Verwunderung der Familie aber habe ihr Vater darauf bestanden, sich im jüdischen Krankenhaus behandeln zu lassen. Dr. Isaak Joffe leitete die Klinik, Professor Wladimir Minz deren chirurgische Abteilung. Dr. Joffe, lese ich, war auch Vorsitzender des Jüdischen Zentralrats in Lettland, organisierte ein Netzwerk von Cooperativbanken, betätigte sich nebenbei als Historiograph. Wladimir Minz sei einer der Ärzte Lenins gewesen, sagt der Historiker Peter Krupnikow aus Riga. Im Ghetto habe man Professor Minz oft mit dem einundachtzigjährigen Simon Dubnow zusammen spazierengehen sehen. Dr. Joffe sei, genauso wie der Gelehrte Simon Dubnow, 1941 im Rigaer Ghetto ermordet worden, weiß Marģers Vestermanis, und Wladimir Minz in Buchenwald im Februar 1945. Während des Krieges habe das jüdische Krankenhaus zur Desinfektion von verlausten Kleidungsstücken gedient, erinnert sich der gebürtige Lübecker Josef Katz, der die Deportation ins Lager »Jungfernhof«, von dort ins Rigaer Ghetto, dann nach »Kaiserwald«, »Stutthof«, Danzig und den »Todesmarsch« nach Deutschland überlebte. Ich gehe die Moskauer Straße stadteinwärts, biege in die Grebenschtschikowgasse ein, gerate in offenes Gelände.

Bevor das Dünaufer befestigt wurde, mögen hier die Schwemmwiesen begonnen haben. Buschwerk wächst in der Senke, auch Gras. Hinter einer weißen Mauer, zwischen hohen Bäumen lugt golden eine kleine Kuppel mit dem Doppelkreuz hervor. Dort befindet sich am Ende der Gasse die Grebenschtschikow-Gemeinde der *staroobrjadzy*, der russischen Altgläubigen, jener Frommen, die von einer Staatskirche nichts wissen wollten. Den Anstoß zum *raskol*, zur großen Kirchenspaltung in Rußland, hatten die Reformen des Patriarchen Nikon (1653) gegeben. Sie hatten in die russische Orthodoxie eine strenge Hierarchie und eine zentralistische Verwaltung eingeführt, Klerus und Autokratie zu einer unheiligen Allianz verbunden, die Gemeinde entrechtet, das Grundprinzip der *sobornost*, der Kirche als Gemeinschaft, damit verletzt. Breite Schichten der Bevölkerung hatten sich dieser gotteslästerlichen Reform widersetzt. All jene, die am alten Brauch festhielten, mußten den Schutz der Kirche, die Heimat verlassen, setzten sich damit der Verfolgung aus, flohen in die Wälder, die unwirtlichen, unzugänglichen Gegenden des russischen Reiches vom Weißen Meer bis in den Kaukasus, von der Düna bis an den Don, auch über die Landesgrenzen in die Bukowina, ins Baltikum, spalteten sich erneut in unzählige Gruppen, gründeten heimlich Klöster, Einsiedeleien, Schulen, machten Druckereien auf. »Das einzige oppositionelle Element«, das im russischen Volk »eine Art Bewußtsein von dem Gegensatz hatte, in welchem es zu den Bestrebungen der Regierung stand«, seien die altgläubigen Schismatiker gewesen, schreibt der Kulturhistoriker Julius Eckhardt in einem seiner Rußlandessays. Deshalb habe sich der Rebell Pugatschow auf sie stützen können. Die *staroobrjadzy* lehnen alles Fremdländische ab, das Bartscheren, Tee- wie Kaffeetrinken, Kartoffelessen, manche von ihnen auch die Ehe und das Priestertum als kirchliche und staatliche Reglementierung. Dabei sind sie trotz übler Nachrede unpolitisch geblieben. Streng patriarchalisch, asketisch, altväterlich leben die Altgläubigen, prunkvoll begehen sie die religiösen Feste. Daß sie das Kreuz mit zwei Fingern schlagen, »Issus« statt »Jesus« sagen, dient ihnen zum Zeichen. *Staroobrjadzy* machten sich als Kaufleute, Industrielle, Ikonensammler, Bibliophile einen Namen.

Nach einem von ihnen ist die Sadownikow-Straße, nach einem anderen das Grebenschtschikow-Gemeindezentrum benannt.

Ein stattliches Anwesen, keine gewöhnliche *molennaja*, kein einfaches Bethaus, ist der Sitz der *staroobrjadzy* oder *starowery* in der Moskauer Vorstadt. Ich betrete den Vorhof. Hinter dem Fenster des Wächterhäuschens sitzen zwei alte Frauen zusammen, die Kopftücher fest verknotet unterm Kinn, sagen, Vater Johann sei leider nicht da, Vater Georgi beschäftigt, die Kirche geschlossen, ich solle ein andermal wiederkommen. Aus Lettgallen sind die Altgläubigen einst nach Riga gekommen. Sie gehören den *bespopowzy* an, denen, die keine Priester, sondern »geistliche Väter« haben, weiß ich von Julius Eckardt, der es bei Nikolai Leskow abschrieb. Eine der Alten führt mich dann nach einigem Zögern doch hinein, die Treppe hinauf. Durch ein Fenster sehe ich in eine leere Halle, die eine halbhohe hölzerne Wand in der Mitte teilt. Schon in der schwedischen Zeit hätten Altgläubige vor den Toren Rigas in der Moskauer Vorstadt Asyl gefunden, im Jahre 1864 seien ihrer wohl zehntausend gewesen, berichtete der russische Dichter Nikolai Leskow, der in jenem Jahr in dieser Frage für das Petersburger Unterrichtsministerium recherchierte. Sie hätten angeblich keine Schule gehabt, aber eine eigene Gemeindeverwaltung, das sogenannte Grebenschtschikow-Institut, vier geistliche Väter, dreißig Sänger. In die russisch-orthodoxen Schulen aber hätten sie ihre Kinder nicht gehen lassen. Dank der Eigenmächtigkeit des Marquis Paulucci, Generalgouverneur von Livland (1812–1829), habe es, schreibt Nikolai Leskow, einige Jahre lang am Grebenschtschikow-Institut ein Heim für verwahrloste Kinder und zwei Schulen gegeben. Als die Regierung in Sankt Petersburg davon erfuhr, habe sie die sofort schließen lassen. Den Kindern der Reichen sei es in der Folge gestattet gewesen, deutsche Schulen zu besuchen, die Kinder der Armen aber hätten auf der Straße herumgelungert, gestohlen, die Moskauer Vorstadt unsicher gemacht. Als *karmantschicken*, Taschendiebe, seien die Jugendlichen der Moskauer Vorstadt bei den Deutschbalten verschrien gewesen. Als die *staroobrjadzy* zu ihm Vertrauen gefaßt hätten, berichtete Nikolai Leskow, habe er erfahren, daß einige altgläubige Kaufleute es mittlerweile – unter Alexander II. – gewagt hatten, in der Vorstadt heimlich wieder eine Schule aufzumachen (im Haus Allelujew in der Andreas-Straße, nahe den Sandbergen). Keinen Altarraum, keine Orgel, keinen Chor sehe ich, eine Schatzkammer scheint die *molennaja*. Golden und silbern glänzen Heiligenbilder, gehämmerte Reliefs, manche besetzt mit Perlen und Edelsteinen. Ikonen leuchten rot, blau, grün, gold in den Farben des heiligen Kanons, hängen dicht beieinander. Die nach Osten ist die prächtigste Bilderwand, doch auch die Wände ringsum sind mit Bildern geschmückt. Zierliche Kandelaber beinahe vor jedem Bild. Trittleitern stehen den Ikonen zu Füßen, erleichtern das Lichteranzünden, ermöglichen ein Berühren, Salben, Küssen. Solch reiche Ikonostase sah ich noch nie. Sieben-, achtstimmige Chöre habe er in den Kirchen der Altgläubigen gehört, erzählt Mischa aus Tartu, wunderbaren Gesang. Ich sehe niemanden, höre eine heisere Stimme monoton, in einem Rhythmus, der unerbittlich wiederkehrt, eine Litanei herunterbeten. Ich gehe der Stimme nach, sehe in einer Kapelle nebenan an einem Stehpult vorm Fenster eine stattliche Frau, wie eine Nonne schwarz gekleidet, den Kopf mit einem schwarzen Tuch verhüllt. Ich gehe durch hohe Flure, an der Tür zum Taufzimmer vorbei, hinter der, sagt die Frau, die mich führt, ein Becken stehe, groß genug, um einen Menschen ganz aufzunehmen. Ich denke an den Packen alter glagolitischer Handschriften, Gesangbuchseiten, kanonischer Texte, die mir vor einiger Zeit ein alter Herr übergab. Im Krieg ist der Herr als deutscher Soldat auch in Riga gewesen. Angeblich hat er die beschriebenen Blätter irgendwo von der Straße aufgelesen.

Die Straßenbahn fährt nicht an, die Tür hinten schließt nicht mehr. Die Leute schauen teilnahmslos aneinander vorbei. Der Fahrer kommt mit dem Brecheisen, fuhrwerkt in der Mechanik herum, stemmt die Gleitstangen in ihre Bahn zurück, drückt die Tür zu, fährt los. Die alte Frau neben mir schiebt das Fenster zu, der junge Mann hinter uns reißt es mit einem Ruck, einem wilden Fluch, einer drohenden Gebärde wieder auf. Die alte Frau dreht sich nicht um, duckt sich erschrocken. An der nächsten Haltestelle steige ich aus, gehe die Moskauer Straße zu Fuß weiter stadteinwärts, an den Mietskasernen vorbei, bleibe vor einem weißen Haus stehen. Nr. 57. Seine ganze Art – die Andeutung eines Portikus, die Pechnasen unterm Gesims – paßt wie die Fassade des *Bikur Cholim* schlecht ins Bild der Moskauer Straße. Ich gehe um das Gebäude herum. Hinter dem Haus ist eine Wiese. Dort ist es ganz still. Zwei Hausfrauen sitzen auf einer Bank. Ihnen zu Füßen Einkaufstaschen. In einem Bretterverschlag tummeln sich Welpen.

Die *Altnaie Schul*, 1843 erbaut, erst fünfzehn Jahre später als jüdischer Besitz anerkannt, sei hier gewesen, die erste Synagoge von Riga, habe geheißen wie die in Prag, schon im Jahre 1780 hätten sich Juden in einem Holzhaus, das an dieser Stelle stand, zum Gebet versammelt, schreibt Marģers Vestermanis. Die Fassade habe der renommierte Rigaer Architekt Reinhold Schmaeling 1889 gestaltet. Am 4. Juli 1941 habe diese Synagoge wie die andern gebrannt, seien in dem Feuer auch hier Menschen umgekommen. Nach dem Krieg sei sie zu einem Wohnhaus wiederaufgebaut worden.

1764, zweiundzwanzig Jahre nach der Vertreibung, erlaubte Katharina II. »Ausländern«, im Reich zu siedeln. Jüdische Kaufleute kehrten aus dem keine Tagesfahrt entfernten polnischen »Ausland«, dem Herzogtum Kurland, nach Riga zurück. David Levi-Bamberg, Moses Aaron und Baehr Benjamin sollen die ersten gewesen sein. Fünfzehn »neureussische« Kaufleute »nebst Familien und sonstigem Anhang« erhielten das Recht, sich in Riga niederzulassen, alle anderen durften nur bis zu sechs Wochen in der Stadt sein. Erneut wurden »Judenherbergen« eingerichtet, die Zugereisten in die Vorstadt abgeschoben. Die »Geduldeten« aber wurden Schutzjuden der Stadt, begannen deutsche Kleidung zu tragen. Sie bildeten die erste jüdische Gemeinde in Riga, ihnen fehlten nur noch die Bürgerrechte. Damit war ein Keil zwischen die kurländisch-deutschen »Geduldeten« und die litauisch-polnisch-weißrussischen, die »*rajsischen* Zugereisten« getrieben, damit begannen die Zwistigkeiten, die der deutschbaltische Chronist

Anton Buchholtz nicht verstand, »den« Juden ankreidete. Die »Zugereisten« wehrten sich gegen die Ungleichbehandlung. Die »Geduldeten« wiederum wollten mit den »Zugereisten« nicht gemein gemacht, nicht erneut als »Fremde« abgestempelt werden, sahen angesichts der *rajsischen* ihre mühsam errungenen Privilegien in Gefahr.

Der nahe gelegene Flecken Schlock – heute ein Teil von Jūrmala, Rigastrand – bot eine Umgehung des geltenden Stadtrechts, milderte die Konkurrenz. 1785 ließen sich die Juden von Riga dort registrieren. Kurland hatte Schlock ans Russische Reich abgetreten, Katharina II. es zur Freihandelsstadt erklärt, wo »Ausländer« aller Art siedeln, Handel und Gewerbe treiben durften und wo auch Juden geduldet waren. Weiterhin aber baten die Juden von Riga um Bürgerrechte. Im besten Deutsch der Aufklärung verfaßten sie zum hundertsten Jahrestag der Übergabe Rigas an Peter den Großen ein Gedicht:

»[. . .] Gebt uns das Bruderrecht und *Eure* Freude
Wird, gross und reich, auch unsre Freude seyn.
Weg mit dem Hass! Weg mit dem scheelen Neide!
Er ist des süssen Menschenlebens Pein. –
Lasst uns, die alle *Einen* Himmel hoffen,
Auch *Einer* Erde gleiche Bürger seyn!
Heut ist ja jedes Herz der Liebe offen:
Schließt unser Glück in Eure Liebe ein!«

Die Stadtväter aber seien hart geblieben, auch der Generalgouverneur habe sich da nicht eingemischt, berichtet Anton Buchholtz, habe allerdings – was den »*rajsischen* Zugereisten« zugute kam – »größere Freiheiten hinsichtlich der Wahl der für den Religionskultus und den Unterricht nöthigen Männer« bewilligt: »2 Schächter, 2 Gelehrte, 2 Lehrer, 1 Vorsänger, 1 Küster, 2 Beschneider aus der Zahl der fremden Juden [. . .], unter der Bedingung, daß sie durch vorschriftsmäßige Gouvernementspässe legitimirt seien, in deutscher Kleidung gingen und nicht länger als fünf Jahre sich hier aufhielten.« Die *Altnaie Schul* war ein Ort, an dem sich die »Ansässigen« und die »Fremden« versammelten, trotz ihrer Zwistigkeiten.

Ich biege in die Lāčplēša. Von den »Judenherbergen« in dieser und in der Moskauer Straße ist nichts mehr zu sehen. Marģers Vestermanis gibt lediglich ihre Standorte an. An der Lāčplēša, nicht weit von der Moskauer Straße aber steht ein wenig abseits, von einem kleinen Park umgeben, ein stattlicher Bau im Neorenaissancestil der Gründerzeit – die erste weltliche jüdische Schule in Riga. Das Haus an der Lāčplēša (Nr. 141) sei erst 1887 erbaut, schreibt Marģers Vestermanis, die Schule aber hinter dem Rücken der Stadtväter mit Einverständnis der zaristischen Regierung bereits 1840 gegründet worden, zwei Jahre vor der Rigaschen Jüdischen Gemeinde, in der Hochzeit des Kampfes um Bürgerrechte. Der Rat habe sich gegen die von der russischen Regierung 1835 erlassene »Verordnung über die Hebräer« verwahrt, berichtet Anton Buchholtz, die vorsah, allen »bei der Revision angeschriebenen« mit ihren Familien wie in Kurland so auch in der Stadt Riga und im Flecken Schlock ständiges Wohnrecht zu verleihen. Es stehe zu befürchten, daß die Juden mit der Zeit allen Handel und alles Gewerbe Rigas an sich reißen würden. (Womit sie, so Buchholtz mit deutlich antijüdischem Akzent, auch recht behalten sollten.) Gemessen an den zehntausend Altgläubigen aber waren die vier- bis fünfhundert Juden damals eine verschwindende Minderheit. Zehn Jahre währte der Kampf. Im Oktober 1845 sei endlich entschieden worden, berichtet ein Rigenser in der in Leipzig erscheinenden *Allgemeinen Zeitung des Judentums*. Endlich seien sie in der Stadt, wo sie geboren und wo die Gebeine ihrer Vorfahren ruhten, keine Fremden mehr. Riga war die erste offizielle jüdische Gemeinde, besaß die erste Synagoge im Russischen Reich. Übrigens hatte der Herausgeber der *Allgemeinen Zeitung*, der Magdeburger Rabbiner Ludwig Philippson, den ersten Direktor der weltlichen jüdischen Schule nach Riga vermittelt: den jungen Rabbiner Max (Menachem) Lilienthal (1815–1882) aus München. Die Schule sollte mit Unterstützung der deutschen Haskala im Russischen Reich ein Modell zur Reform des jüdischen Schulwesens sein. Im Unterricht wurde Moses Mendelssohns Talmud-Kommentar ›Biur‹, die Thora in dessen deutscher Übersetzung gelesen. Max Lilienthal avancierte später zum Berater der zaristischen Politik gegenüber den jüdischen Untertanen. Die Leitung der Schule übernahm Ruben Josef Wunderbar aus Mitau (1812–1868), der das erste und einzige Buch in deutscher Sprache ›Zur Geschichte der Juden in den Provinzen Liv- und Kurland‹ verfaßte. Erst allmählich habe sich der »deutsche Charakter« der Schule verloren, schreibt Marģers Vestermanis. Später sei sie nach dem ersten Rigenser Direktor *Kaplan Schul* genannt worden. 1893 habe sie fünfhundert Schüler gehabt. Sechsklassige jüdische Schule sei sie in der Lettischen Republik gewesen und im Krieg Sitz des »Judenrats«.

In die Allee traue ich mich nicht, da laufen Schäferhunde. Ich gehe um die grüne, herrschaftliche Insel herum zwischen brachliegenden Grundstücken, Wegen, den vielbefahrenen, löchrigen Asphaltbahnen. Durch Gitter und Buschwerk sehe ich am Ende der Allee rechts und links die Eingangsportale. Die ehemalige Schule könnte, sagt Marģers Vestermanis, das Dokumentationszentrum der Jüdischen Gemeinde werden, wenn Mittel, Personal da wären, den Unterhalt zu tragen.

Ich überquere die Lāčplēša, verlasse die Ghettogegend, gehe in die Gogolstraße hinein. »Judenherbergen«, Alter Hebräerfriedhof, Altgläubigengemeinde, die *Altnaie Schul*, die *Kaplan Schul*, das Krankenhaus *Bikur Cholim* – die Moskauer Vorstadt war nicht nur Ghetto im Krieg, sie hat russischen Altgläubigen, armen weißrussischen und lettgallischen Bauern, Juden – Kaufleuten, Flickhandwerkern, Kleinhandeltreibenden, Talmudgelehrten, Dienstboten, Hilfsarbeitern, Möbelpackern, Fuhrleuten – vor den Toren Rigas ein Obdach geboten. Hier entwickelte sich die Vielvölkerstadt. Von hier aus eröffneten sich die Fremden Möglichkeiten zur Teilhabe an Handel und Wandel der Hansestadt, von der die deutschen Kaufleute sie jahrhundertelang ferngehalten hatten. Für die deutschbaltischen Rigenser aber war die Moskauer Vorstadt tabu. Man kannte sie allenfalls von »seinen Handelsjuden«. Einmal im Jahr, meist vor Ostern, sei eine Frau, immer dieselbe, gekommen, um Kleider aufzukaufen gegen geringes Entgelt, erzählt eine ehemalige Rigenserin aus Deutschland, die in der Moskauer Vorstadt nun neugewonnene lettische Freunde besucht.

Ich strebe der schönen Altstadt zu, beschleunige meine Schritte. Nicht weit von der Lāčplēša entfernt, dort, wo die alte Mühlenstraße, die Dzirnavu, die Gogolstraße kreuzt, finde ich einen freien Platz, auf dem Ruinen stehen. Der Platz ist neu gepflastert. Die Ruinen sind durch Backsteinmauern miteinander verbunden, abgerundet, gefällig gemacht, ein Portal, ein Keller sind zu erkennen, Ornamentfragmente im Mauerwerk. Eine eiserne Menora schmückt die Innenwand nach Osten. In Grüppchen sitzen junge Frauen auf den Mauerstümpfen in der Nachmittagssonne. Eine alte Dame sitzt allein. Ich spreche sie an. Sie antwortet deutsch. Paja Kagan ist Rigenserin. Jiddisch ist ihre Muttersprache, Deutsch erste »Kultursprache« gewesen, Lettisch Amtssprache, Russisch habe sie erst während des Krieges in Rußland gelernt. Zwischen Deutschen und Juden, sagt sie, habe es in der ersten lettischen Republik bis 1933 keine Ressentiments gegeben, die Minderheiten hätten untereinander ein besseres Verhältnis gehabt als zum Staatsvolk der Letten. Nur noch selten traut sich die gebrechliche alte Dame allein auf die Straße. – Vor dem Krieg stand *Di Grejsse Hor Schul* auf diesem Platz im spitzen Winkel zwischen Gogol- und Mühlenstraße. Sie war das erste Versammlungshaus der Juden von Riga, das sich sehen lassen konnte. Drei Portale, gotische Spitzbogenfenster, Fensterrosetten, Renaissancegiebel schmückten die Fassade. Sieben Fenster lang war die Seitenwand des Backsteinbaus. In ihrer Kindheit, sagt Paja Kagan, habe sie die Synagoge selten besucht. Religion sei kein Thema in ihrem Elternhaus gewesen, ihren Vater, Schriftsetzer von Beruf, hätten die Kollegen »Streiker« genannt. In der Ulmanis-Zeit habe er seine Arbeit verloren, im litauischen Kaunas zum Glück wieder Anstellung gefunden. Jeden Freitagabend hätten sich Freunde und Bekannte bei ihnen zu Hause versammelt, zusammen jiddische Lieder gesungen, einander vorgelesen, miteinander diskutiert. – An den hohen Feiertagen habe man Kantor Baruch Lejb Rosowski in der *Grejssen Hor Schul* singen hören können, schreibt Marģers Vestermanis, aus seinem Chor seien Joseph Schwarz und Hermann Jadlowker hervorgegangen. Der Sänger Joseph Schwarz, der später an der Wiener Volksoper Karriere machte; der Kammersänger des deutschen Kaisers Hermann Jadlowker, der an der Berliner Oper Rang und Namen hatte und mit Albert Einstein zusammen in der Synagoge Oranienburger Straße konzertierte. 1929 ist er als Oberkantor in die *Grejsse Hor Schul* nach Riga zurückgekehrt. Wenn Jadlowker gesungen habe, seien die Leute aus der ganzen Stadt, auch Andersgläubige, in die Synagoge geströmt.

Treppenstufen führen in den Keller hinab, in dem einige hundert Juden aus Litauen am 4. Juli 1941 bei lebendigem Leibe verbrannten. Zu der Zeit sei sie, sagt Paja Kagan, mit ihren Eltern zum Glück schon auf der Flucht nach Rußland gewesen. Für die Barbarei seiner Landsleute hätte Johann Gottfried Herder keine Worte gehabt. Der Einundzwanzigjährige war Hilfsprediger in der Nachbarschaft, an der Jesuskirche gewesen im Jahr 1765/66. Damals wehte von Deutschland her ein anderer Wind. Auch wenn Herder die romantische Idee eines Kulturnationalismus vertrat, an die moralische Größe der »Natur«, des »Volkes« glaubte und von der deutschen Sprache und Kultur mehr als von anderen schwärmte, so predigte er doch Aufklärung und Humanität, verabscheute nationale Überheblichkeit, Rassismus jeglicher Art. Die deutschbaltische Herder-Gesellschaft tat gut daran, die Bewerbung des angehenden Historikers Reinhard Wittram, geboren 1902 in Bilderlingshof, Rigastrand, Ende der zwanziger Jahre abzulehnen. Reinhard Wittram war in »der Bewegung« aktiv. Als die deutschen Organisationen im Ausland gleichgeschaltet wurden, die deutschbaltische Jugend zu Klassenfahrten und Turnerfesten ins Reich zu fahren, sich mit den »System«-Anhängern zu streiten, mit jüdischen Schülern zu prügeln begann, die Gelder des Verbands der Deutschen im Ausland parteigesteuert vergeben wurden, hat Reinhard Wittram die Stelle am Herder-Institut dann doch bekommen und in Herders Namen, im Namen der deutschen Kultur (1934) in den *Baltischen Monatsheften* geschrieben: »Es ist nicht mehr gelungen, den Juden zu entfernen. Von Kurland und Riga aus ist das jüdische Element auch weiter nach Norden vorgedrungen, nach Dorpat und Reval.« Das liberale Zeitalter habe das »natürliche Gefühl für die Fremdheit« verloren, »rassische Besinnung« rege sich nun, auch »unter unseren lettischen Heimatgenossen«. Zum 750. Geburtstag der Hansestadt, zehn Jahre nach der Auflösung des Rigaer Ghettos, verfaßte Reinhard Wittram, nunmehr Professor für Geschichte an der Göttinger Universität, eine Festschrift, erwähnt dort die Letten, die Russen, die Altgläubigen am Rande, verliert jedoch über die Geschichte der Juden, über den Holocaust kein einziges Wort.

Von der Großen Synagoge ist nur ein Trümmerfeld geblieben und seit November 1992 das Mahnmal zur Erinnerung an die während des Nationalsozialismus in Lettland ermordeten Juden. Vor ein paar Jahren stand auf diesem Platz noch ein Sowjetmonument. Hätte die Große Synagoge wie die *Peitaw Schul* zwischen den alten Patrizierhäusern der Rigaer Altstadt gestanden, wäre vielleicht auch sie unversehrt geblieben. Die *Pejtaw Schul* von 1903, die erste Synagoge, die sich in der Rigaer Altstadt ein Plätzchen erobern konnte, rührten weder die lettischen Faschisten noch Stahleckers Schergen an, um das Reuternsche, das Dannensternsche Haus, die Reformierte Kirche nicht zu gefährden. Die *Peitaw Schul* wurde Lagerhalle, nach dem Krieg wieder Synagoge. Seit ein paar Jahren amtiert dort ein junger Ljubawitscher Rebbe, lernt mit einigen *bocherim*, betet mit den frommen Alten und teilt mit ihnen das Abendbrot.

Ich biete Paja Kagan meine Begleitung an, auf meinen Arm gestützt fühlt sie sich sicherer. Von der Gogolstraße gehen wir die Dzirnavu, die Mühlenstraße, Richtung Odessaer, einst Elijasstraße. Seit die Gesetze den jüdischen Kaufleuten der Ersten Gilde, den Handwerkern und Studierten erlaubten, überall im russischen Reich zu siedeln, seit die Eisenbahnlinien von Libau ins ukrainische Romny, von Windau ins nordrussische Rybinsk durch Riga führten, begannen Handel und Industrie an der Dwina aufzublühen. Sägemühlen entstanden am Rande von Riga. Die *rajsischen minjanim*, die Bethäuser der weißrussischen und russischen

Chassiden aus Kapust, Ljady und Ljubawitsch, hätten in der Elijasstraße zusammengestanden, schreibt Marģers Vestermanis. *Chochma, bina* und *da'at*, Weisheit, Verstand und Wissen bestimmten die Frömmigkeit der weißrussischen Chassiden, formten ihre Bewegung und deren Namen – *CHaBaD*. Die *Chabadniken*, berichtet Max Lilienthal, »huldigen mehr der Metaphysik, dem geistigen Auffassen der Kabbala« als die galizischen Chassiden. Holzhändler waren die *rajsischen* zumeist. Ihre Bethäuser standen nur ein paar Schritte von der Mühlenstraße entfernt unweit des *dwinebreg*, des Dünaufers. Sie kamen aus den Wäldern um Pskow, Witebsk, Smolensk mit ihren Flößen und Strusen die Dwina herunter, brachten ihr Jiddisch, den *CHaBaD*, ihre eigenen Bräuche mit in die Hansestadt. Die Familie des Jakob Hindin aus Welisch im Witebsker Rayon, der ausgedehnte Wälder bei Pskow, dazu eine Schnapsfabrik besaß und sich, wie es heißt, Baron Rothschild ebenbürtig als »Baron« empfohlen habe, zählte zu den wohlhabendsten, bekanntesten der *rajsischen* in Riga. Der Philosoph Sir Isaiah Berlin aus Oxford, ein Freund der Dichterin Anna Achmatowa, der in der westeuropäischen Philosophie wie bei den russischen Denkern nach den Grenzen und Möglichkeiten pragmatisch-politischen Handelns forscht, stamme, heißt es, aus einer chassidischen Holzhändlerfamilie. Sein Großvater sei tatsächlich der Adoptivsohn des wohlhabenden und angesehenen Isaiah Berlin aus Welisch, Ehemann der Urenkelin des *CHaBaD*-Gründers Rabbi Schneur Salman, gewesen, schreibt Isaiah Berlin, er aber habe kaum Erinnerungen an Riga, habe die Stadt mit seinen Eltern bereits im Alter von viereinhalb Jahren verlassen. Zu Beginn des Ersten Weltkriegs sei die Familie wie viele andere nach Rußland verschleppt worden, von dort über Berlin nach England geflohen.

Die Bethäuser der *Chabadniken* stehen nicht mehr. Wir gehen die Odessaer Straße entlang, kreuzen die Dzirnavu, die Mühlenstraße, gehen am Kreuzungspunkt der Odessaer und Sewastopol-, der alten Jesuskirchenstraße herum. Die Jesuskirche, ein hölzerner klassizistischer Rundbau mit Turm, ist bis auf den heutigen Tag Gotteshaus der kleinen deutschen protestantischen Gemeinde von

Riga. Schade, daß man die Erinnerung an den deutschen Philosophen, der hier Prediger war, nur in der Altstadt von Riga pflegt. Am Mariendom befindet sich der Herderplatz, steht eine Büste, »Johans Gotfrīds Herders« darunter. In der Hagensberger Vorstadt, hinter der Martinskirche, in der Hamannstraße, befand sich einst der »Philosophengang«, nun ist dort eine Hauptverkehrsstraße. Johann Gottfried Herder und Johann Georg Hamann sollen da am Ufer der Düna mit Blick auf die Altstadt zusammen spazierengegangen sein, der romantische Aufklärer und Prediger Herder und der Habenichts, Christ, Kabbalist Hamann, der aus dem nahe gelegenen Mitau angereist kam, nicht an Fortschritt und Vernunft, sondern an die Geworfenheit des Menschen, an die Gnade Gottes und an die göttliche Offenbarung der Sprache glaubte. Wenn sie sich nicht sehen konnten, sandten sie einander wenigstens Nikolais oder Hartknochs neueste Bücher, Haselhühner, Rotwein und Briefe zu. Russische Altgläubige, lettgallische Letten hat Herder während seines Riga-Aufenthalts in der Moskauer Vorstadt rund um die Jesuskirche kennengelernt, dort konnte er sein Bild von den Juden beleben, dort die Verschiedenartigkeit der Kulturen, deren Herkunft aus den jeweiligen Lebensumständen der Völker sicher besser studieren als im Zentrum der deutschen Kaufmannsstadt, deren freiheitlicher Status dem Preußen wider Willen gefiel, deren kleinkrämerische Enge er jedoch nach einigen Jahren gern wieder verließ.

Wir kreuzen die Puschkinstraße. In dieser Gegend hätten sich viele jüdische Schulen befunden, erzählt Paja Kagan, eine Mädchenschule schon aus dem vergangenen Jahrhundert, zwei Grundschulen aus der lettischen Zeit und das jüdische Gymnasium. In den zwanziger und dreißiger Jahren besaßen die Juden in Lettland, ähnlich wie jene in Estland, Kulturautonomie, eigene Schulen, ein Netzwerk eigener Interessenverbände, hatten jedoch, da sie nicht vier-, sondern beinahe hunderttausend waren, ungleich mehr Möglichkeiten. Frau Kagan erzählt, sie habe die jiddische Grundschule besucht, sechs Jahre lang. Die beiden Vorschulklassen habe sie übersprungen, gleich mit der ersten Klasse begonnen. Die ehemalige Mädchenschule ist umgebaut, das hölzerne Schulhaus in der Sewastopolstraße steht, wie es war. Im ehemaligen jüdischen Privatgymnasium in der Dzirnavu iela hat wie in der Karu tänav in Tallinn nach fünfzig Jahren Unterbrechung 1989 der Unterricht wieder begonnen. Seit kurzem befindet sich die Schule am Ende der Brīvībasstraße, nicht weit von der Wohnung, in der die lettische Patriotin Elsa Pavasāre mir allmorgendlich hauchdünn geschnittenen geräucherten Speck zum Frühstückskaffee serviert.

Frau Kagan und ich gehen die Turgenjewstraße entlang, an dem stalinistischen Akademiehochhaus vorbei. Wenige Menschen sind unterwegs. Ein junger Mann wankt auf uns zu, will eine Zigarette, flucht, droht, als wir ihm keine geben können. Als seine Freunde näher kommen, die betrunken sind wie er, wechseln wir die Straßenseite. – Herrschaftliche Kaufmannshäuser mit Mezzanin und Garten, hohen Zäunen, vor den Häusern, an den Toren *sawalinki*, kleine Erdbänke, in den Fenstern *kiseja* oder gemusterter Tüll, auf den Fensterbänken Feigenkakteen und Geranien; vor den Häusern auf der Straße Männer mit würdevollen Bärten, manche mit Streimel, in hohen Galoschen; dies alles sah der russische Emigrant Georgi Iwanow in der Turgenjewstraße, als er Mitte der dreißiger Jahre durch die Moskauer Vorstadt spazierte. Um das Akademiegebäude herum nun freies Gelände. Hier und da steht noch ein niedriges Holzhaus zwischen den drei-, vierstöckigen Mietshäusern in der Turgenjew- und ihren Nachbarstraßen. Ecke Gogolstraße thront die große hölzerne Maria-Verkündigungs-Kirche mit den fünf blauen Kuppeln, aber der *gostiny dwor*, der Gast- und Handelshof aus Katharinas Zeiten mit der Kolonnade von unglaublicher, klassischer Schönheit, wie Iwanow ihn schildert, ist fort. Ossip Mandelstams Großeltern haben, lese ich in ›Rauschen der Zeit‹, in einem Holzhaus nicht weit von hier, jenseits der Eisenbahn an der Kljutschewaja ulitza, heute Avotu iela, gewohnt. »Mein Großvater, ein blauäugiger Greis mit einem runden Käppchen, das die halbe Stirn bedeckte, und ernsten, etwas unnahbaren Zügen, wie es bei vielen ehrwürdigen alten Juden vorkommt, lächelte mir zu, freute sich und wollte zärtlich zu mir sein – doch verstand er es wohl nicht richtig, und seine dichten Augenbrauen zogen sich zusammen«, erinnert sich Ossip Mandelstam. Die Eltern waren mit dem Jungen von Sankt Petersburg in die Sommerfrische an den Rigaer Strand unterwegs, ins »enggedrängte jüdische Dubbeln mit seinen Windeldüften«, das der Landeigentümer Baron von Fircks für Juden freigegeben hatte; die reichen, deutschakkulturierten, die getauften wie die Morenczys, die Eisensteins, die Friedmans durften auch in Majorenhof, im »gestelzten« Bilderlingshof baden gehen, ein Sommerhaus haben. In Riga waren Mandelstams bei den Eltern des Vaters eingekehrt. Als der Großvater ihn habe auf seinen Arm nehmen wollen, habe er beinahe losgeweint, erinnert sich der Dichter. »Meine gute Großmutter mit ihrer schwarzen Perücke über dem grauen Haar und den gelblichen Blümchen auf ihrem Morgenrock trippelte mit winzigen Schrittchen über den knarrenden Holzboden und wollte uns ständig irgend etwas zu essen anbieten.« Das »würzige Alteleutegebäck mit seinem bitteren Mandelgeschmack« aber habe ihm nicht geschmeckt. Nicht einmal reden konnte der Junge mit seinen Großeltern. Sie verstanden sein Russisch nicht, ihm war ihr kurländisches Jiddisch fremd, unverständlich. Mit vierzehn sei der Vater, weil er Rabbiner habe werden sollen, von zu Hause fortgelaufen, sei in Berlin auf eine Talmudhochschule geraten, habe dort statt des Talmuds Schiller gelesen, für ihn »ein völlig neues Buch«, sei später ins russische Reich zurückgekehrt, in Warschau, dann in Sankt Petersburg Lederkaufmann geworden. Als der Großvater aus der Kommodenschublade ein schwarz-gelbes Seidentuch hervorgeholt, ihm umgeworfen und ihn unverständliche – wohl hebräische – Worte habe nachsprechen lassen, sei es ihm, erinnert sich Ossip Mandelstam, eng geworden, die Mutter sei gerade rechtzeitig gekommen, um ihn daraus zu befreien. Von der Mutter habe er Puschkins Russisch gelernt, der Vater habe ihm nur ein hebräisch-jiddisch-deutsches Kauderwelsch hinterlassen. Bis er selbst das Opfer des stalinistischen Antisemitismus wurde, war der russische Dichter froh, dem »jüdischen Chaos« seiner Herkunft entkommen zu sein.

Zwischen Gogol- und Moskauer Straße ist der Markt immer

noch Magnet am Rande der Moskauer Vorstadt. »›Herr, was kauft Ihr? Was verkauft Ihr, Herr?‹ Die ›Herren‹ verkaufen und kaufen verschiedenerlei. Der eine sucht altes Porzellan, der andere handelt mit Kokain, der Dritte angelt bloß Papierchen aus der Tasche. ›Mein lieber Herr, laß dir wahrsagen, du wirst eine Reiche heiraten!‹ sagt im monotonen Singsang eine alte Zigeunerin immer wieder vor sich hin. ›Heiße Piroschki! Filipowsker Piroschki!‹ schreien Händler ohne Ende die kleinen Piroggen aus. ›Spendet, Rechtgläubige, für den Bau der Kirche!‹ brummt wie eine Hummel ein finsterer Greis heiliger Observanz [. . .].« Stimmen, die Georgi Iwanow im Marktgeschrei vernahm. – Beliebt sei der Trödelmarkt hinter den Markthallen, den Roten Speichern, heißt es im ›Führer durch Lettland‹, herausgegeben von der Literärisch-Praktischen Bürgerverbindung zu Riga im Jahre 1929.

Hinter den Speichern ist immer noch Trödelmarkt. Dort ist's billiger, mehr Ware als in den Geschäften zu haben. Dort verkaufen Rigaer auf Stellagen aus Bananenkartons – der Regen weicht sie auf, läßt sie zusammensacken – alles Entbehrliche, alles, was ein paar Santimes oder Rubel einbringt. Eine Frau hält sich einen roten Lackmantel vor die Brust, eine andere eine Wolldecke, eine dritte ein Glitzerkleid, eine vierte ein Set Lippenstifte, je einen zwischen den gespreizten Fingern. Stumm stehen die Frauen da mit starrer Miene, treten von einem auf das andere Bein. Ein Kind geht herum, bettelt. Ein Häufchen Strümpfe liegt auf einem Plastikfetzen auf der Erde, daneben stehen Schuhe in Reih und Glied, alte, abgetragene und neue Billigimporte. Ein Mann geht herum mit Bernsteinketten in der Hand. Popmusik tönt. Pornovideos auf Klapptischen. Esoterik an den Bücherständen. Auf der Kühlerhaube seines Autos preist ein Mann Elektroartikel an. Bretter, Pappen liegen in Pfützen. Paja Kagan ist irritiert. – »Alles bieten«, so geht ein Gerücht, »die Rigaer feil, machen selbst vor ihren Frauen nicht halt. Business, Spekulieren ist das Geschäft, wenn sonst schon nichts läuft!« Den siebzehnjährigen Sohn, sagen Kamilla und Arvid, treibe es täglich zur Börse, gelinge ihm ein Schnäppchen, denke er: Ich kauf mir die Welt.

Die *tolkutschka*, der Trödelmarkt, geht gleich in den Lebensmittelmarkt im Freien über, unter Holzdächern und in den alten Zeppelinhallen aus dem Ersten Weltkrieg. Hier herrscht ein Geschiebe und Gedränge, halb Riga scheint auf den Beinen. Speck, Knochen, Schweineköpfe liegen in der Fleischhalle aus, vor den Fischverkäufern türmen sich nur noch Konserven. Draußen an den Ständen vor den Hallen liegen auf langen Tischen Blumen zum Verkauf, da gibt es goldgelbe Butterklumpen in Kiloportionen, aus Fässern Kohl, Möhren, Gurken, Knoblauch sauer eingelegt, Gemüse der Saison, in Gläsern Pilze, rote und blaue Beeren. Doch die Preise sind horrend für die Rentnerin Paja Kagan. »Der tägliche Markt, die gedrängte Stadt aus niedrigen Holzbuden, zieht auf der Mole, einem breiten, schmutzigen Steinwall ohne Speichergebäude, sich am Wasser der Düna entlang. Kleine Dampfer, die oft kaum mit dem Schornstein über die Kaimauer reichen, haben die schwärzliche Zwergenstadt angelaufen. (Die größeren Schiffe liegen dünaabwärts.) Schmutzige Bretter sind der tonige Grund, auf dem, in der kalten Luft leuchtend, einige wenige Farben zergehen. An manchen Ecken stehen hier das ganze Jahr neben Fisch-, Fleisch- und Kleiderbaracken Kleinbürgerweiber mit bunten Papierruten, die nach Westen nur um die Weihnachtszeit vordringen. Von der geliebtesten Stimme gescholten werden – so sind diese Ruten. Für wenige Santimes vielfarbige Strafbüschel.« Im Jahre 1925, als noch in den Buden entlang der Mole Markt war, ging Walter Benjamin zusammen mit der lettischen »Bolschewistin« Asja Lācis über den Rigaer Markt. Das Spielzeug, die handgemalten Reklamebilder an den Buden, an den Backsteinmauern der Geschäfte in den Straßen, die ihn an »veraltete Kindermalbücher« erinnerten, faszinierten ihn mehr als die »hohen festungsartigen«, »todtraurigen« Gebäude der Stadt, »die alle Schrecken des Zarismus wachrufen«. Asja Lācis hatte ihre Kindheit und Jugend in Riga verbracht, im Hof mit jüdischen Kindern gespielt, war mit ihrer Mutter am Johannistag auf den Markt gegangen. Walter Benjamin hatte Asja Lācis im Jahr vor seinem Rigabesuch auf Capri kennengelernt, sich in sie verliebt. Sie leitete zu jener Zeit ein illegales Agitprop-Theater in Riga, beeindruckte ihn mit ihren Ideen zu einem proletarischen Kindertheater. Er widmete ihr seinen Essayband ›Einbahnstraße‹. Für kurze Zeit waren der verwöhnte Bürgersohn aus dem Berliner Westen und die Lettin Asja Lācis, armer Leute Tochter vom Land, ein – recht ungleiches – Paar. Ihre Mutter, schreibt sie, sei eine fromme, einfache Frau gewesen, ihr Vater dagegen, ein Schneider und Sattler, der auf den Gutshöfen der livländischen Barone, dann als Arbeiter in einer Rigaer Waggonfabrik seinen Lebensunterhalt verdiente, ein »fortschrittlicher Mann«. Er habe in der Revolution von 1905 gekämpft, ihr damals Flugblätter zum Austragen in die Hand gedrückt, August Bebels ›Die Frau im Sozialismus‹ auf den Tisch gelegt, ihr das Gymnasium ermöglicht. Die russische Revolution eröffnete Asja Lācis eine Welt, die Walter Benjamin abstieß und zugleich faszinierte, in die er jedenfalls keinen Fluchtweg aus dem faschistischen Deutschland fand.

Wir unterqueren eine Eisenbahnbrücke. Um die Jahrhundertwende entstanden hier Waggon- und Maschinenfabriken, Eisen-, Chemie-, Holzbearbeitungs-, Textilindustrie, Färbereien, Druckereien, Brauereien, Mühlen; Porzellan, Fayence, Glas, Zement, Tonwaren, Papier, Gummi, Jute, Korken, Schokolade, Konserven, Tabak, Seife, Parfümerie wurden hergestellt. Die alte Hanse-, die russische »Westsee«-Handels- und Hafenstadt Riga expandierte. In nur siebzehn Jahren, 1897 bis 1914, verdoppelte sich ihre Einwohnerschaft, zählte vor dem Ersten Weltkrieg schon eine halbe Million.

Der Markt dehnt sich aus. Die Leute stehen um den Bahnhof herum überall am Straßenrand, verkaufen auch Hunde, Kaninchen, Katzen, Vögel. Auf dem Bahnhofsvorplatz stehen Rentnerinnen mit Blumen; einige bieten Zigaretten an. Ein Mann hat eine Personenwaage vor sich hingestellt. Ein älterer Herr sitzt steif auf einem Klapphocker mitten auf dem Platz, spielt Akkordeon. Dann und wann kommen junge Männer vorbei, Paja Kagan zeigt sie mir, und zocken Standgelder ab. In der Halle vor den Fahrkartenschaltern warten die Menschen in Schlangen, beäugen einander mißtrauisch, rempeln sich gegenseitig an. »David Abramowitsch und Feitel Rubinstein treffen sich auf dem Bahnhof von Riga . . .«, beginnt ein jüdischer Witz, den ein Deutschbalte notierte. »›Gesund solln Se leben, Herr Rubinstein, wohin Se benötigen zu fahren haite?‹ – ›Ich muß gehen zu kriegen zu fahren nach Kreslawke.‹ – ›Feitel, for was lügst du? For was sogst du, daß du willst fahren nach Kreslawke, damit daß ich denk, daß du fährst nach Jakobstadt, wo ich doch weiß, daß du fährst doch nach Kreslawke!‹« Wer fährt heute schon ins lettgallische Kreslawke? Wer pflegt noch das jiddische Gespräch auf dem Bahnhof von Riga? »Nehmen Sie Erste-Klasse-Billetts! Es stinkt in der Zweiten«, warnt mich ein junger Mann. Fahrkarten werde es schon geben, sagt Paja Kagan, sie seien so teuer geworden, daß nur wenige Leute reisen.

Gegenüber vom Bahnhof hatte vor dem Krieg der Verlag *Bilike bicher* seine Räume. Passanten hasten die Bürgersteige der Boulevards entlang, Touristen flanieren Richtung Altriga. Viele Frauen und Kinder tragen in diesem Sommer koreanische Gummisandalen. An den Straßenecken lungern junge Männer wie hungrige Tiger herum, haben in den Betrieben wenig, oft gar nichts zu tun. »Change money«, »Foreign currency«, »Geldwechsel« locken Reklameschilder. Das sei nicht mehr ihre Welt, klagt Paja Kagan, voller Mitgefühl für das ungewisse Schicksal der »Russen« von Riga. Riga ist beinahe eine Millionenstadt, in der vorwiegend Russen, Ukrainer, Weißrussen, nur vierzig Prozent Letten und etwa dreizehntausend, etwas mehr als ein Prozent Juden leben. Die Sowjetmacht hatte der kapitalistischen Unrast in der Hansestadt den Garaus gemacht. Sowjetlettland produzierte, von Moskauer Ministerien gelenkt, für die Comecon-Länder. Das ist nun passé. Die Lettische Republik strebt auf den europäischen Markt. Autos, Computer, High-Tech, Luxusgüter will der Westen verkaufen, Dinge, die Riga gut brauchen, doch nicht bezahlen kann. Europa ist teuer, seine Märkte sind aufgeteilt, gesättigt, von der Rezession gebeutelt, und Lettland ist rohstoffarm. Ungewiß, ob sich Holz- oder Textilprodukte aus Lettland in den Westen verkaufen lassen.

Bleiben der Tourismus und die Mittelposition zwischen den GUS-Staaten und dem Westen, die sie sich jedoch mit ihren Nachbarn Polen, Litauen, Estland und den südosteuropäischen Staaten teilen müssen. Viele Geschäfte sind noch Baustellen, Bars aber schnell aufgemacht mit Cola, Fanta, Bier in Dosen, Schnaps und Likör hinterm Tresen, westlichen Süßigkeiten, Kaffee aus Plastikbechern, *sandwiches*, ein paar Tischen, Stühlen, Sonnenschirmen. Haben mehr Kundschaft als der Stehimbiß aus der Sowjetzeit, sind billiger als das Bistro, wo man zu westlichen Preisen Forelle essen kann, aber auch *cholodny sup* und hausgemachte *pelmeni*; sind erst recht preiswerter als die Nobelrestaurants, wo Champagner fließt, Kaviar von den Tellern quillt, wo – George Grosz hätte seine Freude daran – der Mafiaboß seine Dame im Minirock bis knapp übers Schambein, edlen Pelz ums glitzernde Dekolleté, zum üppig gedeckten Tisch geleitet. Von Cadillac, Jaguar, Porsche, BMW-Luxuslimousinen bis zum schäbigsten Armeetransporter ist alles vertreten – über die Boulevards jagt der Verkehr. Wir aber gehen in die Marijas iela, in die Marienstraße.

»Marienstraße,
Monopolstraße
der Juden und Dirnen – laß mich dich besingen
in Versen
ranken und schlanken
wie Giraffenhälsen. [. . .]«

dichtete Aleksandrs Čaks. Auf der Marijas berührten sich vor dem Krieg die Welten, grenzt die Moskauer Vorstadt an das Zentrum von Riga. Im Krieg nannte man sie Pleskauer Straße, in Sowjetlettland Suworowa uliza nach einem russischen General, der gegen Napoleon kämpfte. Seit kurzem darf die Straße vom Bahnhof her einige hundert Meter weit wieder ihren ursprünglichen Namen tragen. Jenseits der Avotu, der Blaumaņa iela hat das unabhängige Lettland sie nach dem Dichter Aleksandrs Čaks neu benannt, vielleicht weil der Sohn eines Herrenschneiders aus Riga, geboren 1901, gestorben 1950 ebenda, in Moskau politisch erzogen, sie in einem Gedicht besang.

»[. . .] Marienstraße
– ewige Händlerin –
Sonne oder Mond,
du verkaufst und kaufst
schier alles
angefangen vom Schrott
bis – zum menschlichen Abgott. [. . .]

[. . .] In deinem bebenden Körper
lebt die Gegenwart
wie eine schillernde Schlangenhaut –
[. . .]
Marienstraße!«

Einmal zog eine Frau ein Mädchen an der Hand die Marienstraße entlang, von Geschäft zu Geschäft. Aus Hagensberg, heute heißt der Stadtteil jenseits der Düna Āgenskalna, waren sie an jenem Morgen gekommen, weil das Kind einen Mantel brauchte. Kleidung, Konfektionswaren gab es bei Abramowitsch, Babin, Itzig Falkow, Friedmann, Grobin, Grünfeldt, Joseph Hirsch, Hirschhorn & Söhnen, Kalmanowitz, Fruma Kaplun, Katz, Rosensohn, Schomer, Schmuschkin, Trachtenberg in der Marienstraße; Putzwaren bei Friedmann, Dannenhirsch, Hirschberg, Hirschsohn, Isaksohn, Kamenetz, Liffschütz, Preß, Resinkowitz, Rochow, Schneer, Segal; Hüte, Filz-, Stroh-, Pelz-, Reisemützen bei Bloch, Fleischmann, Drismann, Futlik. Laden an Laden. Die Verkäufer hätten ihre Kundschaft bereits auf der Straße erwartet, erinnerte sich die achtundsiebzigjährige Karola Wach aus Hannover, als ich sie nach ihrer Kindheit in Riga befrage. Billiger sei es in der Marienstraße gewesen, das Angebot größer als anderswo. Darüber hätten die Deutschbalten in Riga naserümpfend nur hinter vorgehaltener Hand gesprochen und hätten dann doch dort eingekauft. Waren seien befühlt, geprüft, gemessen, geschätzt worden, Worte damals zwischen der Tante, dem Verkäufer hin und her geflogen über den Ladentisch, zuvorkommende, schmeichelhafte, unerbittliche, dann heftige, jammervolle Worte. Da habe sich das Kind zu fürchten begonnen, denn aus der deutschen Enklave kannte es solch Handelsgebaren nicht. – Wer es sich habe leisten können, sagt Paja Kagan, sei zu Feitelberg, Konfektions- & Lederwaren, am Brīvības-, Ecke Kalpaka-Boulevard einkaufen gegangen.

Paja Kagan wohnt zusammen mit ihrer Schwester Schulamit und deren Mann und Sohn an der Marijas iela, zweiter Hof, 5. Etage. Ein verwinkelter Flur führt in große, helle Räume. Im Wohnzimmer sitze ich mit Paja und Schulamit zusammen am Tisch. Um uns dunkle hohe Möbel aus den zwanziger Jahren. Durch einen Glücksumstand habe der Vater sie nach dem Krieg wiedergefunden. Paja holt ein Album, zeigt mir Familienphotos, ein Bild von ihrer Schwester Esther. Sie sei begabt gewesen, habe Pianistin werden wollen. Schulamit deutet auf das Klavier an der Wand. Esther habe sich im Juni/Juli 1941 mit Schulkindern in einem Sommerlager auf dem Land aufgehalten, sei für die Familie unerreichbar gewesen. Es habe geheißen, Esther sei mit den Kindern schon nach Rußland geflohen. Da sei die Familie ihr nachgeeilt. Von Riga zu Fuß bis nach Pskow, zweihundert Kilometer. Von Pskow auf offenen Eisenbahnwaggons, die Schienen geladen hatten, in den Ural. Einmal hätten sie einander unterwegs verloren, sich wiedergefunden, aber nicht die Schwester. Esther sei, habe man später erfahren, in Riga geblieben, ermordet worden.

Fünf, sechs Stockwerke hoch stehen die Häuser in der Čaksstraße, städtisch, majestätisch, modern, die schönsten von ihnen im Jugendstil – verwittert, verschlossen, ärmlich, mißachtet. Riga war in den zwanziger Jahren eine Vielvölkerstadt, in der von dreihundertfünfzigtausend Einwohnern gut die Hälfte Letten, dreizehn Prozent Deutsche, elf Prozent Juden, acht Prozent Russen waren. Jahrhundertelang, auch unter polnischer, schwedischer, russischer Herrschaft, bis zum Ersten Weltkrieg hatten die Deutschen den Ton angegeben in Wirtschaft und Gesellschaft, erst Ende des vergangenen Jahrhunderts zaristische Verwaltungsbeamte die Stadt zu reglementieren begonnen. 1919 begann die lettische Republik, Machtverhältnisse, Proportionen zu verändern, neue Maßstäbe zu setzen. Die Letten waren nun Staatsvolk, Deutsche, Juden und Russen Minderheiten mit Kulturautonomie. Schon in der Duma, dem russischen Parlament, hatten 1905–1917 jüdische Deputierte aus Lettland die Interessen ihrer Landsleute vertreten. Nun saßen sie auch im lettischen Parlament: der Jurist Professor Paul Minz (Riga) von der jüdischen nationaldemokratischen Partei, der Kaufmann und *chabadnik* Mordechai Dubin (Riga) für die orthodoxe *Agudat Israel*, Rabbi Mordechai Nurock (Jelgava) für die religiös zionistische *Misrachi*, der Jurist Professor Max Laserson (Jelgava) von der zionistisch-sozialistischen *Zeire Zion*, der Arzt Noah Meisel (Daugavpils) vom sozialdemokratischen *Bund*. 1922 waren sie sechs, 1926 noch fünf. So vielfältig wie die lettischen Juden waren ihre Parteien. Mitte der dreißiger Jahre, als nach dem *coup d'etat* der Bauernbündler Karlis Ulmanis Präsident wurde, das nationalsozialistische Deutschland bis ins Baltikum zu wirken begann, wendete sich das Blatt, wurde aus Lettland ein autoritär regierter nationalistischer Staat. Von den jüdischen Parteien akzeptierte Ulmanis nur noch die Orthodoxen, die in Lettland, was sonst nirgends üblich war, mit den Zionisten zusammenarbeiteten. Der Sozialist Max Laserson wurde verhaftet, in ein Gefangenenlager nach Liepāja gebracht. Als er wieder freikam, verließ er das Land. Mordechai Dubin, Paul Minz, Noah Meisel wurden 1941 von den Sowjets deportiert, sind in Sibirien umgekommen. Nur Mordechai Nurock sollte es später mit internationaler Hilfe gelingen, aus dem GULag freizukommen.

Von der Marijas gehe ich in die Merkeļa, komme an der Universität vorbei. Seit 1862 studierten Letten, Juden, Russen und Deutsche am Polytechnikum, das 1919 Universität wurde. Viele von ihnen begeisterten sich in den neunziger Jahren für die russische revolutionäre Bewegung. Übrigens hat auch Alfred Rosenberg aus Reval, der spätere »Reichsminister der besetzten Ostgebiete«, vor dem Ersten Weltkrieg hier studiert. Wie in Tartu begannen sich auch die lettisch-jüdischen Studenten nach deutschem Vorbild zu Korporationen zusammenzuschließen. Ganz in der Nähe des Polytechnikums befand sich der Zionistische Klub in der Merkelstraße. Seit den neunziger Jahren hatten jüdische Organisationen ihre Räume im Zentrum von Riga. Juden lebten über die ganze Stadt verteilt. So verbrachte der Historiker Simon Dubnow die letzten Jahre bis zu seinem gewaltsamen Tod 1941 in einer Villa in Kaiserwald. Die neunzigjährige Schwägerin des Kunstsammlers Julius Genss, Zerna Genss aus Elva bei Tartu, schreibt mir in einem Brief, sie habe in der Ķēniņu, der Königsstraße, gewohnt, nicht weit vom Opernhaus. Zu Hause sei deutsch gesprochen worden. Der Vater aber, aus Wilna gebürtig, habe im Kreise der Familie aus den Werken von Scholem Alejchem und aus Zeitungen in jiddischer Sprache vorgelesen. Sie habe auf dem russischen Realgymnasium Abitur gemacht, bei einem Privatlehrer Englischunterricht genommen, im Geschäft geholfen, im Jüdischen Bildungsverein Vorträge besucht, sei gern ins Theater, in Konzerte, ins Kino und zum Tanztee gegangen. In einem »unansehnlichen Holzhaus« in der Basnīzas iela, schreibt der Kunsthistoriker Herbert Dubins, habe die Rigaer Abteilung der Russischen (Sankt Petersburger) Gesellschaft zur Verbreitung der Aufklärung unter den Juden (1898–1941), kurz Jüdischer Bildungsverein genannt, ihren Hauptsitz gehabt, abgesehen vom Kulturprogramm noch eine Handwerker- und eine Landwirtschaftsschule unterhalten und den bekannten Arzt Isidor Brennsohn, Autor der drei bis heute einzigartigen baltischen Ärzte-Lexika, zu ihren Mitgliedern gezählt. Der Bildungsverein war es, der 1939 Julius Genss' Jüdische Graphiksammlung zeigte. 1924 habe sie, zweiundzwanzig Jahre alt, geheiratet, schreibt Zerna Genss, 1927 Riga verlassen. Ihre Eltern seien mit einer deutschbaltischen Familie bis zu deren »Umsiedlung« ins »Reich« gut befreundet gewesen, mit ihren lettischen Angestellten gut ausgekommen. 1941 habe man auch sie als »Kapitalisten« nach Sibirien deportiert.

Ich gehe in den Vērmanes Dārzs, in den Wöhrmannschen Park, hinein, kreuze die Tērbatas, die Dorpater Straße. Im Haus Nr. 13/15 leitete der Rechtsanwalt und Publizist Max Schatz-Anin Anfang der zwanziger Jahre die jüdische Volkshochschule im *Ar-*

beiterheim, dem Zentrum der linken Gewerkschafter an der Tērbatas, der Dorpater Straße. Der gebürtige Friedrichstädter hatte in Sankt Petersburg Jura studiert und war damals wegen seiner linkszionistischen Aktivitäten von der zaristischen Polizei des Landes verwiesen worden. Nach der Promotion in Bern 1910 war er nach Rußland zurückgekehrt; hatte 1917 die Vereinigte jüdische sozialistische Arbeiterpartei mitgegründet und 1919 in Riga, wo kommunistische Parteien verboten waren, die Jiddische Kultur-Liga. 1922 wurde das Zentrum der Linken in der Tērbatas polizeilich verboten, Max Schatz-Anin verhaftet. Im Gefängnis verlor er das Augenlicht. Als Helmut Eschwege 1934 auf seiner Flucht in Riga bei linken Genossen Hilfe suchte, schickte man ihn zu Max Schatz-Anin, den Ulmanis' Polizei wohl wegen seines Augenleidens unbehelligt gelassen hatte. Stalins Schergen sollten sich dem Altkommunisten gegenüber später weniger rücksichtsvoll verhalten. Während der Kampagne gegen die Ärzte und »Kosmopoliten« Anfang 1953 – der Rechtsanwalt war damals achtundsechzig und mittlerweile Universitätsprofessor – hielten sie ihn mehrere Monate im Gefängnis fest.

Ich überquere den Brīvības-Boulevard, gehe quer über die Esplanade in die Elisabethstraße. In welchem Stadtteil der Gelehrte Jeschajahu Leibowitz aus Jerusalem seine Kindheit verbrachte, weiß ich nicht. Er stammt – nach seinen eigenen Worten – aus einer »wohlhabenden bürgerlichen, zionistischen Familie«. ›Gespräche über Gott und die Welt‹ heißt das Buch, in dem der Siebenundachtzigjährige auch von seiner Kindheit in Riga zu Beginn dieses Jahrhunderts erzählt. Jeschajahu Leibowitz könnte in dieser Gegend zu Hause gewesen sein. Er habe mit seinem Vater meist hebräisch, mit der Mutter jiddisch oder deutsch gesprochen. Natürlich habe er, wie alle anderen, Scholem Alejchem gelesen, Bialik aber sei für ihn wahrhafte Literatur. Drei Zeitungen habe man in seiner Familie gehalten – *Ha-Zefira* aus Warschau, die jiddische *Heint* und die deutsch-liberale *Rigasche Rundschau*. Weder seine Schwester noch er seien in der Kindheit in die Schule gegangen. Sie hätten Privatlehrer gehabt. In die jüdische Lehre sei er von seinem Vater eingeführt worden. 1919, im russischen Bürgerkrieg, als Riga mal von den Weißen, mal von den Roten erobert wurde, sei er, sechzehn Jahre alt, wie hunderttausend andere Juden aus Litauen und Lettland, geflohen. Jeschajahu Leibowitz hat in Berlin Chemie und Medizin studiert, seit 1935 diese Fächer, dazu Psychologie und später Philosophie, an der Jerusalemer Universität gelehrt. Vor allem aber versteht er sich als Zionist und lebt streng nach den Religionsgesetzen. Unerschrocken kritisiert er die Staatspolitik seines Landes, mischt sich unermüdlich in öffentliche Diskussionen ein. Als man ihm 1993 den Israel-Preis, die höchste Auszeichnung der Nation, zusprach und sich daraufhin einige aus dem Lager des Likud und der Nationalreligiösen mokierten, verzichtete er auf den Preis.

Ich überquere die Krišjānis Valdemārs Richtung Albertstraße. Der Sohn des Stadtbaurats Michail Eisenstein Sergej Eisenstein (1898–1948) ist im Regierungsviertel an der Nikolaistraße aufgewachsen, heute heißt sie Krišjānis Valdemārs iela. Mehr als ein Drittel der Häuser im Zentrum von Riga seien im Jugendstil erbaut, sagt man. Wohnhäuser meist mit Geschäften im Erdgeschoß, auch Schulen, andere öffentliche Gebäude. Alksnis, Aschenkampff, Bielenstein, Bockslaff, Eisenstein, Laube, Malvess, Mandelstamm, Pēkšēns, Scheel, Schmaeling, Vanags – die Architekten tragen lettische, deutsche, jüdische Namen. Sehen Sie sich, lieber Leser, die Jugendstilfassaden der Albertstraße an! Michail Eisenstein hat sie gestaltet. Sphinxen, Medusen, schöne Jünglinge und Frauen, Drachen- und Löwenhäupter, florale Schlängeleien. »[. . .] the house, where we lived, [. . .] had two large sphinxes on either side of the front door [. . .]«, schreibt Sir Isaiah Berlin. Ein antikisierendes Bestiarium, eine ästhetisch überaus raffiniert dekorierte Straßenflucht ist die Albertstraße.

»In GOROD RIGA JA RODILSJA,
Erblickte ich das Licht der Welt,
I DOLGO TAM JA NACHODILSJA
Weil's mir USCHASNO da gefällt . . .«

(»In der Stadt Riga wurde ich geboren, erblickte ich das Licht der

Welt, und lange hielt ich mich dort auf, weil's mir da sehr gut gefällt . . .«), dichtete der russische Regisseur Sergej Eisenstein. In seiner Autobiographie ›Yo. Ich selbst‹ denkt er zurück an Majorenhof, an sein Gymnasiasten-Notizbuch mit der goldgeprägten Aufschrift *Kamerad*, an den deutschbaltischen »Jugendkalender«. Er habe sich tatsächlich ziemlich lange in Riga aufgehalten, aber nicht, weil es ihm dort besonders gefallen hätte, sondern weil sein »Papachen« dort Chefingenieur für Straßenbau des Livländischen Gouvernements gewesen sei und »eine breite Tätigkeit auf dem Gebiet der Architektur und des Bauwesens entfaltet«, wohl dreiundfünfzig Häuser in Riga gebaut habe. Sergej Eisenstein wurde es in den Jugendstilstraßenfluchten jedoch zu eng. Wie viele seiner Generation in Riga, Tartu, Tallinn, Wilna, Warschau, wie sein späterer Kameramann, der Lette Eduard Tissé, wie der in Riga aufgewachsene Schriftsteller der russischen Avantgarde Sergej Tretjakow, wie Asja Lācis, die Kommissarin Larissa Reissner, wie viele andere suchte er nach einer neuen Gesellschaft im Rußland der Revolution. Larissa Reissner, Sergej Tretjakow fanden den frühen Tod, Sergej Eisenstein, Asja Lācis eine andere Ästhetik.

Ich gehe die Elizabetes zurück in die Skolas, die Schulenstraße. In der Schulenstraße wird es ruhig, hier fahren weniger Autos als auf den Boulevards, hier stehen würdige, hohe Bürgerhäuser aus der Gründerzeit. Das prächtigste wurde nach einem Entwurf des Architekten Paul Mandelstamm gebaut und beherbergt seit einigen Jahren die Jüdische Gemeinde. Als das deutsche Schauspielhaus am Aspasia-Boulevard, das russische Stadttheater an der Nikolaistraße bereits verstaatlicht waren, wurde in diesem zentral gelegenen, pompösen Haus in der Schulenstraße (Nr. 6) das jüdische Theater eröffnet. Jakob Kahn und seine Freunde hätten hier, schreibt Percy Gurwitz, Ende der Dreißiger noch An-skis *Dibbuk* gesehen. Ich gehe am Gebäude des ehemaligen jüdischen Theaters, nun Jüdische Gemeinde, vorbei. In einem der Nachbarhäuser – Nr. 11 – soll das Klassische Gymnasium gewesen sein. Aber ob die Numerierung die alte ist, weiß ich nicht, und eine Schule finde ich nicht. Percy Gurwitz habe nach der Zehnten Deutschen Grundschule in der Schützenstraße zusammen mit Jakob Kahn, dem Helden seines Romans, das Klassische Gymnasium in der Schulenstraße besucht, sagen die Historiker Marģers Vestermanis und Peter Krupnikow, die beide wie Percy Gurwitz ihre Schullaufbahn an der Zehnten Deutschen Grundschule begannen. Professor Peter Krupnikow von der Rigaer Universität habe ich schon vor einigen Jahren an der Bremer Universität kennengelernt, als er im besten Baltendeutsch einen Vortrag über die Geschichte Lettlands hielt. Dabei ist er, wie ich dann von ihm erfuhr, in einer russischsprechenden Familie groß geworden. Einige Zeit später, auf der Durchreise in Hannover, besuchte er mich und erzählte von seiner Rigaer Kindheit. Er habe in den zwanziger, dreißiger Jahren ganz in der Nähe des Deutschen Gymnasiums in einem der Querhäuser an der Schulenstraße gewohnt, im gleichen Haus wie Mordechai Dubin von der *Agudat*, der in der Ulmanis-Zeit die lettische Judenheit vertrat. Jeden Tag seien viele Leute, Bittsteller meist, zu dem *schtadlan*, dem einflußreichen Beschützer, gekommen. Die Treppe hinauf hätten sie gestanden, gesessen, gewartet. Seine eigene Familie sei nicht religiös gewesen. Als Mordechai Dubin ihn zu Jāņi, dem lettischen Johannisfest, einmal mit einem grünen Birkenzweig auf dem Treppenabsatz getroffen habe, habe er verächtlich vor ihm ausgespuckt, ihn seitdem keines Blickes mehr gewürdigt. – Oft sei Peter Krupnikow Gast in ihrem Elternhaus gewesen, erzählt Paja Kagan, besonders an den Freitagabenden. Im Hause des »Streikers« Kagan habe er jüdische Kultur kennengelernt, begierig aufgenommen, was im Elternhaus bereits vergessen war, sagt der Historiker. In den Dreißigern sei er ein *komsomolez* im Untergrund, dann Offizier der lettischen Divison in der Roten Armee gewesen, nach dem Krieg Dolmetscher bei dem Rigaer Prozeß gegen den Höheren SS- und Polizeiführer Friedrich Jeckeln und andere. Obgleich er in der Grundschule Deutsch gelernt hatte und das Klassische Gymnasium ganz nah war, habe er das Lettische Gymnasium besucht, sagt Peter Krupnikow. Nach der Machtergreifung der Nationalsozialisten in Deutschland 1933 – er sei gerade dreizehn gewesen – habe die Zahl der jüdischen Schüler an deutschen Schulen stark abgenommen. Auch Percy Gurwitz habe damals das Klassische Gymnasium verlassen. Jakob Kahn aber sei geblieben.

Herr Krupnikow wohnt nicht mehr in der Skolas iela. Aber der Bekannte eines Bekannten soll hier leben, schon von Kindheit an. Ich gehe durch einen Hof, die Treppe im Hinterhaus hinauf. Boris Pernik und seine Frau Ruta empfangen mich freundlich, laden mich zum Abendbrot ein. Als ich ihn nach seiner Herkunft frage, erzählt Herr Pernik von seinen Vorfahren aus Kurland und aus Wolhynien. Schon die Großmutter mütterlicherseits habe in Dubno eine zaristische Schule besucht. Ein Urgroßvater väterlicherseits sei Rabbiner gewesen, der Sohn, sein Großvater, Händler für Schuhcreme und dergleichen, und dessen Sohn wiederum, sein Vater, habe in Toulouse studiert und später als Buchhalter in einer Rigaer Fabrik gearbeitet. Durch den Hinterhof, die Schulenstraße hinunter sei er, sechs Jahre alt, Ende der dreißiger Jahre ein Jahr lang zur jüdisch-hebräischen Vorschule gegangen. Zwei hebräische Worte *ima* »Mama« und *habaita* »Nach Hause« habe er von daher behalten. Acht sei er gewesen, als die ersten Bomben auf die Stadt niedergingen. In den Hinterhöfen an der Schulenstraße hätten die Obdachlosen zu lagern begonnen, Familien, deren Wohnungen und Häuser zerstört waren. Flüchtlinge aus Deutschland, aus Polen hätten sie vor den Nazis gewarnt, dennoch seien sie bis zuletzt geblieben. An die Flucht aus Riga, wenige Tage, bevor die Deutschen kamen, erinnere er sich genau. Die Großeltern hätten ihnen ihr Erspartes mitgegeben, seien selbst geblieben und ermordet worden. Zu Fuß sei die Familie von Riga bis an die estnisch-russische Grenze gelaufen, sie hätten den Vater verloren und wiedergefunden, seien mit der Eisenbahn weit nach Rußland hinein bis in den Bezirk von Kirow gebracht worden. – Von den litauischen Juden in Rußland während des Krieges habe er Jiddisch gelernt, sagt Boris Pernik: »Ge in der erd!« und »Solst wachsn wi a zibele mitn kop arunter mit di fis aroif«. Das Sowjetsystem habe ihm das Studium finanziert. Herr Pernik ist Elektroingenieur. Die jüdische Kultur von Riga, sagt er, liege in den Massengräbern von

Rumbula, dem Bickernschen Wald . . . Was ist schon noch in Erinnerung – ein paar Rezepte, einige Redewendungen, die Namen der Feiertage, vielleicht ein paar Bräuche.

Beinahe menschenleer ist die Aleksandrs Čaks – alias Suworow-, alias Marienstraße an diesem Sonntagabend. Vereinzelt stehen Leute vor den Hauseingängen, Abfalleimer in den Händen. Ein westliches, buntes Müllauto kommt um die Ecke gefahren. Eine Aufschrift weist es als Schweizer Fabrikat aus. Die Leute kippen ihre Abfälle hinein, verschwinden wieder in den Hauseingängen. Arvid wohnt in einem der hohen Jugendstilhäuser. Im Dunkel des Flurs schimmert die Treppe fahl. Je höher, desto heller wird es durch ein Oberlicht, desto deutlicher erkenne ich das breite, geschwungene Geländer, die herrschaftlichen Ausmaße, die einstige Eleganz. Ein alter Mann, den Blecheimer in der Hand, schlurft vor mir die Stufen hinauf. Im Halbdunkel entziffere ich Tür für Tür die Wohnungsnummern, finde die gesuchte im vierten Stock dort, wo der Alte eben verschwindet, klingele – drei Namen stehen unter dem Klingelknopf –, klingele Sturm. Der Alte öffnet. Nach Arvid frage ich. Der Mann scheint taub. Hilfesuchend sehe ich mich um. Schummrig ist's auch hier. Ein Telefon hängt an der Wand, eine funzlige Glühbirne von der hohen Flurdecke. Drei Türen zwischen brusthohen Stapeln von Altpapier, anderem Kram. Ich schreie dem Alten »Arvid« ins Ohr, halte ihm Adresse, Telefonnummer unter die Nase. Daß der hier wohl wohne, aber nicht zu Hause sei, antwortet endlich russisch der Alte. Wer da sei, höre ich aus einem der hinteren Zimmer eine Frauenstimme stöhnen. Mein Gastgeber Arvid scheint in einer *kommunalka*, einer sowjetischen Kommunalwohnung, zu Haus zu sein.

VON JĒKABPILS NACH AIZPUTE IN MEMORIAM ROSA HERZ

Ich komme von Jelgava, deutschbaltisch Mitau, bin durch die Tiefebene – fruchtbar soll sie sein, langweilig ist sie, trostlos, zersiedelt – über Land gefahren an verfallenden Häusern, verlassenen Höfen, an Kolchosenfuhrparks vorbei, in denen Landmaschinen rosten, wo neben leeren Stallungen auf den Feldern Müll herumliegt. Es geht schon gegen Abend. Ich bin auf dem Weg zu Rosa Herz. Noch ist ungewiß, wo ich diese Nacht unterkommen werde. Die Kleinstadt, in der Rosa Herz zu Hause war, soll in Kurland sein.

Drei Sterne zieren die lettische Flagge. Für Livland im Nordnordosten, Lettgallen im Südosten, Kurland mit Semgallen im Süd-Südwesten stehen sie, für die drei Provinzen Lettlands. Kurland, zwischen dem Düna-Strom, Litauen und dem *mare balticum* gelegen, hat guten Boden, herrliche Schlösser, viele Städtchen, zwei Hafenstädte mit Tradition – Liepāja und Ventspils, deutschbaltisch Libau und Windau. In der kurländischen Provinz ist der Anteil der Letten an der Bevölkerung höher als in Riga. Jelgava ist die Hauptstadt von Kurland. Als Jelgava noch Mitau hieß, war es Residenz der Herzöge von Kurland, dann Sitz des russischen Gouverneurs, der auch ein Deutschbalte sein konnte. 1920 wurde aus Mitau Jelgava, eine Kreisstadt der lettischen Republik. »Das reinste Mitau!« – Synonym für die Provinz. Jelgava liegt zweiundvierzig Kilometer südlich von Riga, da, wo auch acht Flüßchen zusammenströmen, der Lielupe zufließen, die in die Düna mündet. »Den Ort, an dem Fräulein Rosa Herz das Licht der Welt zuerst erblickt hatte, vermochte keiner anzugeben«, heißt es, das Kind fahrender Künstler sei vielleicht »während eines Zwischenaktes hinter einer alten Kulisse – was weiß ich!« geboren. »Glauben Sie, Madame Herz oder Monsieur Springinsfeld erinnerten sich schließlich selbst daran, wo die Geschichte mit dem Kinde passierte?« Ein wimmerndes »in Gazefetzen gewickeltes« Etwas aus dem »Dunkel« ist

Rosa für Herrn von Keyserling. Die Chaussee von Jelgava zieht sich wie ein welliges Band in großen Kurven, langen Bögen hügelauf, hügelab. Hinter dem Horizont liegt das Meer, davor die Hafenstadt Liepāja.

Nicht einmal zweihundert Kilometer sind es von Jelgava nach Liepāja am Meer. Lettland ist klein, Litauen nicht weit, die Landesgrenze verläuft etwa dreißig Kilometer südlich parallel zur Chaussee. ›Fräulein Rosa Herz‹, Eduard von Keyserlings erster Roman, ist in Wien, fern der baltischen Heimat entstanden. Kurz nachdem er 1887 erschienen war, kaufte ein Herr von Löwenstern die ganze Auflage, zog das Buch aus dem Verkehr. Ein Jahrhundert später, im Jahre 1986, erschien ›Fräulein Rosa Herz‹ noch einmal als Taschenbuch. Nur wenige kauften das Buch. Schade um Rosa Herz! Niemand versteht sie, auch ihr Autor nicht.

Vergangene Nacht habe ich lange nach einem Quartier gesucht. Kein »Krug« hat mich aufgenommen. »Am Herd briet die Krügerin Fleisch und Eier für die Gäste der deutschen Stube«, schreibt Elisabeth Josephi in ihrem Roman ›Ohne Land‹ aus dem Jahre 1942, der lettische Bauer und der »Handelsjude« aber hätten sich ihr eigenes Essen mitgebracht, nur Getränke im Krug gekauft. Ein Lette durfte, selbst wenn er mit einem Deutschen auf dem Feld, im Wald zusammen gearbeitet hatte, mit ihm die Bank in der Wirtsstube nicht teilen. Auch die Kleindeutschen hatten ihren Stolz, die Handwerker, Krugwirte, die vom Adel abhängig waren; mußten zeigen, daß sie zu den Herren im Lande gehörten.

In einem Krug schenkte die schwarze Lene Schnaps aus, im andern ein graubärtiger Jude. Finstere, niedrige, verqualmte, nach Fusel stinkende Stuben sind die Krüge in den ›Abendlichen Häusern‹, einem späteren Roman des Grafen Eduard von Keyserling aus dem Jahre 1913. Der Held im Buch, Baron Dietz von Egloff, ist meist des Nachts, nur wenn ihn der Teufel ritt, in den Krug gekommen. Mit seinem Grundherrenleben hatte der Krug ansonsten nicht viel gemein. Die Schankstube sei für die Fuhrleute, Kutscher, lettischen Bauern, »Handelsjuden« dagewesen. Neben der Schankstube habe es ein Herrschaftszimmer gegeben für die Barone, die russischen Offiziere. Als man zwischen Petersburg und Berlin noch mit der Postkutsche reiste über Warschau, Königsberg, Memel, Libau, Mitau, Riga und Reval, da waren die langgestreckten Häuser mit den dicken Strohdächern Anziehungspunkte, Zentren des Wirtschaftslebens im alten Kurland. Sie gehörten dem Adel oder der Krone, dem russischen Staat, wurden verpachtet, Äcker und Wiesen gehörten zum Krug, jeder Wirt mußte zugleich Landwirt und Handwerker sein. Neben den kleindeutschen Pächtern gab es seit langem auch jüdische Krugpächter in Kurland. Auf seiner Fahrt von Riga nach Mitau 1784 habe sich der »russische Molière«, Denis Fonwisin, Nachkomme einer russifizierten livländischen Adelsfamilie, in einem Krug nicht recht sattessen können, lese ich irgendwo, sei in einem andern von Grillenschwärmen geplagt worden. In Mitau sei er in Herzels Gasthaus abgestiegen, wo ein Dr. Marcus Hertz ihn visitiert habe. Der Sohn eines armen Berliner Thorascheibers und künftige Leiter des Berliner Jüdischen Krankenhauses Marcus Hertz hatte in Königsberg Medizin und zusammen mit seinem Freund David Friedländer bei Immanuel Kant auch Philosophie studiert und wie dieser in Mitau seine Karriere begonnen. Fonwisin war sterbenskrank, als er durch Kurland reiste. Da sein Doktor daheim wie ein Jude an ihm handle, hoffe er nun, der Jude werde ihn wie ein erfahrener Doktor behandeln, kalauerte Fonwisin. Am Brückenkrug, einer einsam jenseits des Flusses gelegenen, »ärmlichen, schmutzigen Kneipe«, wartete die siebzehnjährige Rosa Herz auf Ambrosius von Tellerat; statt seiner kam – Eduard von Keyserling verächtlich – »das Judenmädchen« Ida Wulf mit einem Brief.

Die Krüge in Kurland gibt es heute nur noch in der Literatur. Am Abend zuvor haben mich auf einem idyllisch gelegenen Einsiedlerbauernhof in der Nähe von Jelgava lärmende und grölende Leute in die Flucht geschlagen, daraufhin zog ich es vor, die Nacht im Zelt auf dem Autodach an einer staubigen Weggabelung auf freiem Feld zu verbringen. Ein Haus in der Nähe bot mir Schutz. Die Besitzer, ein wortkarges älteres Ehepaar, haben mich – es dunkelte schon – zum Glück nicht fortgeschickt, mir aus dem

Ziehbrunnen hinterm Haus Wasser gegeben. Laster mit Anhängern sind bis spät in die Nacht die geschotterten Wege entlanggerast, haben Kalkstaub aufgewirbelt, helle Wolken überm nächtlichen Feld sich auf Bäume, Gras, Haare, Haut gelegt, Hunde haben gebellt. Aus dem Dunkel ist ein Mann den Weg entlang, durch den Graben, über die Wiese auf das Auto zugewankt. Da ist die Frau aus dem Haus gekommen, hat ihn zu sich herübergezogen. Am nächsten Morgen sind meine Gastgeber freundlicher gewesen, haben erzählt, sie lebten erst seit einigen Monaten hier auf dem Land, im elterlichen Haus; der Staat habe es ihnen mitsamt Wiese, Garten, Ackerland zurückgegeben. Noch fahre sie täglich zur Arbeit nach Riga, hat die Frau gesagt, auch seien die alten Mieter noch im Haus, für sich hätten sie, mit der sechzehnjährigen Tochter zu dritt, nur ein Zimmer, aber Gemüsegarten und Roggenfeld seien schon bestellt; wenn der Sommer nur nicht so trocken wäre . . . Wie die Litauer, eher als die Esten, haben die Letten begonnen, den Boden neu zu verteilen, Besitz zurückzugeben. Seit dem Sommer 1992, heißt es, sei annähernd die Hälfte alle Betriebe – des Bodens, der Maschinen, des Viehbestands – in privater Hand. Ob die lettischen Bauern über die Selbstversorgung hinaus noch zu wirtschaften verstehen, ob ihr Startkapital reicht und die Güte des Bodens nach fast fünfzig Jahren intensiver industriemäßiger staatssozialistischer Ausbeutung, ist ungewiß.

In einer *kibitka* reisten die Kurländer zu Rosa Herz' Zeiten, in einem Bauernwagen mit Verdeck. Der Adel ließ sich in breiten Kaleschen fahren; im Sommer auf trockenen, im Frühling und Herbst auf matschigen, grundlosen Wegen. Im Winter glitten Pferdeschlitten über die Schneebahnen hin. Die Winter waren eisig, sind noch immer lang in Kurland. Ich folge der Chaussee, die keinen Sommerweg hat, auf der weder Kutschen noch Bauern auf Pferdewagen oder »Handelsjuden« mit ihren Karren unterwegs sind. »Ein kleines Pferd, ein niedriger Schlitten, auf dem verschneite Pakete lagen und eine verschneite Gestalt saß, mühten sich, durch den tiefen Schnee zur Seite auszubiegen.« Laibe aus Keyserlings ›Abendlichen Häusern‹ hatte sich im Wald verfahren, klagte nun: »[. . .] jetzt fahre ich mit der Deichsel in den Schabbes hinein [. . .]« Da erlaubte ihm Baron Egloff, den Sabbat auf seinem Hof zu empfangen, führte mit dem Juden Laibe am Abend sogar ein philosophisches Gespräch am Kamin über den Sabbat, die armselige Existenz des über Land fahrenden Juden, über die Demut, die Angst, bis es dem Herrn Baron langweilig wurde. »Mit eingezogenen Schultern steht Moischel vor dem Baron und läßt ein furchtbares Donnerwetter über sich ergehen. ›Daß du dein Ehrenwort, dein feierlich gegebenes Versprechen gebrochen hast, das ist der Höhepunkt und die größte Schweinerei!‹ Jetzt aber fährt Moischel empört hoch: ›Wie haißt, Herr Baron? Wie haißt Ehrenwort? Wie haißt versprechen? Wie haißt, daß ich hob bakumen zu kriegen zu brechen dem Gelibde? Bin ich a Ritter?‹« – »Nit ale baronen hobn gelebt in palazn. Baronen flegn sich amol walgern in mist. Schichurim [Trunkenbolde], jordim [Nichtsnutze]«, schreibt ein Herr Riwkin aus Jakobstadt 1945 in einem Aufsatz über die kurländischen *litwakes*. Er weiß, wovon er spricht. »Als Handelsjude« wird in der deutschbaltischen, der kleindeutschen wie der adligen Kurland-Literatur fast jeder Jude bezeichnet. Er hat gewöhnlich einen roten, grauen oder schwarzen Bart, trägt meist einen schmuddeligen Kaftan, reibt sich die Hände, redet demütig, manchmal weise, meist mauschelnd. – Müde von den Eindrücken des Tages suche ich nach einer Rast. Eine Frau am Straßenrand, die ich endlich nach einer Zufahrt zum nahe gelegenen See frage, versteht, scheint es, mein Russisch nicht, zuckt nur mürrisch die Achseln. Endlich nehme ich einen Seitenweg in den Wald, finde mich auf dem Parkplatz eines evangelischen Friedhofs wieder.

Kurland verdankt seinen Namen den Ureinwohnern der Ostseeküste von der Dünamündung bis zur Kurischen Nehrung, den Kuren, die sich einst der deutsche Schwertbrüderorden unterwarf. Als der baltische Ordensstaat 1561 zerbrach, der Ansturm der Russen, Polen und Schweden Liv- und Estland zersplitterte, behielt einzig Kurland Eigenstaatlichkeit, wurde Herzogtum, Polen lehnspflichtig; blieb Herzogtum Kurland mehr als zweihundert Jahre, durch die Nordischen Kriege hindurch und auch als Liv- und Estland schon Ostseeprovinzen des Russischen Reiches waren, bis zur dritten Polnischen Teilung im Jahre 1795. Herzog und deutschbaltischer Landadel teilten sich in Kurland die Macht. Der Herzog war ein Lehnsmann des polnischen Königs, der aufgeklärt absolutistisch regierte und mit den Herrscherhäusern Rußlands, Sachsens, Preußens, Frankreichs verkehrte. Der Landadel setzte die Tradition der Ordensvasallen fort, besaß auf seinen Gütern Patronatsrechte, Kolonialherrschaft. Diese Gewaltenteilung bedeutete Konkurrenz, stärkte das kurländische Bürgertum: große und kleine Kaufleute, Gewerbetreibende, sogenannte »Literaten«, Studierte aller Art, alteingesessene Deutschbalten, Deutsche, die auf dem alten Heerweg über die Kurische Nehrung von Preußen her eingewandert, und Juden, die aus deutschen Landen, vorwiegend aber aus dem nahe gelegenen Litauen und aus Weißrußland in das »Gottesländchen« der Deutschbalten gekommen waren. Seit die Grenzen zu Polen offenstanden, lebten Juden als Schutzjuden des Herzogs in Kurland. Auch die einheimischen Letten, die leibeigenen Bauern – die Mehrheit der Bevölkerung erhielt Aufstiegsmöglichkeiten, konnte Handwerker werden im Herzogtum. Ihnen allen gaben die Luxusbedürfnisse des herzoglichen Hofes zu tun, auch die des Adels, der nicht hintanstehen wollte. Die Verbindungen nach Königsberg, Warschau, Dresden, Berlin auf dem Landweg, übers Meer nach Kopenhagen, Stockholm, Hamburg, Lübeck, Amsterdam, Übersee ermöglichten Gedankenaustausch, erleichterten die Geschäfte. Der Fernhandel blühte. Unter Herzog Jakob besaß Kurland Mitte des 17. Jahrhunderts sogar zwei Kolonien – eine in Westafrika, eine in der Karibik. Der Herzog förderte die Industrie: Säge- und Pulvermühlen entstanden, Textilfabriken, Glashütten. Es gab sogar eine »Bürgerunion«, die auf dem Reichstag in Warschau die Interessen des dritten Standes vertrat. Im Roman war Rosas Großvater Handwerker, ein Schuhmacher im kurländischen Städtchen gewesen. Als Rosa das Licht der Welt erblickte, hatte der Herzog lange abgedankt, war, wovon man im Roman allerdings kaum etwas erfährt, der Zar in Sankt

Petersburg Herrscher über Kurland und hatte mittlerweile von seiner Macht auch Gebrauch gemacht. Russisch war die Städteordnung, die Amts- und Unterrichtssprache geworden, russisch waren der Wachtmeister, der Bahnhofsvorsteher, andere Beamte. Im Roman-Städtchen, das ganz brav biedermeier-deutsch anmutet, hatte der Magistrat, hatten der Kolonialwarenhändler Lanin, der Apotheker Klappekahl das Sagen. Ich fahre weiter. Auf der Höhe von Skrunda verlasse ich die Chaussee, möchte das Städtchen Aizpute, deutschbaltisch Hasenpoth, heute noch erreichen. Ein hannöverscher Buchhändler, der aus Hasenpoth stammt, hat es mir ans Herz gelegt. Bis Aizpute/Hasenpoth sind es noch fünfundzwanzig Kilometer.

Kurland war ein Vielvölkerland, zur Zeit des Herzogtums wie unter russischer Herrschaft, in dem – Herzog hin, Zar her, Riga vergleichbar – die Deutschbalten die Herren, die Letten die Knechte waren und zwischen beiden Russen, Juden, Polen, Schweden lebten – eine Tradition, die nach der Enteignung des deutschbaltischen Grundbesitzes fortwirkte in die erste lettische Republik. Aus der Straße wird ein heller Schotterweg. Solche Landstraßen, anders als die Asphaltbahnen unverbrüchlich Teil der Landschaft, kenne ich schon. Ich fahre höchstens vierzig Kilometer in der Stunde. Felder, Wiesen säumen meinen Weg, Buschwerk, dann und wann ein Wäldchen, keine hohen, dunklen livländischen Wälder. Die Zeit scheint sich in Lettland langsamer fortzubewegen.

Endlich sind die Letten, die ihrerseits Kuren und Liven verdrängten, wieder Herren im eigenen Land. Im August 1991 haben sie ihre Unabhängigkeit wiedererlangt. Mühselig klauben sie seitdem die Bestandteile ihrer eigenen Kultur aus dem Scherbenhaufen der deutschen, der russischen, der sowjetischen Kolonialherrschaft: Volks-, Sprachkultur, zuerst von deutschbaltischen Pastoren gesammelt; Geschichte des bäuerlichen Widerstands, der nationalen Sammlung; Wirtschafts-, Gesellschaftsstruktur erworben im deutsch-lettisch-russisch-jüdischen Vielvölkerstaat der Zwischenkriegszeit. Durch Kazdanga komme ich, denke zuerst, es sei nur ein Dorf, an der Kreuzung zweier Feldwege gelegen, sehe dann einen Park, ein Schloß, würdige die alte Pracht dort aus Angst, zu spät am Abend in Aizpute anzukommen, nur eines flüchtigen Blicks. Von einem malerischen Park umgeben, steht ein monumentaler klassizistischer Bau, brüstet sich wie in alten Zeiten streng, stolz mit einem von sechs ionischen Säulen getragenen Portikus – der ehemalige Palast der Barone von Manteuffel in Katzdangen. In den Revolutionswirren von 1905 brannte das Schloß. Statt der rebellischen Letten wolhyniendeutsche Bauern für sich arbeiten zu lassen – nach der Parole »Kurland in deutsche Hand!« –, war keine gute Idee des Barons. Die erste lettische Republik wußte deutsche Baukunst und Agrikultur zu schätzen, ließ in dem wiederaufgebauten Anwesen eine Landwirtschaftsschule einrichten.

Das Schloß derer von Manteuffel in Kazdanga wurde im Jahre 1800 von dem Architekten Berlitz erbaut, dem Privatarchitekten der Herzogin Dorothea von Kurland. Die Landadelstochter Dorothea, geborene von Medem, verheiratet mit Peter Biron, dem letzten Herzog von Kurland, war eine große Gönnerin, förderte, wo es ging, Aufklärung, Kultur, Bildung; holte Gelehrte und Künstler nach Kurland, pflegte Umgang mit Immanuel Kant in Königsberg, Friedrich dem Großen in Potsdam, Moses Mendelssohn in Berlin, verkehrte, angeregt durch Henriette und Marcus Hertz, zusammen mit ihrer Schwester, der Schriftstellerin Elisa von der Recke, in den jüdischen Salons der preußischen Hauptstadt. Als ihr Herzogtum nach den Polnischen Teilungen 1795 an Rußland fiel, nahm Dorothea Wohnsitz in Berlin, eröffnete daselbst einen Salon. Die schönsten, prachtvollsten Schlösser aber hat der Schwiegervater Dorotheas, Herzog Ernst Johann Biron, für sich im 18. Jahrhundert von Bartolomeo Francesco Rastrelli bauen lassen, dem italienischen Baumeister aus Sankt Petersburg, dem Erfinder des russischen Rokoko und Hofarchitekten der Zaren. Kurland unterhielt beste Beziehungen nach Sankt Petersburg, solange der Herzog Ernst Johann Biron – der deutschbaltische Adel nannte ihn verächtlich einen Emporkömmling – ein Günstling der Zarin Anna Iwanowna war. Ernst Johann Biron, heißt es bei Ruben Wunderbar in seiner ›Geschichte der Juden in den Provinzen Liv- und Kurland‹, »suchte seine Reichtümer möglichst zu vermehren, und bediente sich zu diesem Zwecke unter Anderem auch eines gewissen Hofjuden, Namens Lipman (Levi), dem er einen beträchtlichen Theil der Verwaltung seiner Finanzen übertrug, und dessen Rath er sich öfters, vorzüglich in Geldangelegenheiten, erholte. Ja, derselbe ging so weit, diesem Juden verschiedene Handelsmonopole ausschließlich zu ertheilen, von welchen er den Nutzen mit diesem theilte. Natürlich veranlaßte dieser Umstand, daß die Stände in der Folge der gesammten Judenschaft abgeneigt wurden.« Die Vertreibung der Juden sei daraufhin beschlossen, jedoch nicht durchgesetzt worden. Biron hatte den gebürtigen Kurländer Lipman durch Anna Iwanowna kennengelernt. Am Zarenhof war Levi Lipman »Ober-Hof-Kommissar« und »Kammeragent«, soll dort außer Geldtransaktionen und Juwelenkäufen auch den Weinhandel organisiert haben. Wahrscheinlich half Levi Lipman dem Herzog von Kurland, die Schloßprojekte zu finanzieren.

Auf einer Insel der Lielupe und ihrer Nebenarme, dort, wo vorher die Ordensburg stand, erhebt sich in Jelgava/Mitau eine barocke Hofburg. Rotweiß der Putz, bunt wie ein Osterei, thront die Residenz der Birons in den Aa-Wiesen. Aus dem revolutionären Frankreich soll der Bruder Ludwigs XVI. in den stillen Winkel des baltischen »Gottesländchen« geflohen sein, Aufnahme in der Mitauer Residenz gefunden haben. Das Schloß dient Lettland heute als Landwirtschaftsakademie. Gähnend leer ist es gewesen, als ich vom Innenhof her über die Auffahrt in die Eingangshalle eingetreten bin. Kaum Autos, wenige Menschen habe ich an jenem Morgen in Jelgava gesehen, nur die klassizistische Villa Medem, die Annenkirche und die Petrinische Akademie unversehrt gefunden, die, von Peter Biron 1775 gegründet, Gymnasium war und nun Museum ist. Die Stadt, auch der jüdische Friedhof, wurden im Krieg stark zerstört. Der Friedhof und die Beerdigungsbruderschaft gaben erste Zeugnisse für jüdisches Leben im Herzogtum Kurland. Einförmige Straßenzüge habe ich gesehen, Häuser im bekannten sozialistischen Plattenbaustil. Margers Vestermanis aus Riga erzählt, die Jüdische Gemeinde versuche, den Friedhof in Jelgava freizulegen.

Rundāle/Ruhental, das herzogliche Sommerschloß bei Bauska, fünfzig Kilometer südlich von Jelgava/Mitau, zur gleichen Zeit, vom gleichen Architekten erbaut, wirkt, von Tor zu Tor noch prächtiger, aber heller, leichter, verspielter. Rundāle ist nun Museum, Stolz Lettlands. Touristen kommen und gehen. Auf Filzpantoffeln bin ich übers Parkett in den Goldenen, in den Weißen Saal geglitten, habe himmlische Deckenmalerei, üppige, kunstvoll geformte, gefärbte Stuckreliefs, allegorische Szenen, Figuren als Augenweide genommen, mich gewundert, wie solche Pracht ins ländliche Lettland kam.

Gemächlich kutschiere ich durch die Sommerlandschaft, Aizpute zu. Nach dem frühen Tod der Mutter sei Rosas Vater zu seiner Schwester ins heimatliche Städtchen gezogen, das Kind im Haus der Tante, einer alten Jungfer, aufgewachsen, erzählt Eduard von Keyserling, und habe die Schanksche Töchterschule besucht. Rosa sei betörend hübsch, selbstsicher, abenteuerlustig gewesen und frei und sorglos in ihren Bewegungen. »Die blonden Haare flatterten unter dem verbogenen Hute hervor; sie waren zu leicht, um lange Ordnung halten zu können. Unter der geraden, runden Nase stand ein sehr beweglicher Mund mit ein wenig breiten, sinnlichen Lippen; die Mundwinkel jedoch waren ganz spitz und hinaufgebogen, was dem Gesichte etwas Kluges und Nachdenkliches verlieh. Die Augen aber waren es, die diesem Mädchen jene frische Klarheit gaben, die den Gesamteindruck ihrer Persönlichkeit bildete; runde, hellblaue Augen unter rötlichen Augenbrauen; ein Blau, das für Licht und Freude so empfänglich und eines intensiven, fast scharfen Glanzes fähig ist.« Zwischen Schulgasse, Stadtgarten, Kirchstraße, Markt und Flußufer spielte im Roman Rosas Leben. Unter den Blicken der Verehrer mit den lächerlichen Namen Herweg von Kollhardt, Lurch, Ambrosius von Tellerat wuchsen ihren Mädchenträumen Flügel, wehten sie empor wie eine Flaumfeder im leichten Sommerwind, setzten sie sanft nieder, um sie erneut aufzuwirbeln. Gern wäre Rosa über die Grenzen der Kleinstadt hinweg ins Freie geflogen!

Die Luft schwirrt über dem Weg, als stehe die Zeit still, als sei ich allein auf der Welt, als wüßte ich nicht, daß Autos knapp waren in der Staatswirtschaft, Benzin teuer geworden ist in Lettland. Wiesen wechseln mit Feldern, vor mir schlängelt sich der weiße Sommerweg über die Hügel, unmerklich beginnt das Städtchen Aizpute.

Es geht gegen sechs Uhr abends. Niedrig stehen die Holzhäuser. Menschenleer sind die Straßen. Vor einem Haus mit einem klassizistischen Giebel, dort, wo die Häuser besonders dicht stehen, sich die Straße zu einem Platz öffnet, halte ich, schaue mich um, suche nach einem Telefon, denn ich habe, um nach einem Quartier zu fragen, zwei Telefonnummern mitgebracht. Doch wie vielerorts in den baltischen Ländern funktioniert der öffentliche Fernsprecher nicht. Bleibt nur, jemanden auf der Straße nach der Adresse des Herrn B., seines Schwagers F. zu fragen. Weit und breit aber ist auf dem Platz, die Straße hinauf und hinunter niemand zu sehen. Da geht ein junger Mann den Bürgersteig entlang, wankt, stolpert, schlägt der Länge nach hin wie ein schwerer Sack, aufs Gesicht, liegt da, rührt sich nicht. Zwei Männer treten aus dem Schnapsladen gegenüber, fassen ihm unter die Arme, versuchen ihn auf die Füße zu stellen, schleifen ihn fort. Die Häuser sind niedrig, viele aus Holz, eins ans andere gebaut. Dicht aneinandergeschmiegt stehen sie. Wo das eine anfängt, das andere aufhört, ist oft nur an den Türen zu erkennen. Zu jeder Tür gehören rechts und links niedrige Fenster. Die Türen sind verriegelt, in vielen Häusern die Fensterläden fest verschlossen. Staubig sind die Fassaden. Morsch, verwittert scheint ihr Holz, ist lange nicht gestrichen worden. So gesellig, geschwätzig sehen die alten, krummen Häuser aus und sind doch wie ausgestorben.

Ratlos stehe ich auf der Hauptstraße von Aizpute/Hasenpoth. Endlich nähert sich eine Frau auf dem Bürgersteig. Ich zeige ihr die Adressen. Zum Glück begreift sie schnell, sind die Gesuchten in Aizpute stadtbekannt. Die Frau beschreibt mir den Weg zum Haus des Herrn B. Der prominente Herr aber mag in Riga oder sonstwo auf Reisen sein. Ich fahre der Wegbeschreibung nach durchs Städtchen, wieder vorbei an niedrigen, verwitterten Holzhäusern, zwischen denen zum Ortsrand hin da und dort Betonwohnblocks stehen. Holprige Sandwege führen mich in eine Einfamilienhaussiedlung. Ich finde das Haus, einen Neubau aus rotem Backstein, von einem Garten, einer Wiese, Obstbäumen umgeben; ebenso gut könnte es an einem niedersächsischen Dorfrand stehen. Ein Mann tritt heraus, reicht mir die Hand. Wer ich bin, woher ich komme, was ich will – all das hört Herr B. sich, als seien wir alte Bekannte, gelassen und freundlich an, bittet mich einzutreten. Das Haus habe er mit eigenen Händen gebaut. Nun sei es fast fertig, habe sogar schon einen Wasseranschluß. Ein Schwein steht im Stall. Tomaten reifen im sonnigen Wintergarten. Ohne Frage sei ich sein Gast, nicht hier, sondern in der alten Wohnung. Dort warte seine Frau. Der zwölfjährige Sohn sei verreist, verbringe einen Teil der Sommerferien in der Schweiz. Deutschbalten seien dabei, alte Verbindungen wieder zu beleben, neue zu knüpfen. Reisen, Hilfsaktionen, eine Patenschaft zwischen Aizpute und Schwerzenbach in der Schweiz gehörten zu diesem Programm.

Ebenso freundlich empfängt mich Frau Rebecca, brüht gleich Kaffee auf, stellt *bliny* mit selbstgemachter Waldhimbeerkonfitüre auf den Tisch. Valdis B. erzählt, er sei Ingenieur von Beruf, lange in einer Firma, die Türschlösser herstellte, in Aizpute tätig gewesen und 1990 bis 1993 Abgeordneter im lettischen Parlament, parteiunabhängig, von den Einwohnern dieses Kreises gewählt, dem auch einige tausend Soldaten der Sowjetarmee angehörten, und nun – arbeitslos. Anderthalbtausend Einwohner seien in der ortsansässigen Industrie tätig gewesen – in der Metallfabrik, im Straßenbau, in der Milchverarbeitung –, und noch einmal so viele hätten für den Konsum- und Dienstleistungsbereich gesorgt. Die Umstellung auf die freie Marktwirtschaft falle schwer. Die Preise seien enorm gestiegen; für Brot um das Vierzig-, für Benzin um das Achtzigfache, Löhne und Gehälter dagegen nur zehnfach angehoben worden. Aizpute, erzählt er, sei ein Industriestädtchen, kein Bezirkszentrum, kein Verkehrsknotenpunkt, zähle etwa sechstausend Einwohner, fünfundneunzig Prozent von ihnen seien Letten – ungewöhnlich für Lettland mit seinem hohen »russischen« Bevölkerungsanteil. Kein

Jude lebe heute mehr in Aizpute, sagt Herr B. Vor dem Krieg seien es etwa fünfhundert gewesen, sechzehn Prozent der Einwohnerschaft. Herr B. stammt aus Dundaga/Dondangen, war während des Krieges mit seiner Mutter, den Großeltern, weil die »Großbauern« waren, nach Sibirien deportiert, ist erst Ende der fünfziger Jahre nach Lettland zurückgekehrt.

Sie sei vor dem Krieg in Aizpute aufgewachsen, habe mit jüdischen Kindern gespielt; ihre Mutter sei Arbeiterin gewesen, erzählt in ihrer guten Stube bei einer Tasse Tee die Lehrerin Mirdza Birzniece, ihr Interesse gelte der Geschichte des Ortes. Von Rosa Herz weiß die Lehrerin nichts, aber sie macht mich mit Ulrich Freiherr von Schlippenbachs ›Malerischen Wanderungen durch Kurland‹ aus dem Jahre 1809 bekannt. In dem irdischen Himmel, den Kurland seinen Bewohnern gewähre, heißt es da, verdiene Hasenpoth gewiß Abrahams Schoß genannt zu werden; denn wahrscheinlich gebe es dort der Nachkömmlinge des israelitischen Stammvaters nicht mehr als hier. Ja es sei ein gesetzlicher Grund vorhanden, Hasenpoth als das Paradies der Hebräer in Kurland anzusehen, denn mittels früher als Gesetz geltenden Landtagsbeschlusses seien alle im Piltenschen Kreise wohnenden Hebräer verpflichtet gewesen, ihre *Paradiesäpfel*, »eine Art Citronen, die sie unter diesem Namen bey ihren Religionsgebräuchen, bey gewissen Festen nöthig haben«, *nur* aus Hasenpoth zu nehmen.

Mirdza Birzniece führt mich durch die Kalvenes, die alte Bojensche Straße entlang. Die Schächter hätten in den Holzhäusern hier ihre Geschäfte gehabt – Joffe, Abramowitsch, Goldinger . . ., erinnert sich die Lehrerin, die meisten der niedrigen Häuser in der Straße seien von Juden bewohnt gewesen. Im Ersten Weltkrieg wurden die Juden von Hasenpoth nicht nach Rußland verschleppt. Vielleicht behielten die Häuser ihre Besitzer, waren die Läden weiterhin in Betrieb bis zum nächsten Krieg.

Jakob Roloff aus Haifa, dessen Mutter Hanna ein Haus in der Mitauschen Straße gehörte, meldet nun Besitzansprüche an. Jakob Roloff, geboren 1912, schreibt mir in einem Brief, er habe seine Kindheit und Jugend in Aizpute verbracht, den Kindergarten und acht Jahre die deutschsprachige jüdische Volksschule besucht, dann bis 1929 die *Vidusskola*, das lettische Gymnasium des Kreises in Aizpute, danach die Handelsschule in Liepāja, wo er schließlich Arbeit in der Tabakbranche gefunden habe. Wir gehen an den Holzfassaden, den Backsteinmauern der niedrigen Häuser entlang. Es gibt hier keine Geschäfte mehr . . . Auf dem Winkel der Kalvenes und der Jelgavas iela, der alten Mitauer Straße, steht ein wunderlich verbautes, krummes spitzgiebeliges Holzhaus. Eine steile Stiege hinauf habe zur Wohnung des alten Doktor Davidsohn geführt, der ihr Hausarzt gewesen sei, höre ich den hannöverschen Buchhändler sagen, mit dem ich mich oft über Hasenpoth unterhielt in seinem kleinen, lettländisch anmutenden Holzhaus im Wald bei Hannover. In der Jelgavas fängt die dunkelverwitterte Holzfassade eines stattlichen, zweistöckigen Doppelhauses (Nr. 4) meinen Blick mit ihren Erkern, den spitzen Giebeln, der Vielzahl von Fenstern. Auch dort hätten jüdische Familien gewohnt, erinnert sich Mirdza Birzniece. Wo die Kalvenes auf die Jelgavas stößt, beginnt die Atmodas, die ehemalige Große Straße. Die Kramhandlung Dannemann, die Kolonialwarenläden Beitler und Behrend, Herzenbergs Herberge – *Einfahrt* nannte man diese in Kurland – mit einem Lebensmittelgeschäft zur Straße hin und einem im Hinterhaus, machten rechts und links den Anfang der Großen Straße. Die Beitlers seien nach Rußland geflohen, nach dem Krieg zurückgekehrt. Ihr Haus stehe nicht mehr. Rosa Beitler habe mit ihr zusammen an der Schule gearbeitet, erzählt die Lehrerin, bis sie Anfang der siebziger Jahre nach Israel fortgegangen sei.

An der Atmodas befand sich der Adelsklub, die Herren von Manteuffel, von Bursy, von Haller, von Schröders trafen sich dort. Nebenan Lichtensteins Apotheke, dann die Stadtschule. Das Klubhaus ist fort, die Apotheke ist, wo sie war, das Gebäude der ehemaligen Schule wird gerade renoviert. Gegenüber der Lichtensteinschen Apotheke bei der Zahnärztin Rosa Levin sei er als Kind in Behandlung gewesen, erinnert sich der Buchhändler aus Hannover. Ich sehe mir das Haus mit dem klassizistischen Giebel ein paar Schritte die Straße hinauf noch einmal genauer an – das

Rathaus aus dem Jahre 1765. Es ist nur zwei Stockwerke hoch, sichtlich lädiert, wirkt aber doch herrschaftlich mit dem Eingangsportal, dem Balkon unter dem Giebel. Bis Juni 1934 hat Jakob Roloff in diesem Haus als Beamter in der Stadtverwaltung von Aizpute gearbeitet. Um seine Mutter zu unterstützen, die Witwe geworden war, habe er die Stelle an der Jüdischen Handwerkerschule in Riga aufgegeben, sei nach Aizpute zurückgekehrt. Nach Ulmanis' Putsch im Juni 1934 habe man ihn, einen sozialistischen Zionisten, zusammen mit der gesamten sozialdemokratischen Stadtverwaltung verhaftet und in das Gefangenenlager nach Liepāja gebracht, im November sei er freigekommen, im Januar 1935 nach Palästina ausgewandert. – Auf der Höhe des Rathauses weitet sich die Atmodas iela zu einem Platz. Hier sei, sagt Mirdza Birzniece, mit der ich durch die Straßen gehe, früher der Marktplatz gewesen. Schräg gegenüber vom Markt, im ehemaligen Hotel *Central*, habe Frau Glückmann ihr Konfektionsgeschäft gehabt, höre ich den Buchhändler sagen, das größte dieser Art in Hasenpoth, teuer sei es dort gewesen, aber die Auswahl groß; bei Frau Glückmann habe man nicht handeln können. Vor dem Ersten Weltkrieg hatten die Putzmacherin und der Manufakturwarenhändler Glückmann ihre Lädchen noch am Ortsrand, auf der Libauschen Straße. »Frau Marie Glikmann war die jüngste Schwester meines im Jahre 1928 verstorbenen Vaters; sie wurde zusammen mit 3 Söhnen, ihrem Mann und 2 Töchtern ermordet. Ich stelle regelrechte Ansprüche auf dieses Eigentum als alleiniger Erbe und einziger Verwandter der Familie«, schreibt Jakob Roloff.

Auch Lanins Kolonialladen in Keyserlings Roman-Städtchen befand sich an einem Marktplatz. Das sonnengebleichte Schild vor der Türe zeigte einen »entsetzlichen Neger, der einen weißen Zukkerhut in den Armen hielt«. Im Laden roch es nach Orangen, Fisch und Gewürzen. Zwischen die Fässer, die staubigen Kisten, die hohen, vollgekramten Regale zauberte Herr von Keyserling Rosas und Ambrosius' erstes Stelldichein, alle weiteren in die Bude des jüdischen Trödlers Wulf, Lanins Laden genau gegenüber. Mit ihren morschen Bretterwänden, ihrem Dach aus gesprungenen, ungeordnet übereinander geschobenen Dachpfannen sah sie wie eine alte Schaubude aus, die man abzureißen vergessen hatte. Im Roman geht der Apotheker über den Marktplatz, zieht seine goldene Taschenuhr, stehen die Herren vom Magistrat mit breitrandigen Strohhüten vorm Rathaus, disputieren, beugen sich Mägde aus den Fenstern, um Teppiche auszustäuben, auf den Treppen sitzen Frauen und stricken, die Gymnasiasten ziehen Arm in Arm die Gasse entlang, »das Judenmädchen« Ida Wulf springt in seinen schweren Holzschuhen umher, übt Steine werfen, tändelt mit ihrem Schusterjungen Peter herum . . . – Montag, Mittwoch und Freitag war Wochenmarkt in Aizpute vor dem Krieg – da seien die lettischen Bauern mit ihren Wagen gekommen, erzählt der Buchhändler, zum Jahrmarkt mit dem Pferdemarkt vorm Städtchen, im April, zu Johanni und im September, auch litauische Händler, Zigeuner. Manchem lahmen Gaul habe man Schnaps eingeflößt, um ihn lebhaft, ihm feurige Augen zu machen.

In Jēkabpils/Jakobstadt an der Düna bin ich eine ähnliche Hauptstraße entlang, über einen Platz, an ähnlichen kleinen Häusern mit Fenstern und Türen dicht zur Straße hin vorbeigegangen, die, vom letzten Krieg unversehrt, wohl einmal buntere, lebendigere Tage gesehen hatten. Brīvības iela/Freiheitsstraße heißt die Hauptstraße in Jēkabpils/Jakobstadt an der Grenze zu Lettgallen. Flüchtlinge aus Polen und Rußland, Altgläubige und Unierte, Lotsen und Schankwirte hatten sich einst um den herzoglichen Krug Holmhof herum angesiedelt, dort eine *slobode*, eine Freistadt gebildet. 1670 hatte Herzog Jakob ihr, angeblich weil er an dieser Stelle Jagdglück gehabt, einen Luchs erlegt hatte, das Magdeburger Stadtrecht verliehen, sie nach seinem eigenen Namen Jakobstadt benannt. In Jakobstadt mußten die Flößer Lotsen nehmen, Kaufleute ihre Waren von den Schiffen auf Wagen umladen, weil Stromschnellen und steinige Untiefen die Düna bis Friedrichstadt gefährlich machten. 1766 gewährte Peter Biron auch Deutschen dort Niederlassungsrecht. Juden begannen erst nach der Auflösung des Herzogtums in Jakobstadt zu siedeln. Von jeher war es eine Handels- und Vielvölkerstadt, die, als die Orjoler und die

Moskau-Windauer Eisenbahnlinien gebaut waren, schnell wuchs, in der – nach Auskunft des Kurländischen Adreßbuches – im Jahre 1897 von 5829 Einwohnern 1242 russisch, 231 polnisch, 1883 lettisch und 2397 (darunter 2068 Juden) deutsch sprachen. Die Juden hätten meist im *zenter* von Jakobstadt ihre Häuser, Werkstätten und Läden gehabt, erinnert sich Herr Riwkin aus Jakobstadt in seinem Aufsatz über die kurländischen *litwakes*: »Schnitkramer, ajsenwerkkramer, galanteriewarn, eine hibsche zol twue [Getreide]- und flachshendler« und die *beli-mlachut* [die Handwerker] – *schnejder, schuster, tschesler* [Stellmacher], *stoliares* [Tischler], *blecher, gleser, schmidn, sejger*-[Uhr-]*macher, goldschmidn*. Zu Riwkins Zeit, in den zwanziger, dreißiger Jahren, seien die Besitzer der Brauerei und der beiden Mühlen Deutsche gewesen und auch der Apotheker, die Töpfer und Maurer, der Drucker, Stellmacher, Sattler und der Drechsler. Der sei ein *rosche* [ein Böser], ein *hitlerist* gewesen, der Orgelbauer hingegen, auch ein Deutscher, *a diment* [ein Diamant], »a goi, mamesch [wirklich] a libhaber fun jidn«. Schlecht seien die *fardejtschte latischn* gewesen, noch ärger die *farrussischte latischn* – »mamesch farreter beteve [echte Verräter]«. Aber mit den Letten auf den Dörfern hätten die Juden gut gelebt.

Ich bin in Jēkabpils/Jakobstadt die Brīvības iela, die Freiheitsstraße, bis zur russischen Heiliggeistkathedrale an der Düna entlangspaziert. *Di waldhendler un gehilzhendler*, die oft wochenlang nach Riga und Tuckum unterwegs waren, hätten sich bei den *pliten* [Flößen] am Dünaufer aufgehalten. An der *stanzie*, dem Bahnhof, der zwei Werst hinter Kreuzburg lag, hätten jiddische *furmanes* auf Kundschaft gewartet. Es habe in Jakobstadt eine *jidische schweblfabriken* [eine Streichholzfabrik] gegeben, die *hoiptschpejser* der jüdischen Krämer und Makler aber seien die zwei Wochenmärkte gewesen. Das Bethaus der Altgläubigen, Kirche und Kloster der Russisch-Orthodoxen, die Kirche der Baptisten habe ich gefunden, aber keine Läden, Werkstätten, auch die Synagoge nicht. Ein Mann hat mich in eine der Querstraßen zwischen Vadona und Brīvības iela zum Vorplatz eines Lebensmittellädchens geführt, mir erzählt, die Synagoge habe bis 1941 da gestanden, und mich gefragt, ob ich ihm nicht helfen könne, in Deutschland eine Rente zu beantragen, er habe in der SS gedient. – In einem Geschäft werden Tonvasen, Holz- und Metallschmuck, Deckchen verkauft – lettisches Kunstgewerbe. In einem anderen ist eine *kafejniza*. Dort habe ich fette Cremetorte gegessen, süße rote Limonade dazu getrunken, durch das Fenster hinaus auf die Düna geschaut, keine Fähre gesehen, auch keine Dampfer, Lastkähne oder Flöße.

Dreihundert Jahre vor Jakobstadt, schon im Juli 1378 hat Hasenpoth, damals Hauptstadt des Piltener Landes, Rigisches Stadtrecht erhalten – einen Bürgermeister, einen Rat, Zünfte. Wir stehen auf dem Asphaltplatz, sehen uns um. Ein für das Städtchen ungewöhnlich ausladendes Bauwerk mit dicken Steinmauern, hohen Rundbogenfenstern steht in der zweiten Häuserreihe. Drei, vier der Holzhäuser hätten Platz darin. Dieses Gebäude beherberge heute das Kulturhaus, sagt die Lehrerin. Vor dem Krieg sei es die Synagoge von Aizpute gewesen. »Die Synagoge, in der ich mit meinem seligen Vater und meiner im Holocaust umgekommenen Mutter gebetet habe [. . .] Zu meiner Zeit residierte in Hasenpoth Rabbiner Schütz – ein sehr guter und sympathischer Mensch, der wahrscheinlich aus Litauen kam und Absolvent der berühmten Jeschiwa in Slobodka war. Er hatte eine Tochter, die er an Rabbiner Scherl vergab«, schreibt Jakob Roloff. Salomon Hirsch Scherl – Roloff nennt ihn einen »streng frommen Mann«, einen »Antizionisten« – war der letzte Rabbiner von Aizpute. Eine gewaltige Synagoge hatte das Städtchen an seinem Mittelpunkt, dem Markt- und Rathausplatz.

Wir gehen um die ehemalige Synagoge in Aizpute herum. Hinter ihr stehen hohe Bäume, fällt das Gelände steil ab. Von hier aus sieht das jüdische Versammlungshaus noch gewaltiger aus. Daß es ursprünglich aus zwei Gebäuden bestand, erkenne ich an Unregelmäßigkeiten der Fassade. Auf dem hohen Schornstein nistet ein Storch. Im Kellergewölbe, erinnert sich Mirdza Birzniece, habe in ihrer Kindheit ein armer alter Jude Unterschlupf gefunden, der *schammes* habe ihm zu essen und zu trinken gebracht. Das Gewölbe mit dem Alten darin sei ihr unheimlich gewesen.

Der Historiograph Ruben Wunderbar berichtet in seinem Buch über die Juden Liv- und Kurlands: Schon vor mehr als vierhundert Jahren, als Hasenpoth noch zum Bistum Pilten gehörte, hätten die Juden dort – der Bischof brauchte Geld – volles Bürgerrecht erhalten, was nicht einmal in Polen, allenfalls unter Vytautas im litauischen Fürstentum, üblich war. Schlippenbach hat in seinen ›Malerischen Wanderungen‹ also nicht übertrieben. Von allen Juden im Kreis sei das Schutzgeld an die Gemeinde von Hasenpoth abgeführt worden, schreibt Wunderbar. Deshalb also mußten die Juden den *etrog* für das Laubhüttenfest – Schlippenbach nennt ihn »Paradiesapfel« – in Hasenpoth kaufen. Seit 1751 habe dort der *kahal*, die jüdische Selbstverwaltung, getagt; auch später noch unter russischer Herrschaft, länger als in anderen Teilen des Reiches. 1751 hätten die Juden auch die Erlaubnis zum Bau der Synagoge erhalten, heißt es. Die Synagoge stammt also aus der gleichen Zeit wie das Rathaus. Seit 1763 habe es eine Beerdigungsbruderschaft gegeben. Um 1800 sollen 678, fünfunddreißig Jahre später mehr als doppelt so viele Juden in Hasenpoth gewohnt, das Leben im Städtchen geprägt haben. Es heißt, sie hätten ein Badehaus mit *mikwe* gebaut, eine Wohlfahrtsgesellschaft und einen Gesundheitsverein *Bikur Cholim* gegründet. Wenige Jahre später habe sich ihre Zahl jedoch um die Hälfte verringert, seien sechsundneunzig Familien dem Angebot der zaristischen Regierung gefolgt, als Siedler nach Cherson, Südrußland, auszuwandern. Seit 1783, heißt es, hätten die jüdischen Kaufleute von Hasenpoth Zutritt zur Gilde gehabt. Die ansässigen Hebräer seien durch den Textilhandel mit ihren polnischen Glaubensgenossen so wohlhabend geworden, schreibt Ulrich Freiherr von Schlippenbach, »daß selbst ihr militärischer Geist, der seit der Zerstörung Jerusalems in tiefem Schlummer lag, hier erwachen und sich im Jahr 1797 oder 1798 eine jüdische Garde zu Pferde, aus 20 Mann ohngefähr bestehend, bilden konnte. Ihre Kleidung bestand aus Stiefeln (Pantoffeln waren gegen das Kostüm), schwarzen weiten Pantalons und kurzen grünen Jacken;

Tallinn: Pühavaimu tänav (Heiliggeiststraße), rechts die Pühavaimu kirik (Heiliggeistkirche)

Tallinn: Kaufmannshäuser am Vana turg (Alter Markt)

Tallinner Bucht

Tallinn: Tor zum Juudi kalmistu (Jüdischer Friedhof), im Hintergrund die Friedhofssynagoge

Tartu: Raekoja plats (Rathausplatz) mit Blick auf das Rathaus

Tartu: Domruine

Tartu: Im »Gemüseviertel«, Tähtvere tänav, ehemals Techelfersche Straße

Riga: Synagoge in der Peitavas iela, der ehemaligen Peitaustraße

Riga: Moskauer Vorstadt, Mazā kalna iela, ehemals Kleine Bergstraße. Blick auf die russisch-orthodoxe Johanniskirche

Riga: Moskauer Vorstadt, Puškina iela (Puschkinstraße), rechts im Hintergrund die ehemalige jüdische Mädchenschule

Riga: Moskauer Vorstadt, Elijas iela (Eliasstraße)
mit Blick auf den ehemaligen Kulturpalast

Riga: Ehemalige Altnaie Schul, die erste Synagoge in Riga, in der Maskavas iela (Moskauer Straße)

Kurland: Hauptstraße in Jēkabpils (Jakobstadt)

Kurland: Jēkabpils (Jakobstadt), Blick auf die Düna. Hier lag früher der Hafen

Kurland: Jēkabpils (Jakobstadt), Altgläubigenbethaus

Kurland: Bausk, Schloß Rundale (Ruhental)

Kurland: Kuldiga (Goldingen), Kalna iela (Bergstraße)

Kurland: Aizpute (Hasenpoth), Hauptstraße

Memelland: Bitėnai (Bithenen), Bauernhof mit Lädchen, ehemals Kolonialwarenladen und Kneipe, in der Sowjetzeit Maschinenstation des Kolchos

Kaunas: Ruine der alten Synagoge in der Zamenhofo gatvė

Kaunas: Der alte jüdische Friedhof

Kaunas: Vilijampolė, Mahnmal zur Erinnerung an das Ghetto.
An dieser Stelle befand sich das Ghettotor

Kaunas: Wohnhäuser in Vilijampolė

Kaunas: Weg in Vilijampolė

Kaunas: Die Synagoge in der Ožeškienės gatvė

Vilnius: Blick vom Aušra-Tor in die Aušros Vartų gatvė

'ilnius: Žydų gatvė (Judenstraße)

Vilnius: Hofeingang in der Altstadt

Vilnius: Blick auf die ehemalige Ghetto-Bibliothek in der Žemaitijos gatvė

einzelne Glieder waren sogar mit einigen Waffenstücken versehen [. . .]« Ulrich Freiherr von Schlippenbach will in der Synagoge die »hohe Andacht«, mit der fast jeder Hebräer bete, ebenso wie die »weltlichen Gedanken der Weiber« auf der Galerie bemerkt haben, die aus ihren auf der Brust herabhängenden Goldmünzen und Korallen hervorgeschimmert hätten. Hasenpoth war in jenen Jahren das Zentrum des aufgeklärten Judentums in Kurland. »Im Jahre 1797 bekleidete zu Hasenpoth ein Jude namens Euchel das Amt eines Rathsherrn des dortigen Stadtgerichts und trug die gewöhnliche Amtsuniform«, schreibt Ruben Wunderbar. Nur wenige Jahre nach der Französischen Revolution gab es in diesem Provinznest des russischen Reiches einen Juden, der ein angesehenes Staatsamt bekleidete! Der Ratsherr und Rabbiner Euchel war auch nicht irgendwer, war der Bruder des hebräischen Schriftstellers und Verfechters der Mendelssohnschen Haskala Isaak Abraham Euchel (1756–1804), den Kant allerdings ohne Erfolg der Universität Königsberg als Dozent für Hebräisch vorgeschlagen hatte und der später in Berlin publizistisch wirken sollte. Jüdische Kaufleute mit Geschäftsbeziehungen zu den Ostseehafenstädten Libau und Windau lebten und arbeiteten im Städtchen. Hasenpoth machte der nahe gelegenen Hafenstadt Libau Konkurrenz. Jüdische Ärzte, Juristen, die in Königsberg, London, Berlin oder Würzburg studiert hatten, lebten damals in Hasenpoth.

1940/41, zur Zeit der sowjetischen Okkupation diente die Synagoge als Getreidespeicher, die deutschen Besatzer erklärten sie zur Sammelstelle für die Aizputer Juden. Nach dem Krieg wurde sie Theater und Kinosaal. So blieb wenigstens, weil sie nützlich war, die Galerie erhalten. Mirdza Birzniece führt mich auf einem steilen Pfad, den – wie die alten Aizputer immer noch sagen – *žīdu baznīcas kalns*, den Judenkirchhügel, hinunter. »Denkt und fühlt der polnische Jude nicht wie ein Mensch?« fragt Isaschar Falkensohn, der Arzt und Dichter aus Hasenpoth, 1772 im Vorwort seines Buches ›Gedichte von einem polnischen Juden‹. »Erregen nicht die Worte: polnischer Jude, in der Seele das Bild eines Mannes, schwartzvermummt, das Gesicht verwachsen, die Blicke finster und rauh die Stimme? wird die angewöhnte mißverstandene Frömmigkeit einiger zärtlicher Leserinnen das Bild nicht gräßlicher malen, als es meine armen Landsleute wirklich sind? und wird dieses lebhafte Bild meinen Liedern nicht nachteilig seyn? Wird nicht hie und da eine liebenswürdige Leserinn neugierig wissen wollen: in wie weit der Verfasser dieser deutschen Lieder, in Ansehung derselben, das Recht hat, sich nach seinem pohlnischen Vaterlande zu nennen, da er doch schon ziemlich deutsch gelernt? [. . .]« Aufgeklärt, deutsch-, Berlin-orientiert, bildungsbeflissen waren die Juden von Hasenpoth. Deutschfreundlich, eingebildet und dumm seien die kurländischen Juden gewesen, sagt der Historiker Peter Krupnikow. Ihre Vorfahren, einst Lieferanten des Adels, hätten sich in den vornehmlich deutschbevölkerten Städten »die Gesinnungsweise deutscher Pfahlbürger« zu eigen gemacht, schreibt Percy Gurwitz in ›Zähl nicht nur, was bitter war‹. An zerfledderte, unordentlich übereinandergestapelte Bücher im untersten Fach des Bücherregals seines Vaters erinnert sich Ossip Mandelstam: die Fünf Bücher Mose, eine Geschichte der Juden in der schwerfälligen und zaghaften Sprache eines russisch schreibenden Talmudisten, eine althebräische Kinderfibel, auf dem Brett darüber Schiller, Goethe, Körner und Shakespeare in deutscher Sprache. Sein Vater habe ihn in eine Welt versetzt, die keineswegs jüdisch gewesen sei – das reinste achtzehnte oder siebzehnte Jahrhundert irgendwo in einem aufgeklärten Ghetto, vielleicht in Hamburg. »Die religiösen Interessen waren völlig beiseite geräumt, die Philosophie der Aufklärung zu einem ausgeklügelten talmudistischen Pantheismus umgewandelt. Irgendwo in der Nachbarschaft züchtet Spinoza in Einmachgläsern seine Spinnen, und man ahnt bereits Rousseau und seinen natürlichen Menschen voraus. Alles ist aufs äußerste abstrakt, ausgeklügelt und schematisch«, schreibt Mandelstam in seinen autobiographischen Aufzeichnungen. *Di kurlender jidn*, erläutert Riwkin aus Jakobstadt, seien *etleche minim* [von verschiedener Art], gewesen, die echten Kurländer anders als die *litwakes*, die aus Weißrußland und aus dem Gouvernement Kaunas/Kowno einwanderten. *Di originele kurlender fun di schtet Tukum un Hasnputs* erkenne man an ihren »wejch flejschike neser, fun welche es hengen, dacht sich, arop finf pud wirde fun dejtschische ›schtat‹ – geschwolene mit gawh [Geifer] kegn di liwakes. ›Ongeblasene ajndikes [Truthähne]‹ – hobn di litwakes sej a zunomen gegebn. Dort in sejere Hasnputs hobn sej geredt dejtschmerisch, kalwarier dejtsch.« Die *litwakes* dagegen hätten auch, wenn sie zu Reichtum gekommen seien, nicht vergessen, daß sie vom Volk abstammten. »Afiln scharfe, geschlifene gemara-kep [Talmudgelehrte] – banemen sej sich wi proste chajweka'jem's [einfache Leute von der Straße]. Wenn di zwej minim hobn sich oisgemischt, is derfun aroisgekumen an adeliker demokratism. Molt aich demokratische jahudim, wos banemen sich aidel, ajngehaltn, frejntlech mitn oremn eulem [Publikum]!«

Am Fuße des bewaldeten Abhangs hat sich das Wasser der Tebra in einer Mulde gesammelt, sich zu einem grünschimmernden Teich gestaut. Die Brücke über den Fluß heißt immer noch *žīdu tilts*, Judenbrücke. Der verfallene Bau unter den Bäumen am Wasser soll das jüdische Badehaus gewesen sein. Die Gemeinde von Aizpute ist dabei, auf den Ruinen des jüdischen Badehauses ein kleines Hotel bauen zu lassen.

Wir gehen über die Brücke, sehen vom jenseitigen Ufer der Tebra auf dem Hang die Synagoge hinter den Bäumen in einer Höhe mit dem Turm der evangelischen Johanniskirche. Ein Bild »sprechender Toleranz«, meint Ulrich von Schlippenbach, ein jüdischer Bürger habe der Kirche testamentarisch einhundert Rubel für die Anschaffung der Turmuhr vermacht. Die von hohen alten Kastanien und Linden umgebene weiß-gelb verputzte Kirche auf der Hügelkuppe ist das prächtigste Anwesen von Aizpute/Hasenpoth. Ursprünglich stand an dieser Stelle eine Kurenburg, die der Deutsche Ritterorden zerstörte. Der Orden und der Bischof des nahe gelegenen Pilten teilten Hasenpoth daraufhin untereinander auf. Der Fluß bildete die Grenze: der Orden erhielt das linke Ufer, der Bischof das rechte und ließ sich dort Burg und Dom errichten. Damals hatte Hasenpoth einen Hafen und somit Zugang zum Meer. Der Handel blühte. Nach dem Zerfall des Ordensstaates und einigen fürstlichen Händeln wurde das Bistum aufgelöst, Anfang des 17. Jahrhunderts Kurland angeschlossen. Hasenpoth wurde Kirchspiel, auf den Ruinen des bischöflichen Doms die evangelisch-lutherische Johanniskirche errichtet. Katholiken, Baptisten, Adventisten, Pfingstler gebe es wie überall in Lettland auch in Aizpute, sagt Mirdza Birzniece, doch die evangelische Kirche dominiere. Sie sei nie geschlossen gewesen.

Vom Ufer der Tebra aus gesehen, ist Aizpute ein idyllisches Städtchen. Gärten ziehen sich die sanften Hänge hinauf wie zu des Oberhofgerichtsadvokaten Ernst Seraphims Zeiten, als die »behäbigen Bürger«, wie Seraphim in seinem Erinnerungsbuch schreibt, noch »ihr Stück Acker« vor der »behaglichen« Landstadt mit »so ausgesprochen deutschem Gepräge« besessen hätten und »auch der schlichteste Bürgersmann – in Tugend und Fehde ein getreues Abbild des Lebens im Mutterlande« gewesen sei. Die jüdischen Bürger Hasenpoths – ein Erbe der polnischen Zeit Kurlands – »eine nicht geringe Zahl, meist armer« Leute, »kleine Handwerker, Klempner, Glaser, Flickschneider oder übers Land wandernde Kaufleute, die ihre Ware schwer auf dem Rücken trugen«, findet Ernst Seraphim, vielleicht weil sein Buch 1935 erschien, nur einer kurzen Erwähnung wert. Die Juden hätten »einen unentbehrlichen Bestandteil des Haushaltes der Hasenpother« gebildet, seien, schreibt er ein wenig herablassend, »fleißige, immer zu Dienstleistungen bereite Leute [gewesen], die dem alteingesessenen deutschen Handwerk, das im Rathe der Stadt saß, keinen wirklichen Abbruch« getan hätten.

In Rosa Herz' Städtchen ist nur die Familie des Trödlers Wulf jüdisch, aber alles Übel geht von ihr aus: Beim Trödler trifft Rosa heimlich ihren Ambrosius, viele Male; Ida hat die beiden verkuppelt, ihre Mutter zugeschaut; der Vater Wulf das Liebespaar an den Onkel Lanin verraten. Ich spaziere den Messingberg hinauf, die Wege sind – im Rahmen eines städtischen Arbeitsbeschaffungsprogramms – von den Arbeitslosen aus Aizpute freigemäht; nur die Bänkchen und Lauben sind verrottet, zum Teil abgeräumt, die Teiche ausgetrocknet, überm Sumpf fliegen beinahe lautlos riesige

Stechmücken umher. Von der mächtigen Eiche auf der steilen Anhöhe hat man bei schönem Wetter eine herrliche Sicht weit in die Ebene hinunter. Oben im Wald, im Sängerstadion, ist des Nachts Disco mit Techno-Musik.

Am Markt steht ein für Hasenpother Verhältnisse geräumiges, unten aus Backsteinen, oben aus Holz gefügtes Haus mit drei Geschäften und vergitterten Schaufenstern. Was es dort zu kaufen gibt, ist nicht zu erkennen. Am Hinterhaus Verschlag an Verschlag wie Schwalbennester. Die Drogerie Sebba sei in diesem Haus gewesen, der Mützenmacher Pihl mit seiner Werkstatt, die Feldmanns hätten hier ihr Geschäft gehabt, sagt die Lehrerin, und oben im Haus Doktor Glückmann seine Praxis. Die ersten Radioapparate in Aizpute habe es bei Feldmanns gegeben, Fahrräder, Eisenwaren, Schuhe. Drei Feldmanns verzeichnet das Adreßbuch in der Großen Straße: Eine Lederwarenhandlung, eine Uhrmacherwerkstatt und eine Kolonialwarenhandlung. Dem Fabrikbesitzer Lindenberg gehörte das Haus Nr. 15. Seit eine Schmalspurbahn Verkehr, Handel und Gewerbe zwischen Libau und Hasenpoth belebte, gab es Industrie im Städtchen – eine Papier- und Kartonagenfabrik, eine Wollweberei, eine Färberei, eine Brauerei, Getreidehandel . . . Wo die 1924 gegründete Städtische Bildungsgesellschaft *Haskala* ihre Räume hatte, weiß ich nicht. Das Gefängnis steht, wie es war, in der Atmodas iela, aber der Handwerkerverein, das Mäßigkeitskuratorium, zu dem ein Teehaus gehörte, das Hotel *Kurland* des Herrn Schenck, dem auch die Brauerei und die Dampfwollkratzerei gehörte, sind fort. Es gibt auch keinen Friseur Elgut, keinen Mützenmacher Brandenburger, keinen Klempner und Maler Davidson mehr. In Rosensteins Buch- und Papierhandlung sind längst neue Inhaber eingezogen. Kein Bäcker Sussmanowitsch oder Kunstmann, kein Schuhmacher Gelbe oder Glaser, keine der vielen winzigen Eisen-, Drogerie-, Kolonialwaren-, Kram- und Manufakturwarenhandlungen gibt es mehr in der Hauptstraße von Aizpute. 1860, heißt es im ›Guide to Latvia‹, der 1993 in Riga erschienen ist, seien in Hasenpoth von fünfundachtzig Geschäften nur vier nicht in jüdischem Besitz gewesen. Juden und Deutschen gehörten die Häuser zumeist. Die Herkunft der Eigner war eine Statusfrage, ansonsten unerheblich, solange der Ariernachweis nicht nötig war. Dann aber, als im gesamten Baltikum die »Umsiedlung ins Reich« anstand, stellte Angst und Schrecken, vielleicht auch Karrierebewußtsein Leute wie die Seraphims aus Hasenpoth – wer trug schon solch einen biblischen Namen?! – unter Rechtfertigungszwang. Ob Rosa Herz auch Schwierigkeiten gehabt hätte – mit ihrem Namen? Ernst Seraphims Sohn Peter-Heinz, geboren in Riga 1902, 1936 Dozent in Königsberg, jedenfalls fiel nichts Besseres ein, als sich mit Hilfe der väterlichen Bibliothek ein Zeugnis der Unbescholtenheit auszustellen. ›Das Judentum im osteuropäischen Raum‹ (Essen 1938), ein Werk, das weder an wissenschaftlicher Gründlichkeit noch an Deutlichkeit, was die politische Tendenz betrifft, zu wünschen übrigläßt und das Stahlecker und anderen Einsatzgruppenleitern sicherlich ein »nützliches Handbuch« war. Wir gehen die Atmodas iela, die Hauptstraße, entlang – sie ist so kurz, das Städtchen so klein. Wie sind da all die Läden, Werkstätten, Herbergen, Hotels, Vereine bloß untergekommen, wo sind sie hin?

Ob sich die kurländischen mit den litauischen Juden in Hasenpoth/Aizpute so wie in Jakobstadt gemischt hatten, weiß ich nicht. Hier hatten die *litwaken* sicher nicht so viel Einfluß wie dort, wo in fast allen Synagogen nach dem chassidischen Sidur gebetet wurde, wo der Einfluß des *Bundes* und der linken zionistischen Gruppen stark war. In Aizpute, schreibt Jakob Roloff, habe es keinen *Bund* gegeben, wohl aber diverse zionistische Gruppen: *Haschomer Hazair, Josef Trumpeldor, Hasmonea*. Den kurländischen Einfluß auf die *litkwaken* habe man am deutlichsten in der häuslichen Lebensart gespürt, auch noch in der russischen Zeit. »Men hot schojn geschikt di kinder in di rusische gimnasies fun rige un mitawe, in riger politechnikum, in dorpeter universitet, in di hejmen is dejtsch noch al gewen der simn [die Krönung] fun bildung un hot gehert zum schejnen ›schtat‹ – mit ›zum widersen‹ un ›willkomen‹-oifschrift iber di tirn, wen die gnedige frau-muter flegt sich umkern fun kurort dubeln.« Sprüche wie diese hätten auch im Biedermeierstädtchen der Rosa Herz über den Haustüren geschrieben stehen können. Bei den echten Kurländern sei zu Hause ausschließlich deutsch gesprochen worden, schreibt Riwkin aus Jakobstadt in seinem Aufsatz über die kurländischen *litwaken*, auch wenn man jiddisch verstanden und gesprochen habe. »Dejtsch hot gegebn dem geselschaftlechen ton sej zum guten un sej zum schlechtn.« *Balebatische techter*, die Töchter aus gutem Hause, hätten auf der Bühne Jacques Halévys Oper ›Die Jüdin‹ und von Giacomo Meyerbeer ›Die Hugenotten‹ und ›Die Afrikanerin‹ gesehen. – »Di schlanke blonde dejtschische freilins hobn gedint di balebatische jidische techter far mustern, un asoi take hobn jidische techter sich gefilt un gefirt aidl un farchlumt [verträumt], ›baroneses‹, ›farkischefte [verwunschene] prinzesins‹. Un asoi hobn sej oisgesen in di oign fun farchlumte jidische bochurimlech [Jeschiwastudenten].« Ein *tropele baronske fantasie* sei ja nicht schlecht gewesen, mancher junge Mensch aber vom Deutschen ganz meschugge geworden. Hinter den Vorhängen, zwischen den Geranientöpfen sehe ich Rosa Herz oben am Fenster sitzen, traurig, krank vor Leid auf die Straße hinunter blicken.

Mein Gastgeber Herr B. macht mich mit Herrn Bloks bekannt. Herr Bloks stammt aus Aizpute, war früher einmal Bürgermeister und Direktor der Metallfabrik. Er fährt mich in seinem Auto die Kalwener Chaussee entlang, aus dem Städtchen hinaus, hält an. Durch hohes Gras stapfen wir über eine Weide, suchen an einem Graben entlang nach einem Übergang, kämpfen uns durchs Unterholz. Im Dickicht des Waldes kann Herr Bloks die Stelle kaum wiederfinden, an der, wie er sagt, am 27. Oktober 1941 dreihundertsechsundachtzig Juden aus Aizpute, meist Frauen und Kinder, getötet wurden. Bereits drei Monate zuvor, am 24. Juli, hätten deutsche Soldaten und lettische Selbstschutzleute in einer ersten »Aktion« neununddreißig Juden und zwei Lettinnen, angeblich »Kommunisten« und »Kapitalisten« aus Aizpute, im Wäldchen bei Paddern hinter dem alten christlichen Friedhof erschossen. Ende Oktober war der Bezirk »judenfrei«. Auf Lastwagen hätten Leute der Sicherheitspolizei, des Sicherheitsdienstes und lettische Hilfspolizisten die Menschen von der Synagoge, in die sie zuvor eingesperrt worden waren, in den Wald transportiert, den Arzt Dr. Čakarnis mitgeschleppt, damit er den Tod der Menschen feststelle. Eine Gruppe habe den Juden Wertgegenstände abgenommen, die zweite sie an den Rand der Gruben gestellt und erschossen. Drei Tage habe sich der lettische Arzt danach in Fieberalpträumen gewälzt.

Vor dem Krieg haben in Aizpute 534 jüdische Bürger gelebt. Nur dreiunddreißig von ihnen, fünf oder sechs Familien seien nach Rußland geflohen, einige vielleicht auch deportiert worden, meint der Historiker Maǵers Vestermanis. Noch vor dem Einmarsch der Wehrmacht Ende 1941 habe man »intern« begonnen, politisch miteinander abzurechnen. Einheimische Faschisten hätten Juden und Kommunisten gejagt. Siebzehn Juden seien von lettischen Mitbürgern, seinen Mitschülern, schreibt mir Israel Leschem aus Pardes-Chana/Israel in einem Brief, durch die Straßen geschleppt, geschlagen, gequält, ausgeplündert und ermordet worden, halbwüchsige jüdische Mädchen ins Gefängnis von Aizpute gesperrt und von betrunkenen Selbstschutzleuten in der Nacht aus den Zellen geholt und vergewaltigt worden, ehe man sie am nächsten Tag ermordete. Danach zwangen die Nazi die jüdischen Bürger von Aizpute, den gelben Stern zu tragen, in der Torfstecherei, in der Ziegelei zu arbeiten. Nur einer aus Aizpute habe den Holocaust überlebt, schreibt Maǵers Vestermanis – Jāzeps (Joseph, Jase genannt) Goldinger, ein Metzgergeselle, der 1941 bis 1945 bei Bauern im Stall hinter den Futterkrippen versteckt gewesen sei.

1952 sei er bei den Ausgrabungen im Wald von Aizpute dabeigewesen, berichtet Herr Bloks, von den etwa fünfhundert Ermordeten kenne er 342 mit Namen. Voldemar Bloks führt mich auf den christlichen Friedhof, zeigt mir das Massengrab, an dessen Rand eine kleine verwitterte Tafel. Asche knirscht unter den Füßen. Warum die Ermordeten hier und nicht auf dem jüdischen Friedhof liegen, verstehe ich nicht. Oben auf dem Hügel am linken Tebraufer, im Hof der alten Ordensburgruine – wir stolpern über Steine, unsichtbare Schwellen – erzählt Herr Bloks, in einem Hühnerstall am Rande des Abhangs, dreißig Schritte vom Hause der Familie Schusters entfernt, hätten sich vier Juden versteckt gehalten, litauische »Arbeitsjuden« aus der Aizputer Torffabrik. Der Fabrikschneider Kārlis Puķis habe einen von ihnen, den Schneider Schlomo, bei der Arbeit kennen- und schätzengelernt, den Litauer und dessen drei Freunde mit Hilfe seines Bruders Žanis, was lebensgefährlich war, im eigens dafür gezimmerten Hühnerstall untergebracht, sie mit allem Nötigen versorgt und später, im Winter, wegen der Kälte in den Keller des Schustersschen Hauses gelassen. Bis zum Januar 1944 seien die vier unbehelligt geblieben, dann aber habe eine Nachbarin sie gesehen und verraten. Žanis Puķis habe davon erfahren, sie gewarnt: die Litauer seien, statt sich – nach Puķis' Rat – auf dem Messingberg zu verstecken, Richtung Torffabrik ins Moor geflohen und hätten sich dort, wohl in dem Glauben, die Schüsse einer Hasenjagd würden ihnen gelten, das Leben genommen. Jānis und Gerhard Schusters, Kārlis und Žanis Puķis mit ihren Frauen, Kārlis Puķis' Schwiegermutter Ieva Dzene – sie alle seien verhaftet, ins Gefängnis nach Liepāja gebracht, die Schusters' dort erschossen, die anderen weiter ins KZ Stutthof deportiert worden. Nur Elsa Puķis, Kārlis Frau, habe überlebt. Herr Bloks führt mich über den jüdischen Friedhof am Rande von Aizpute, nicht weit von der Erschießungsstelle im Wald an der Kalwener Chaussee entfernt. Marmor und Granit seien lange gestohlen, viele Grabsteine längst umgefallen, zerbrochen, sagt er, die Gemeinde sei arm, und die sechshundert Dollar-Spende des Herrn Roloff werde gerade für die gröbsten Arbeiten reichen. Nur an der Größe des Areals ist der Reichtum der Jüdischen Gemeinde von Hasenpoth noch zu ermessen.

Wie es Rosa Herz wohl ergangen sein mag in jener barbarischen Zeit? Ihr Autor hat den Nationalsozialismus nicht mehr erlebt, ist 1918 in München gestorben. Im Buch heftet er an Rosa ein ganz privates Leid. Frauenschicksal! Sie kriegt ein Kind, verliert ihr Ansehen im Städtchen, das Kind stirbt. Am Ende entläßt Herr von Keyserling sie als Gouvernante nach Rußland. – Die Geschichte von den halbwüchsigen jüdischen Mädchen in den Händen der

Selbstschutzleute im Gefängnis von Aizpute will mir nicht aus dem Sinn . . . Die Suche nach Rosa Herz treibt mich weiter – nach Liepāja. Kārlis B., Valdis' Bruder, Molkereifachmann von Beruf, fährt mich. Wir kommen durch Grobiņa/Grobin, das so alt wie Hasenpoth, viel älter als die Hafenstadt Liepāja/Libau ist. Der Holzhändler Mehrenstein aus Eduard von Keyserlings ›Abendlichen Häusern‹ wohnte in Grobin. »[. . .] wo Mehrenstein erscheint, da wird aus einem Wald ein Zahltisch. Wie böses Ungeziefer frißt sein Geld den Wald auf. Ich kann mir denken, daß ein Grauen die Bäume schüttelt, wenn Mehrenstein durch einen Wald geht«, sagt Egloff, als hätte nicht er die Schulden gemacht beim Spiel, die den Wald fraßen. Grobin ist nur eine Straße lang, aber stolz auf seine Ordensburgruine und die evangelische Kirche gegenüber aus Herzog Jakobs Zeit. In Grobin wurde Anfang der siebziger Jahre des 19. Jahrhunderts ein jüdisches Internat eröffnet. Cheder und Jeschiwa zugleich. Rabbi Simcha Sischel aus dem litauischen Kelmė erprobte *mussar*, die Erneuerungsbewegung der rabbinischen *litwaken*, von der später noch die Rede sein wird, als Schulerziehungsprogramm, was mißlang. Jüdische Gelehrsamkeit war, auch wenn man die Gesetze hielt, Brauchtum pflegte, nicht in Kurland zu Haus, sondern wurde aus Litauen eingeführt. Außer Rabbiner Schütz in Aizpute waren auch die Rabbiner Nurock in Mitau und Libau, Eliasberg in Bauske, Samunow in Windau und Mitau, Lichtenstein in Tuckum, der spätere Oberrabbiner von Israel Abraham Isaac Hacohen Kook in Bauske *litwaken*.

»Judennest« schimpfte Fräulein Linde, die deutschbaltische Hauslehrerin der gelähmten Arzttochter Zenta Mauriņa, die Stadt Grobin. Selbst leerte das Fräulein in der Morgendämmerung ihren Nachttopf aus dem Fenster über dem Brunnen der Nachbarin. In ihrem Elternhaus hätten Letten, Deutsche, Russen, Juden verkehrt, und nie habe man das Gefühl gehabt, eine Nation sei der anderen überlegen, schreibt die Schriftstellerin Zenta Mauriņa, deren Vater Lette, deren Mutter Deutsche war, in ihren Kindheitserinnerungen ›Die weite Fahrt‹. Keine jüdischen, lettischen, russischen oder deutschen Kinder kommen neugierig herbeigelaufen, als wir vor dem Kulturhaus von Grobiņa halten, das genau so gut wie das in Aizpute eine Synagoge gewesen sein könnte. Kārlis B. fährt weiter nach Liepāja, wo Zenta nach langem Bitten trotz ihrer Behinderung das Gymnasium besuchen durfte. »Der größte Teil meiner Mitschülerinnen waren Töchter russischer Beamter, die damals unser Land verwalteten, Jüdinnen, deren Eltern die schönsten Häuser und größten Geschäfte in Libau gehörten. Außerdem waren in der Klasse zwei deutsch-baltische Mädchen, einige Lettinnen und eine Litauerin. Aber wir wußten kaum die Nationalität voneinander.«

Kārlis B. fährt an einer gigantischen Betonruine vorbei, bis vor einigen Jahren das sowjetische Projekt eines Handelszentrums. Er fährt in das Industriegebiet Liepājas hinein, an dem Koloß der Textilfabrik vorbei, in der, wie er sagt, meist die Ehefrauen der »russischen« Militärs gearbeitet hätten. Liepāja war ein strategisch wichtiger Militärhafen in der Sowjetunion, weshalb Jelzin sich schwer tut, von ihm zu lassen; garantierte einen Zugang zum eisfreien Meer, hatte als solcher – Herzog Jakobs Handelshafen war lange versandet – Tradition schon seit der Zarenzeit. Bis vor wenigen Jahren war die Militärstadt für die Zivilbevölkerung verbotenes Gelände. Das Auto holpert über die schadhafte Asphaltdekke der Straßen im Planquadrat, kreuzt den Hafenkanal, in dem an diesem Tag nur vereinzelt Kriegsschiffe liegen, fährt an müßigen Matrosen, an Frauen mit schweren Einkaufstaschen vorbei durch die Kasernenstadt, die sowjetische – Block an Block, schäbigster Plattenbau auf freiem, baum- und buschlosem Feld –, dann die zaristische – einförmige rote Backsteinwürfel hinter Bäumen –, deren Glanzzeit mit dem Russisch-Japanischen Krieg 1904/05 verging. Einzig die gewaltige russische Kirche im Zentrum der Kasernen trägt die Patina des Verfalls mit Würde. Die Militärstadt sei einst privilegiert versorgt worden, sagt Kārlis B., mit Lebensmitteln sowie mit aus Moskau und Leningrad importierter Kultur. Wo sich in der Ulmaniszeit das Gefangenenlager für sozialdemokratische und andere Regimegegner befand, in dem Max Laserson, Jakob Roloff und andere interniert waren, weiß Kārlis B. nicht. Von

Abgeschiedenheit und Idylle wie in Aizpute kann in diesem Militär- und Industriegelände von Liepāja keine Rede sein. Doch die Stadt hat zwei Gesichter.

Auf einer Behelfsbrücke überquere ich den Stadtkanal. Die alte Brücke ist Baustelle seit anderthalb Jahren, für den Verkehr gesperrt. Öde, vereinsamt liegt die Mole. »In Libau mischen sich die Volkselemente bunter«, heißt es in einem deutschen Buch aus der Zeit des Ersten Weltkriegs. »Neben dem Deutschen und dem Letten und Juden war hier der Russe, der Pole, der benachbarte Litauer stärker zu Hause als sonst in Kurland.« Ich gehe die Liela, die Große Straße, an der barocken Dreifaltigkeitskirche vorbei bis zum Rožu laukums, dem Rosenplatz. Rosa hieß eine Freundin der Zenta Mauriņa in ihrer Libauer Schulzeit. Rosa sei klein und zierlich gewesen, habe krauses Haar und rotblaue, von Frostbeulen entstellte Hände gehabt. Sie sei die beste Mathematikerin der Klasse gewesen. Fast jeden Nachmittag habe Rosa sie, Zenta, besucht, von ihrem persönlichen Leben aber hätten sie kaum gesprochen, Zenta habe nicht einmal gewußt, wie viele Geschwister Rosa hatte und welchen Beruf deren Vater ausübte. Dostojewski, Raskolnikow, die angebetete Geschichtslehrerin seien interessanter gewesen. Rosa hieß Rewid, nicht Herz.

Die Eisenbahn, der Wirtschaftsboom der Gründerjahre hatten Juden nach Libau gezogen, vorwiegend deutsch akkulturierte Kurländer. 1897 waren sie vierzehn Prozent der Einwohnerschaft. Sie waren Holz- und Getreide-Exportkaufleute; ein Viertel der städtischen Industrieunternehmen, heißt es, habe ihnen gehört, auf der anderen Seite sei auch ein Viertel der Industriearbeiter Juden gewesen. Dr. Nissan Katzenelson, ein Mitstreiter und enger Mitarbeiter Theodor Herzls, Deputierter der ersten russischen Duma, wirkte in Libau; für ihn steht auf dem Friedhof am Südrand der Stadt wohl der größte, ein schwarzglänzender Marmorstein. Als die lettische Republik gegründet, aus Libau Liepāja wurde und die Hafenstadt ihr russisches Hinterland verlor, sei der jüdische Bevölkerungsanteil auf dreizehn Prozent (7379) im Jahre 1935 gesunken. Ich gehe an niedrigen Holzhäusern die Ladenzeile und

Fußgängerzone der Marktstraße entlang. Zwischen der katholischen Jakobskirche und der evangelischen Annenkirche erstreckt sich der Markt mit seiner Halle im russischen Stil. Aus allen Richtungen strömen die Leute herbei, ein Leben ist hier wie nirgends sonst in der Stadt. Ganz in der Nähe, Peter-/Ecke Rosenstraße stand die Synagoge, ein Steinbau im orientalischen Stil mit drei kleinen Kuppeldächern, Bäumen davor. Die SS habe die Juden von Libau gezwungen, sie zu zerstören, erzählt Vladimir Naumowitsch Bahn. Der Platz ist mit Wohnhäusern sowjetischer Machart zugebaut. Der kleine alte Herr mit dem zerfurchten, blassen Gesicht, den ich im Rathaus treffe, ist der Vorsitzende der dreihundert Mitglieder umfassenden Jüdischen Gemeinde von Liepāja. Vladimir Bahn zitiert Dante, spricht deutsch ohne Akzent, trägt einen Diplomatenkoffer, ist sehr in Eile. Er habe, erzählt er, den Holocaust als Offizier der Roten Armee überlebt; alle aus der Familie des Vaters aber seien in Liepāja umgekommen. Sechs, sieben Überlebende kenne er in der Stadt, solche, die von Letten versteckt gehalten worden, einige, die aus Stutthof zurückgekehrt seien.

Unter duftenden Linden spaziere ich an alten Holzvillen vorbei die Liepu iela entlang, gelange in einen Park, in die Dünen, gehe am Strand entlang, laufe Gefahr, aus dem feinen weißen Sand ätzendes Phosphat, vom Meer angespülten Industriemüll, für begehrten Bernstein zu halten.

Mitten in seiner Libauer Strandidylle wurde im Sommer 1904 der Historiker Simon Dubnow aufgestört vom Anblick eines großen Überseedampfers mit jüdischen Emigranten nach Amerika, Menschen, die vor den Pogromen in Rußland geflohen waren – »Hunderte von Juden [. . .] in den Zwischendeckkajüten eingepfercht, die wie Käfige übereinanderlagen«; »Menschen [. . .] wie Reisegepäck. Frauen und Kinder weinten«; wie »zur Zwangsarbeit verurteilte Verbrecher«. Der Leuchtturm zieht mich an. Bilder sehe ich von Menschen, die sich, was ganz natürlich scheint, am Strand, in den Dünen entkleiden. Doch die Soldaten in den Dünen machen mir angst. Am Meer entlang gehe ich nicht bis zum Leuchtturm, nehme den Umweg durch die Stadt – an den Kuranlagen vorbei, zierlichen Pavillons, Schwanenteichen, Blumenrabatten, reichgeschnitzten Holzvillen, sogar der Zar soll zu Schlamm- und Quellbädern hier gewesen sein – alles einsam, verfallend; gehe den Kūrmājas prospekts entlang, an repräsentativen Steinvillen aus der Gründerzeit vorbei; biege in die alte Graudu iela, die Kornstraße, ein, deren für das alte Libau ungewohnt hohe, schmucke Geschäfts- und Bürgerhäuser den Wohlstand und die Betriebsamkeit jener Zeit spiegeln, als die Hafenstadt dank der Eisenbahn mit den Kornkammern und Wäldern Kurlands, Lettgallens, Weißrußlands verbunden war; komme in ein Nachkriegswohn- und Gewerbegebiet, sehe den Leuchtturm nicht mehr; spreche vor einem der Wohnblocks drei Frauen an, die mich zu dem Platz in der Nähe des Leuchtturms, zu einer Wand, einer unscheinbaren Schrifttafel begleiten. In mehreren »Aktionen« seien hier am Strand im Juli 1941 eintausend jüdische Männer ermordet worden, heißt es, und in einem Fischerdorf, nördlich von Liepāja, vom 15. bis zum 17. Dezember 1941 noch einmal etwa zweitausendachthundert jüdische Männer, Frauen und Kinder. Herr Bahn hat mir den Weg zum ehemaligen Ghetto beschrieben. Ich gehe die Graudu, die Kornstraße, bis zum Rožu laukums, dem Rosenplatz; folge dann der Zivju iela, der Fischstraße, die zum Alten Markt führt, ein Stück, biege in die Kungu, die Herrenstraße, finde im Karree der Holzhäuser zwischen der Kungu, Apšu, Dārza (Garten-) und der Bāriņu iela (Waisenhausstraße) eine Steintafel, darauf in lettischer Sprache den Hinweis, daß sich vom 1. Juli 1942 bis zum 8. Oktober 1943 in diesem Karree das Ghetto der zum Tode bestimmten Libauschen Juden befand. In zwölf Wohnhäuser waren die nach diversen »Aktionen« in Liepāja noch am Leben gebliebenen 829 Menschen gesperrt; jeder Häftling hatte vier Quadratmeter. Ein Ältestenrat mußte mehrere Werkstätten betreuen, eine jüdische Polizei für Ordnung sorgen; nach der Auflösung des Ghettos deportierte man die letzten Häftlinge ins Lager Kaiserwald bei Riga.

Cilly Edelberg ist nicht hier, in ihrer Heimatstadt Libau, sondern in Auschwitz umgekommen. Ich sage Cilly Edelberg und denke an Rosa Herz, denn Cilly war Tänzerin. Sie habe zwar eine

Ballettschule besucht, heißt es im Katalog zu einer Ausstellung über sie, die das Stadtmuseum Düsseldorf 1991 zeigte, aber »keine geregelte Tanzausbildung durchlaufen«. 1918 habe sie Libau verlassen, sei als Tatjana Barbakoff nach Deutschland gegangen, in Max Reinhardts literarischem Kabarett »Schall und Rauch« in Berlin, in Frankfurt, Mannheim, Köln, Königsberg, Darmstadt, Koblenz als russische – mongolische – orientalische – asiatische Tänzerin aufgetreten, habe den Rang einer Mary Wigman, Anna Pawlowa oder Argentina gehabt mit ganz persönlichem Stil. 1933 sei sie nach Paris, von dort nach Nizza geflohen, sei dort nach dem Einmarsch der Deutschen im Dezember 1943 verhaftet und in das »Camp Drancy« bei Paris deportiert worden und von dort weiter nach Auschwitz. Vielleicht hat, wer weiß, auch Rosa Herz ihren Namen geändert.

Von Liepāja führt eine alte Chaussee über Aizpute hinaus geradewegs nach Kuldīga/Goldingen. Das Schloß Paddern der von Keyserlings lag in der Nähe des Städtchens. In Kuldīga spaziere ich die Liepājas, die Libauer Straße, entlang, am ehemaligen russischen Lehrerseminar vorbei, gelange zum Markt. Gehe die Kirchstraße entlang, schaue in die Schulgasse hinein, komme an der Katharinenkirche vorbei, suche den Grabstein für die Stifterin des Gotteshauses im Gras, überquere die Mühlenteichbrücke, finde den Stadtgarten, die Anhöhe über den Stromschnellen. Schaue – welch poetisches Plätzchen, welch erhebender Anblick – auf die breit dahinfließende Windau hinunter. »Am morschen Geländer des Flußufers machte Rosa halt. Herweg kam heran und lehnte neben ihr. Ein stetes Gemurmel sandte der Fluß empor. Im Strudel, den das Wasser hier bildete, schwammen bewegliche Lichtfetzen. Ein flaches, gelbes Land dehnte sich auf dem entgegengesetzten Ufer aus. Große Sandgruben lagen voll roten Lichtes, und hinter der Wellenlinie der niedrigen Sandhügel ging die Sonne groß und rot unter. [. . .] Ein grelles Purpurlicht badete das Land. Es schien zu beben und zu flackern. Dann ward es blasser und erlosch. Die Sonne war hinter den Hügeln verschwunden. Ein mildes Scheinen klomm den Himmel hinan, ein blasses, gewässertes Gold, wie an alten Meßgewändern. Eine Schar winziger Wölkchen flatterte in einem fast weißen Himmel, viele rosige Schleier, kleine Flügel, eine Schar ausgelassener Cherubim. Weiter oben schien der Himmel unermeßlich hoch und veilchenblau. Schweigend standen die Kinder vor diesem Farbenwunder.« Rosa Herz ist also nicht in Jakobstadt, nicht in Mitau, Bauske, Libau oder Hasenpoth, sondern in Goldingen zu Haus gewesen, Goldingen ist also mehr noch als Hasenpoth die Kleinstadt von unverkennbar deutschem Gepräge. Doch Rosa Herz ist nicht, wie Eduard von Keyserling glauben machen möchte, ein Kind aus dem Künstlermilieu, sondern die Tochter des Arztes Moses Herzberg und seiner Frau Rahel, geboren in Goldingen am 17. Mai 1860, gestorben in Riga am 4. Juni 1929. Später ließ sie sich auf den Namen Elisabeth taufen. »Mein Großvater Otto von Löwenstern [. . .] hatte gemeinsame Urgroßeltern mit Eduard Graf von Keyserling, [. . .] war fast genau gleichaltrig mit ihm und besuchte gleichzeitig mit ihm das Gymnasium in Goldingen«, schreibt Winno von Löwenstern im *Nachrichtenblatt der Baltischen Ritterschaften* im Juni 1990. Beide Familien, die von Löwensterns, aber auch die Herzbergs, seien gegen eine »allzu innige Verbindung« gewesen, hätten auf eine Trennung gedrungen. Irgendwann im Frühjahr 1881, als gewiß niemand in Goldingen mehr an »die alte Geschichte« gedacht habe, sei der Großpapa »mit eijenen Pferden« vor dem Hause der Herzbergs vorgefahren, die Großmama – vermutlich durch ein bestochenes Dienstmädchen vorbereitet – dazugestiegen, »und in eiligem Trabe« sei es zur Grenze gegangen. Was dem einen *a tropele baronske fantasie*, war dem anderen offensichtlich – wie eine alte Deutschbaltin es einmal ausdrückte – sein »Tropfen Israöl«. In Wien sei die Großmama getauft, konfirmiert, verheiratet worden, dann seien sie in die Heimat zurückgekehrt und hätten dort glücklich gelebt bis an ihr seliges Ende.

»WIR ALLE WAREN MEMELLÄNDER . . .«

Von der Stadt Sowetsk, dem einstigen Tilsit, will ich ins Dorf Bithenen fahren. Bithenen liegt nicht mehr als zehn Kilometer von Sowetsk entfernt. Zwischen Stadt und Dorf aber fließt die Memel, verläuft die Grenze. Sowetsk gehört zum Kaliningrader Gebiet, das heißt zu Rußland, Bithenen aber ist schon Litauen, heißt litauisch Bitėnai. Das Dorf soll am Fuß des litauischen Götterbergs Rombinus liegen. Ich fahre durch das alte Brückentor, überquere im Auto die Memel, die braun und träge dahinfließt. Die Kleinbahn fährt nicht mehr.

Im Jahre sechsunddreißig, am Tag vor Johanni, überredete Professor Voigt den Primgeiger Gawehn zu einem Ausflug mit der Kleinbahn von Tilsit über den Strom, die ostpreußisch-litauische Grenze, ans jenseitige Ufer, an die Mundartengrenze, nach Motzischken, zum Lehrer Potschka, der ein litauischer Patriot war und Volkslieder sammelte. Es war der Dichter Johannes Bobrowski, der Gawehn, Voigt und Potschka für die Romansymphonie der ›Litauischen Claviere‹ ersann.

Der letzte Krieg hat die filigranen Bögen der alten Luisenbrücke zerstört. Die Brücke schwingt sich nicht mehr hoch über die Memel, sondern ist eine schmucklose Beton- und Stahlkonstruktion. Die russischen Grenzbeamten registrieren, daß ich kein gültiges Visum habe, lassen mich dennoch murrend passieren. Vor mir erstrecken sich weit und flach die memelländischen Wiesen und Felder. Hohe Eschen säumen den Damm der Chaussee. Bäume und enge Brücken bezeugen das Alter der Straße. Hinter Lumpėnai führt ein Feldweg Richtung Bitėnai rechts ab. Nach Močiškiai sind es wohl noch zehn Kilometer. Am 24. Juni 1936 spazierten Bobrowskis Herren Voigt und Potschka von Motzischken nach Bithenen zur Sonnwendfeier auf dem Rombinus, dem Götterberg. Ich aber suche in Bitėnai nach Lipmanns Kneipe am Ufer der

Memel, dort, wo die Fähre anlegte, wo Zollbuden standen. »Die Lipmann macht die Tür auf. Sie steckt den Vierkantbolzen in das Rohrstück, das an einem Bügel in der Krampe hängt, dreht ihn zwanzigmal herum, da geht das Schloß auf, sie hängt es aus, legt dann die Hand auf die eiserne Lasche und zieht, und die Kneipentür gibt nach und öffnet sich.« Die strohgeflochtene Abdichtung sei schadhaft gewesen, schreibt Johannes Bobrowski, habe die Luft vom Vortag aber brav im Haus gehalten, die nun warm und stickig aus dem offenen Raum strömte. »Schnaps, Sauerteig, Gurkenlake, was weiß ich.« Ein Talglicht habe Rosa Lipmann aus der Schürze gefummelt, sei dann, ohne sich umzuwenden, ins Haus gegangen, die Tür sei zugefallen, da habe man auf dem mittleren Brett, das ungeschickt angehobelt war, einen hellen Fleck im grauen Holz sehen können, in Brusthöhe ungefähr. Etwas habe da gestanden mit Teerfarbe, ein Gruß in fremden Zeichen. »Hat der Leib hingemalt, damals, als er zurück war aus dem Krieg und jeder sehen konnte, daß er nicht bei Trost geblieben war. Er lief umher, verlor die Hose und fand sie wieder, trug sie dann überall hin und zeigte sie vor, so sehr freute er sich.« ›Lipmanns Leib‹ heißt eine Erzählung von Johannes Bobrowski, der selbst aus Tilsit stammte und viel Zeit bei den Großeltern in Motzischken verbrachte. Bobrowskis Gedichte, Erzählungen, sein Roman ›Litauische Claviere‹ sind eine Liebeserklärung ans Memelland.

Ich fahre am Ortseingangsschild vorbei, suche das Dorf. Wiesen sehe ich, hier eine Kuh, da ein Pferd, zwischendrin wie verloren Häuser. An einem Holzhaus am Wegrand halte ich, frage ein Mädchen nach Bitėnai über den Zaun. Hunde kläffen, Hühner gakkern, die Ziehbrunnenstange stakt reglos in den Sommerhimmel. Hier sei Bitėnai! Ich fahre den Sandweg an der Memel entlang. Versumpft, mit Binsen, Gebüsch überwachsen ist der Uferdamm, ans Wasser kaum zu gelangen. Weit und breit sehe ich an der Memel nur ein einziges Gehöft. Ob das Haus mal eine Kneipe gewesen sei, frage ich einen jungen Mann, der im Hof unterm Trecker liegt. Die deutsche Bäuerin vom Nachbarhof wisse Bescheid, sie sei schon hier geboren, zu ihr solle ich gehen. Eine deutsche Bäuerin, wundere ich mich, im Jahre 1992 im litauischen Memelland! Der Mann weist auf einen Holzstoß in der Ferne. Hinter dem Holz sehe ich was Rotes, Backstein, erkenne ein Haus, fahre darauf zu, in eine Hofeinfahrt hinein. Als ob sie mich erwartet hätten, stehen Leute vorm Haus, wohl ein Dutzend. In ihrer Mitte eine kleine alte Frau mit kurzgeschnittenem grauem Haar, hellen Augen. Gut, daß ich gekommen sei, gerade wolle sie eine Führung durch Bithenen beginnen für die Leute hier, Gäste aus Ost- und aus Westdeutschland; sie wollten ihr »Väterliches« in Augenschein nehmen. Zwei Frauen, die beiden Töchter der alten Bäuerin, gehen mit Tabletts umher, teilen Himbeersaft aus und Kuchen. Zwei hochgewachsene junge Männer stehen abseits, ihre Enkel. Sie schlagen vor, das Auto in die Scheune zu fahren. Dort stehen bereits die Wagen der deutschen Gäste. Den Namen »Lipmann« habe sie nie gehört, sagt die dreiundachtzigjährige Elena Kondratavičienė und drückt sich den Strohhut gegen die Mittagssonne fest auf den Kopf. Bobrowski, ja, den kenne sie, der sei von Motzischken drüben. Ein Buch von ihm liege im Dorfmuseum in der Vitrine. Den Fabians habe die Kneipe und der Kolonialwarenladen an der Memel gehört, das Haus werde sie uns zeigen. Elena Kondratavičienė erzählt von den Fabians. Den Gerhard Fabian habe sie gut gekannt, mit jedem habe der sich verstanden, jeden anzureden gewußt; ein richtiger Geschäftsmann sei er gewesen. »Der Gerhard war unser Liebling«, sagt die Bäuerin, »der kriegte alles fertig. Frag bloß, wenn du was haben willst oder wissen willst, frag bloß den Gerhard. Der wird dir erzählen. Für die Mama erzählt er vom Markt, was die Sachen kosten, wo dies und das am besten ist. Für uns erzählt er, wo irgendwas los ist am Sonntag, wo man hinfahren kann.« Solange der Hitler nicht aufs Tablett kam, so lange sei Ruhe und Frieden im Memelland, alles gut gewesen, hätten sie alle schön gemeinsam, miteinander zufrieden zusammengelebt, »aber«, sagt sie, »wie der anfing zu rumoren, da ging die Spaltung los«. Der eine sei so, der andere anders gesinnt gewesen. Die Fabiantöchter hätten damals schon verheiratet in Ostpreußen gelebt, die Mutter Fabian aber sei mit ihren drei Söhnen Kurt, Benno und Gerhard im Sommer 1941 nach Tauroggen geflohen, dort aufgegriffen worden; die Männer habe man gleich erschossen, Frau Fabian später umgebracht. Schrecklich.

Tauroggen, litauisch Taugagė, die nächstgrößere Stadt, liegt etwa dreißig Kilometer nördlich von Bitėnai. Im 18. Jahrhundert gehörte Tauroggen zu Preußen. Seit 1793 und bis zum Ersten Weltkrieg verlief die Grenze zwischen Ostpreußen und dem Russischen Reich im Memelland einige Kilometer südlich. Nach dem Vertrag von Versailles verwalteten die Alliierten das »Memelgebiet«. 1923 annektierte die junge Republik Litauen es aus Angst, Polen könne sich am eisfreien Memeler Hafen vergreifen. Seit 1924 wachte der Völkerbund über den Autonomiestatus und über die Menschen- und Minderheitenrechte im Memelland. 1939 erzwangen die Nationalsozialisten seine »Heimkehr« ins Deutsche Reich. Adolf Hitler kam, hielt eine flammende Rede in Memel. – Grenzland, Vielvölkerland ist diese Gegend von jeher gewesen. Von Deutschen majorisiert, deutsch akkulturiert, protestantisch. Zwischen den Deutschen lebten litauische Bauern, auch Juden: Holzhändler, Schankwirte, Hausierer, eine kleine Minderheit. Von Rußland, die Memel herunter, aus Wilna, auch von Kurland her, waren sie ins Land gekommen. Insbesondere das autonome, von den Alliierten verwaltete, vom Völkerbund beaufsichtigte Vielvölkerland nahmen die Juden als Refugium an. – Damals heiratete die preußische Litauerin Elena Grigoleit aus Bithenen den Litauer Kondratavičius. »Wir waren alle Memelländer«, sagt die Bäuerin heute. Ihre Heimat hat sie nur einmal, gezwungenermaßen, verlassen. Im Jahre 1951 – das Memelland war Teil der Sowjetrepublik Litauen geworden – deportierte man sie und ihre Familie.

Die jüngere Tochter Irena sei in der fünften Klasse, Biruta, die ältere, in der neunten gewesen. Vater, Mutter, Mann, Frau, Kinder – sie alle seien verhaftet und auf einem Lastwagen abtransportiert worden. In aller Eile hätten sie noch ein paar Sachen eingepackt, auch eine Nähmaschine mitnehmen wollen, den Aufsatz habe sie gerade noch fassen, einpacken können, nicht aber das Untergestell. Ihr Mann habe bei der Kollektivierung – bei »diesen Operationen, den Sowchos ordnen, die Bauern ausräubern, die Menschen erpressen« – nicht mitmachen wollen, habe gesagt: Ich kann nicht, will nicht, verstehe das nicht und werde das auch nicht machen. Ist gut, hätten die sowjetischen Beamten gesagt, den Mann nach Haus geschickt, ihn ein paar Tage später dann für einige Nächte einkassiert, unter Druck gesetzt; als er zurückkam, habe er gesagt: Jetzt könnt ihr packen, jetzt können wir warten, bis sie uns holen. Ich mach das nicht mit! Dann sei es soweit gewesen. Man habe sie nach Sibirien verbannt, nahe der Stadt Krasnojarsk, in eine noch erträgliche Gegend. Die ersten, die sie abgeholt hätten, 1941, seien dagegen in die Nordpolarzone geschleppt worden, viele da gestorben. Sie seien, meint Elena Kondratavičienė, 1951 der letzte Schub gewesen.

Die erste Massendeportation aus Litauen begann am 14. Juni 1941. In den ersten fünf Nachkriegsjahren wurden mehr als eine halbe Million Menschen deportiert – Bauern, Städter, Politische, Religiöse; auch der Vernichtung durch die Nazis entgangene jüdische Familien, rund ein Viertel der damaligen litauischen Bevölkerung. Wie alle Grenzländer Osteuropas war das Memelland im Laufe seiner Geschichte den Hegemonialen wechselweise ausgeliefert. Die Diktatoren dieses Jahrhunderts aber übertrafen alle vorherigen Herrscher an Willkür und Grausamkeit. »Juden, Fremde raus!« – »Deutsche, heim ins Reich!« – »Kulaken, Klassenfeinde, Konterrevolutionäre, in die Verbannung!« So oder ähnlich skandierte man unter Hitler wie unter Stalin. Leib Lipmann, der Kneipenwirtin Ehemann aus Bithenen, aber war schon im Ersten Weltkrieg das Opfer russischer Kriegsmacht geworden. »Leib Lipmann war noch ganz jung damals, gerade ein Jährchen verheiratet gewesen«, heißt es bei Johannes Bobrowski, »da hatten ihn Soldaten mitgenommen, als Ortskundigen, und der Zarenoffizier hatte ihn prügeln lassen, wegen falscher Auskünfte angeblich. Hätten sie ihn nur liegen gelassen, ich hätte ihn schon geholt, sagte die Rosa immer, er wär schon wieder in Ordnung gekommen. Aber sie hatten ihn zerschlagen und mitgenommen nach Georgenburg und dort aufbewahrt.«

Häufig wurden die Juden der west-östlichen Grenzländer, die meist Deutsch so gut wie Russisch verstanden, des Verrats bezichtigt. Aber: »Sprache trägt man nicht auf dem Buckel«, sagt die alte Bäuerin und wischt sich mit dem Taschentuch den Schweiß von der Stirn. Wie Leib Lipmann sei auch ihre Mutter von russischen Soldaten verschleppt worden; sie sei damals gerade vier Jahre alt gewesen und acht, als die Mutter wiederkam. In der Verbannung habe die Mutter Russisch gelernt, was der Familie im nächsten Krieg zugute kommen sollte. Auch Elena Kondratavičienė beherrscht die deutsche, die litauische und die russische Sprache, kennt Land und Sprachen so gut, daß man sie oft bat, Flüchtigen, Partisanen über die Grenze zu helfen. Schon die legendären *knygnešiai*, die litauischen »Bücherträger«, wechselten in dieser Gegend zwischen dem ostpreußischen Tilsit und dem russischen Gouvernement hin und her. Nachdem die zaristische Regierung 1865 den Litauern aus Angst vor revolutionären Umtrieben nach dem polnischen Aufstand 1863 den Buchdruck verboten hatte, entwickelte sich Tilsit zum Zentrum des litauischen Buchdrucks. Jonas Basanavičius' Zeitschrift *Aušra* (Morgenröte) wurde seit 1885 in Tilsit hergestellt und von dort ins Memelland und weiter nach Kaunas und Wilna getragen. Martin Jankus aus Bithenen, ein Bauernsohn, der, wie es heißt, »eine Gruppe junger nationalbewußter Litauer um sich geschart hatte«, half dem Kämpfer um die nationale Unabhängigkeit dabei. Elena Kondratavičienė spricht voller Bewunderung von Jankus und seinem Engagement. Auch nach der Gründung der litauischen Republik, während der gesamten Zwischenkriegszeit, war das Memelgelände umstritten und noch Grenzgängerland.

Als 1944 die Sowjetarmee ins Memelland kam, sagt die Bäuerin, habe die Mutter mit den Rotarmisten russisch gesprochen, mit ihnen das letzte Stück Brot geteilt, deshalb seien sie unbehelligt geblieben, bis, sechs Jahre später, die sowjetische Regierung in Litauen mit der Kollektivierung der Landwirtschaft begann. Vom stattlichen, zweihundert Morgen großen elterlichen Hof ist nur ein Teil des Wohnhauses erhalten geblieben. Wilder Wein und Kletterrosen ranken die Backsteinmauern hinauf. Malven blühen im Garten. Eine Sommerküche steht am Rand der Beete, dahinter das Plumpsklo. Auf dem Hof wachsen Hundskamille und Wegerich. Der Stall gegenüber ist für die Kuh und das Federvieh. Die Scheune gehörte bis vor kurzem der Kolchose. 1956, nach fünf Jahren Sibirien, kehrte Elena Kondratavičienė mit ihrer Familie nach Bitėnai auf ihren elterlichen Hof zurück, fand drei fremde Familien dort, die sich eingerichtet hatten. Die eine sei so menschlich gewesen, ihnen eine Wohnung zu überlassen. »Wenn du in deinem Hause stehst, auf deinem Grund und Boden, und dir gehört da nichts, da muß man auch Nerven haben«, sagt die Bäuerin. – »Das Dorf, ja, was ist das schon«, schreibt Johannes Bobrowski. »Die sieben Gehöfte über der Steigung des Ufers, wie auf einem Wall. Der ausgefahrene Sandweg kommt an den Steckenzäunen entlang und macht einen kleinen Bogen auf die Fähre zu. Da stehen die Holzbuden, die dem Zoll gehören. Ein Stückchen stromabwärts die beiden Dückdalben und die Anlegestelle für das Dampfboot. Kirschbäume, niedrig, mit geplatzter Rinde, die vier Stangen um einen vorjährigen Strohhaufen, das zerbrochene Dach schief zwischen sich. Wo die Krähen ihre Versammlungen halten. Das Dorf. Und der Tümpel unten im Sand, von der letzten Überschwemmung, noch immer nicht ausgetrocknet. Das Dorf. Nirgends is so bunt wie inne Welt, sagen die alten Frauen. Was ist das für ein Dorf, sagt Rosa Lipmann.«

Elena Kondratavičienė scheut die Mittagsglut nicht. Sie führt uns ins Dorfmuseum, das Martin Jankus gewidmet ist und wo auch einige Bücher von Johannes Bobrowski zu sehen sind, an dem Zeltlager der Heimatforscher aus Vilnius vorbei, die alljährlich kommen, um den Friedhof zu pflegen, über Wiesen, die Sandwege entlang, an denen keine Häuser mehr stehen, wo auch keine Fundamente zu finden sind, nicht einmal mehr Grundstücke zu erkennen. Sie bemüht sich, den deutschen Gästen deren »Väterliches« zu zeigen. Hier, auf einer Anhöhe unter einem Eichbaum – die Familie umschreitet das Wiesengelände – habe wohl das Simoneitsche Haus gestanden mit Stall, Schober und Garten. Sie erzählt vom Dorfleben vor dem Krieg und beklagt die Trockenheit des diesjährigen Sommers, des ersten für die private Landwirtschaft. Klein und schrumplig, wie sie gesetzt wurden, würden die Kartoffeln zur Ernte sein. Sie freut sich über die staubgrauen lila Disteln am Weg. In der Krone einer Kiefer sitzen Störche auf ihrem Nest. Andere versammeln sich laut klappernd auf den Ästen eines vertrockneten Baumes. Wir gehen am alten Schulgebäude vorbei. Fabians Jungen seien mit ihr zusammen hier zur Schule gegangen. Beim Religionsunterricht hätten sie natürlich nicht mitgemacht. »Die schöne Schule!« sagt die Bäuerin. Jeder, der da eingezogen sei, habe es sich anders umgebaut, der eine die Fenster rausgebrochen, der andere sie wieder zugemauert. Die Treppe sei völlig verfallen, einmal sei eine alte Frau da hinuntergestürzt, habe sich bald tot geschlagen. Wenn sie da hinaufsteige, gehe sie immer dicht an der Wand entlang. Ich schaue die Backsteinruine an, daß dort noch jemand wohnt, mag ich nicht glauben. Auf der einen Seite habe die zweite Klasse ihren Raum gehabt, sagt Elena Kondratavičienė, auf der anderen die erste. In jeder Klasse habe es drei Abteilungen gegeben. Mit der zweiten Klasse, erste Abteilung sei es losgegangen. Jetzt sei der »Milchpunkt« im alten Schulgebäude, von hier aus werde die Milch des Dorfes in die Molkerei gebracht. So schön sei die Schule gewesen, und wie sehe das nun alles aus. Die Zellophanbahnen vor den Fenstern seien schon wieder zerrissen. Alte Gardinen, »solche Flicker« habe der junge Mann, der da drin wohnt, davorgehängt. Das habe sie nicht mitansehen können, dem Mann deshalb Schnaps, den er so liebt, spendiert, damit er wenigstens Zellophanpapier davorhängt, damit das nicht so aussieht von der Straße her, nicht so flattert. Jetzt sei es wieder so verlottert und der Schnaps so teuer! Einhundertfünfzig Rubel die Flasche. Das könne sie gar nicht bezahlen, und mit einer Flasche sei es auch nicht getan. »Das Dorf also«, schreibt Johannes Bobrowski. »Und die Leute, die auf die Straße kommen, gegen Mittag, wenn das Dampfboot anlegt. Die Leute, Podzuweit und der versoffene Potschka und Milbredt und Papendick. Und der Lehrer Sikorski vom Kirchdorf mit seinen lauten Reden und dem ewigen

Gesinge vom deutschen Rhein. Der in Naturalien eintreibt, was die unlustigen Schulbesucher an Weisheit versäumen. Die Leute.«

Deutschsprachig wie die Kirche war die Schule von Bithenen. »Eine Kirchschule«, sagt Bobrowski. Im litauischen Memelland wurden neben die deutschen Lehrer litauische wie Potschka gesetzt. Damit sie, sagt Johannes Bobrowski, die Kinder eine Sprache lehrten, die von mehr als der Hälfte ohnehin zu Hause gesprochen wurde. Der »versoffene Potschka« aus der Erzählung ›Lipmanns Leib‹ ist nicht mit dem Lehrer Potschka aus den ›Litauischen Clavieren‹ zu verwechseln. Zum Lehrer Potschka, der Lieder, *dainos*, sammelte – »ein Liedervolk, diese Litauer« –, brachte Professor Voigt Gawehn, den Primgeiger vom Tilsiter Stadttheater. Um sie einander bekannt zu machen und mit beiden gemeinsam über eine Oper zu sinnen; eine Oper dem Pastor und Dichter Kristijonas Donelaitis zu Ehren, der vor zweihundert Jahren im preußisch-litauischen Tolmingkehmen lebte und außer, daß er predigte und litauisch in Hexametern schrieb, auch ein »Mechanicus« war, ein »Linsenschleifer, Thermometer- und Barometerbauer, Hersteller dreier Claviere«. – Die Kleinbahn, der Memel-Strom, die Schwemmwiesen, das Moor, das Reden und Singen der Leute, die *dainos*, die Tänze – all das gab Voigt Rhythmen, Melodien, Taktwechsel zu diesem Musikstück ein, während er mit Gawehn nach Motzischken fuhr, mit ihm durchs Dorf spazierte, dann als er mit Potschka nach Bithenen wanderte zum Sonnwendfest auf dem Rombinus.

Elena Kondratavičienė führt uns ans Ufer der Memel. Abends nach Feierabend seien sie schnell zum Fluß gelaufen, baden. Die Mutter habe immer auf der Treppe gesessen und gewartet, bis sie alle zu Hause waren, eher sei sie nicht schlafen gegangen. Erst als sie selber Kinder hatte, habe sie die Mutter verstanden, und sich so gesorgt, als die Enkel noch klein waren, auch jetzt ängstige sie sich, wenn sie an die Memel baden gehen. »Ich sag, Kinder, die Memel macht mich verrückt!« So viele seien ertrunken, viele Tränen geflossen und immer wegen der Memel. »Aber es war doch schön. Es war Leben, war viel Jugend. Es gab auch ein Etablissement *Rom-*

binus. Da war Tanzabend. Da war jeden Sonnabend, Sonntag Musik, da konntest du hingehen. Da war die Tanzdiele. Jeder Verein hatte immer einen Extraabend mit Einladungen, mit allem Möglichen. Es war schön«, sagt Elena Kondratavičienė.

»Strom« nannten die Einheimischen die Memel. Die Deutschnationalen verwechselten sie leicht mit dem Rhein. Der Strom hier sei ganz anders, schreibt Johannes Bobrowski, ganz weiß. Man gehe da entlang und wisse nicht, daß man stehen bleibt. Man spüre den losen Sand unter den Füßen und stehe doch wie auf einem Stein. Man halte die Hand ans Ohr und höre, was es nicht gibt. In der Erinnerung wächst sich ein Naturereignis zum Mythos aus. Schmal wirkt der Fluß an diesem Sommertag, reglos, wasserarm. Dort, wo er am Horizont verschwindet, flimmern die Schlote der Zellulosefabrik. Nur ein Grenzkontrollboot, das vorbeibrummt, schlägt Wellen. Kein Anleger, keine Dückdalben, Pfähle, an denen vor dem Krieg die Fähre festmachte. Elenas Enkel nehmen ein Bad, während sie vom Rombinus erzählt und mit ihrer gichtigen Hand den Hügel umkreist, rechterhand, jenen Steilhang, den die Memel allmählich frißt und sich dann, als sei nichts gewesen, weiterschlängelt. Seit eh und je feiert die Jugend das Johannisfest auf dem Berg des Donnergottes Perkūnas, in bunten Trachten, nach heidnischen Bräuchen, mit Tanz und Gesang. Friedlich waren die Feste, bis die Nationalsozialisten von der memelländischen Partei und die litauischen Nationalisten vom »Vytautasbund« Krawall zu schlagen begannen. Rechtsanwalt Neumann aus Memel und seine Konsorten ließen Großdeutschland hochleben, die Litauer beschworen im Taumel des Nationalgefühls ihr Großfürstentum vor sechshundert Jahren vom Baltischen bis zum Schwarzen Meer. So, daß Lehrer Potschka sich für sie schämte. Dagegen luden, was noch harmlos war, die Damen vom »Luisenbund« und vom »Vaterländischen Frauenverein« auf grüner Wiese in Bithenen zu Kaffee und Kuchen ein und zu Reden von »Vaterlandstreue« und vom »Außenposten des Deutschtums«. – Eine Steintafel aus dem Jahre 1956 steht auf der Anhöhe des Rombinus im lichten Fichtenwald. Markiert den heiligen Ort, trotz Übermalung des Attributs, immer noch auf sowjetische Weise: Volksfestplatz sei hier aus Tradition. Abseits, achtlos am Boden liegt Perkūnas' alter Opferstein, noch mit den eingehauenen Ablaufrinnen schwarz und grau, ganz so, wie ihn Johannes Bobrowski beschreibt. Stille und der Duft der Fichtennadeln hängen schwer in der Luft. Die Memel können wir von hier oben nicht sehen, Bäume verdecken die Sicht, nur die hellen Sonnenflecke, die der Strom zurückwirft und die zwischen den Stämmen flirren. »Dorther, vom Rombinus, kommt der Leib gegangen«, schreibt Johannes Bobrowski, »den Wind halb im Rücken. Der Wind hat einen Namen, er heißt Antanas und erzählt immer dasselbe: In Grauden wird der Wald geschlagen, in Kraupischken ist die Post blau, in Livland wird die Milch süßgemacht. So wird es Nacht, bis der Leib vor das Dorf kommt.«

Zusammen mit den anderen deutschen Gästen folgen wir Elena Kondratavičienė auf dem Sandweg an der Memel entlang, an dem einmal Höfe, Holzhäuser, Ställe, Scheunen, die Zollbuden, vor vielen Häusern Flieder, Holunderbüsche standen. Wir nähern uns dem Haus, an dem meine Suche nach Lipmanns Kneipe in Bitėnai begann. Vom Gerhard habe sie geträumt, sagt Elena Kondratavičienė, als die Fabians schon in Tauroggen waren. Er sei durch eine Wand ins Zimmer hereingesprungen gekommen, habe geschrien, er sei in Not, in so großer Not! Da sei sie aufgewacht. Nachher erst habe sie vom Mord an der Grenze gehört.

Elena Kondratavičienė erzählt von der schrecklichen Zeit, als 1939 die Gestapo ihrem Haus schräg gegenüber ihre Amtsstube aufmachte, jeden Schritt, jede Äußerung der Bithener zu kontrollieren begann. Ihrer kleinen Tochter sollte sie verbieten, mit einem »Judenkind« Hand in Hand zu gehen. Mit der jüdischen Nachbarin, die einen Deutschen geheiratet hatte, wurde es gefährlich zu reden.

»Rosa Lipmann stammt aus der Wilnaer Gegend, wo die Lipmanns auch her sind, die berühmte Familie, der große Raw von Kowno gehört dazu«, schreibt Johannes Bobrowski. Dort um Wilna herum sei es anders. »Sand und Holzhäuser auch, aber die Stadt dann mit den Toren, Bahnhof und Fabriken und die Pferdedroschken auf Gummirädern, und ihre Leute haben ein Restaurant. Nur Onkel Neum, der Vorsänger, hat nichts.« Schritte knirschen im Sand. Auch hier, auf dieser Wiese, habe ein Haus gestanden. Da habe eine Auguste Schoris gewohnt, sagt Elena Kondratavičienė. Jeden Sonnabend sei Tante Guste bei Fabians den Herd anzünden gegangen; den Juden sei es doch verboten, am Schabbes Feuer zu machen, daran hätten sie sich auch immer gehalten. Und auch an die jüdischen Feiertage. Unsere Schritte knirschen im Sand der Dorfstraße. Jedes Haus, jedes Grundstück habe seine eigene Geschichte. »Einer war so, der andere war so. Einer war geizig, der andere schlecht zu seinen Mägden und Knechten, zu den Arbeitern. Bei dem einen gab es süßen Kaffee zu Kleinmittag und Vesper. Da gab's schon süßen Kaffee! Immer war was Neues.« – »Da ist ja der verrückte Jud«, läßt Johannes Bobrowski den versoffenen Potschka sagen, dann den Lehrer Sikorski: »Na sieh mal einer an«, daraufhin den Viehhändler Köhn: »Komm doch mal her«, und wieder Sikorski: »Juden sind ziemlich reinliche Leute«, daraufhin Köhn: »Aber der da ist dreckig«, und Sikorski: »Sie sind aber sauber«; Köhn: »Wie der Hund, wenn er aus dem Moder kriecht«; Sikorski: »Du hast wohl dein Tauchbad noch nicht, du siebensinniges Aas« und zum Viehhändler gewandt: »die machen nämlich sowas«. Köhn dann zu Lipmann: »Komm mal her.« Johannes Bobrowski beschreibt, wie die Männer Lipmann auf die Anlegestelle zerren, über den Steg auf das Floß, er sich gar nicht wehrt, nur ein bißchen lacht; daß er getaucht wird, sechsmal, siebenmal, Potschka »Dreckiger Jud«, sagt und Köhn »Bißchen länger, der Dreck ist von Weihnachten«; wie Sikorski über die Bohlen zum Ufer zurückschwankt, schreit, sie hätten da in der Kompanie einen Itzig gehabt, der Bücher schrieb, Köhn »Ach was«, sagt und ihm nachgeht und der Papendick auf dem Floß steht und nicht weiß, wo der Jud geblieben ist.

Das Haus an der Memel, vor dem der junge Mann noch immer unter dem Trecker liegt, sei, sagt Elena Kondratavičienė, der Kolonialwarenladen und die Kneipe der Fabians gewesen. Im Garten habe Gerhard Fabian Tabak gezogen, neben dem Laden einen

Tanzraum aufgemacht und selbst dort Klavier gespielt. Mancher Einkauf wurde so zum Vergnügen. Eine ganze Schar von Gänsen kreist uns ein, will uns mit gereckten Hälsen, geöffneten Schnäbeln, ohrenbetäubendem Gekreisch verjagen. Die Treppe sei noch dieselbe. Auch der Verandavorbau, die Ladenräume, die Stuben dahinter, der Stall nebenan unverändert. In der Sowjetzeit dienten Haus und Hof der Kolchose als Maschinenstation. Seit kurzem ist da wieder ein Lebensmittelgeschäft, in dem es Montag bis Freitag, von vier bis sechs, nicht viel, immerhin Brot zu kaufen gibt. – Die beiden jungen Männer haben ihre Großmutter und unsere Gruppe auf dem Weg durch das Dorf treu begleitet. Nun werden sie ungeduldig, das Alte interessiert sie nicht sonderlich. Sie bitten die Oma umzukehren. Zu Hause, beim Mittagessen, könne sie doch weitererzählen.

»Der Regulator in Rosa Lipmanns Schnapsbude geht auf Mittag«, heißt es am Ende der Erzählung ›Lipmanns Leib‹. »Wlas sitzt am Tisch. Zwei Schnäpse sind es geworden, einen hat Rosa gestiftet. Die Kneipe ist leer. Drei, vier Leute, die auf das Dampfboot warten. Rosa sieht durch das Fenster. An der Anlegestelle steht der Viehhändler Köhn. Is nich rangekommen. – Nun wird der Dampfer sichtbar. Köhns Kutscher reicht eine Tasche vom Wagen, setzt sich zurecht, er kann zurückfahren. – Kinder, säuft, der Dampfboot pfeift, ruft Rosa und öffnet die Tür. – Sudiev. Nur Wlas bleibt noch. – Rosa steht auf dem Weg, sie wischt sich die Hände an der Schürze ab. Ihr fällt ein, es ist Mittag und der Leib ist noch immer nicht gekommen. Sie winkt dem Dampfer zu, der sein Schaufelrad in Gang bringt, und geht ins Haus zurück! Einen Schnaps, Onkel Wlas?«

Kinder, laßt uns anstoßen! Elena Kondratavičienė hebt ihr Glas mit dem Aufgesetzten, prostet uns Gästen zu an der langen, vom einen zum anderen Ende der Küche reichenden, festlich gedeckten Tafel. Die Töchter Birutė, Kauffrau in Klaipėda, und Irena, Deutschlehrerin in Smalininkai, bedienen. Koteletts gibt es, Kartoffeln und Gurkensalat. Hinterher Kaffee und Kuchen . Nach dem Essen stimmt Elena Kondratavičienė mit kräftiger Stimme an:

»Sah ein Knab ein Röslein stehn . . .« Als wir anderen alle mitsingen sollen, wird daraus ein kläglicher Gesang. Unruhig rutschen die jungen Männer auf ihren Stühlen hin und her. Sie wollen zu den deutschen Autos in der Scheune. Ihnen ist schon am Morgen eine Probefahrt über die Feldwege versprochen worden. Der eine spielt mit dem Gedanken, nach Deutschland zu gehen, der andere möchte in Klaipėda oder Smalininkai ein Café aufmachen. Irena, klagt, orientierungslos seien die beiden Söhne nun nach der ersten Freiheitseuphorie, alte Muster, Ausbildungsgänge seien zerstört, neue nicht in Sicht. Die Töchter sorgen sich auch um die Mutter. Im Sommer sei es noch ein leichtes Leben in Bitėnai, gebe es Abwechselung, kämen Gäste, aber im Winter . . . Zu Weihnachten erhalte ich einen Brief von Elena Kondratavičienė, sie liege flach seit dem zehnten November, leide an heftigen Kreuzschmerzen. Eigentlich liebe sie die langen dunklen, sternenklaren Abende, die dunklen Tage aber seien o weh. Wer mag, denke ich, der alten Frau das Brot kaufen, den Ofen anheizen, die Kuh, das Federvieh füttern, das Wasser aus dem Brunnen bringen im Winter?

KOWNO – KAUNAS
ZIONSLIEBE

Feiertäglich gekleidete Leute stehen in Gruppen vorm Portal des *sobor*, Frauen, Kinder, einige Männer in Militäruniform. Ein alter Mann mit filzigem grauem Haar in einem schäbigen langen Mantel humpelt von Gruppe zu Gruppe, redet wirr, schimpft laut, hält den Leuten seine Mütze hin. Das Portal ist geschlossen. Gedämpft dringt Orgelmusik, Gesang auf den Platz. Dann öffnet sich die Tür, läßt die Kirchgänger heraus, die zum nächsten Gottesdienst hinein. Auf den Treppenstufen treffen sich beide Gruppen, drängen aneinander vorbei. Mitten in der leeren, hohen Halle sind Stühle zu Reihen provisorisch zusammengerückt. Anstelle des Altars ein langer Tisch, mit Blumen geschmückt. Die Wände sind kahl, fleckig, nur an den Kuppeldecken schimmern Fresken blau. Sonntagmorgen in Kaunas. Aus der alten zaristischen Garnisonskirche, einer Galerie für Plastik und Glasmalerei in der Sowjetzeit, ist wieder wie in der ersten litauischen Republik ein katholisches Gotteshaus geworden. Ich stehe vor der Kirche des heiligen Nikolaus, in Kaunas kurz russisch *sobor* genannt, schaue die frisch silbergraublau gestrichene neobyzantinische Fassade bis zu den drei Kuppeltürmen hinauf, dann die Laisvės alėja, die Freiheitsallee, hinunter. An einem ebensolchen sommerlichen Feiertag wie dem heutigen, Pfingsten 1916, traf der Soldat Sammy Gronemann, Sohn des Rabbiners Selig Gronemann aus Hannover, in Kowno ein, fuhr mit der Pferdebahn, die seit 1892 den Bahnhof mit dem dreieinhalb Kilometer entfernten Rathaus verband – für den deutschen Juden ein »vorsintflutliches Beförderungsmittel« –, in die Stadt hinein, freute sich über das malerische Frühsommerwetter, die idyllische Lage Kownos an der Mündung der Wilija in den Niemen, war erstaunt über den italienischen Charme der litauischen Stadt: »die reizend geschwungenen Hügel, die kleinen, bunten Häuschen mit den vielen netten Schnitzereien«. Auch fehle es keineswegs an jener Patina von Schmutz, welcher Land und Volk von Italien einen Teil ihrer malerischen Wirkung verdankten. Nur der »plumpe, protzige griechische Dom«, wie er den *sobor* in seinen Erinnerungen an Kowno nannte, störte den Ankömmling. Er habe auch späterhin nie begreifen können, wieso dieser Bau Hermann Struck zu so vielen Bildern habe reizen können. Vielleicht habe Struck das Heimweh nach der »neukaiserlichen Architektur« in Berlin dazu bewegt. Der Grafiker, Maler, Kunstwissenschaftler Hermann Struck, geboren 1876 in Berlin, war wie Sammy Gronemann Soldat der deutschen Armee, im Pressedienst der Heeresleitung »Oberost«. Die ehemalige Garnisonskirche, übrigens auch litauischen Architekten ein Dorn im Auge, nach Erringung der Unabhängigkeit 1991 habe man, höre ich, sie abreißen wollen, überragt die Häuser der Stadt heute noch, thront fremd und protzig am Ende der Freiheitsallee.

Nikolaus-Prospekt hieß die Allee in der zaristischen Gouvernementsstadt Kowno, Kaiser-Wilhelm-Straße während der deutschen Besatzung im Ersten Weltkrieg. Als 1919 die litauische Republik gegründet wurde, erhielt sie den Namen Laisvės alėja, Freiheitsallee. Die sowjetischen Okkupanten machten aus ihr die Stalinstraße. Nach dem Zweiten Weltkrieg gab man der Allee ihren litauischen Namen – Freiheitsallee – zurück. Zusammen mit Jocheved Inčiūrienė und Fruma Kučinskienė, zwei Frauen aus Kaunas, gehe ich die Laisvės alėja entlang. Sie ist seit mehr als zwanzig Jahren Fußgängerzone. Paare schlendern Arm in Arm vor uns her. Auf Parkbänken zwischen Blumenrabatten im Schatten der Linden sitzen die Alten, schauen den Vorbeiflanierenden nach. Die Blumenrabatten begrenzen den schattigen Mittelgang der mehr als anderthalb Kilometer langen, schnurgeraden Allee. Jugendliche treffen sich auf den Bänken. Ein Mann entlockt seinem Akkordeon sentimentale Töne. Kinder lutschen genüßlich an ihrem Eis, schauen dem Musikanten zu. Familien holen sich in Pappbechern Limonade, Kaffee, dazu Kuchen aus einem der Kioske gegenüber auf die Bänke unter den Linden. Kaunas im Sonntagsstaat. Die Geschäftshäuser rechts und links der Laisvės alėja sind heute geschlossen, manche ihrer Schaufenster tragen neue Namen, stellen westliche Reklameplakate und Dekorationen zur Schau. Buchhandlungen gibt es nicht mehr so viele wie noch vor einem Jahr. Gemischtwarenläden mit Westwaren, Wechselstuben haben wie in allen Städten des Baltikums aufgemacht, auch Schnellimbisse, Straßencafés. Schon lange laufen keine barfüßigen schwarzäugigen Jungen mehr durch die Straßen, lauthals die neueste Nummer der *Letzten naijs* ausrufend, wie zu Sammy Gronemanns Zeiten und später, in der litauischen Republik, auch die *Jidische schtime*, die *Schtime, Hajntiken najs*, das *Folksblat*, den *Riger frimorgen*, die *Najs, Dos wort, Unser moment* – nicht mal der sowjetische *Emes* ist mehr zu haben. Sammy Gronemann nahm Kowno für eine ganz und gar jüdische Stadt, obgleich damals von den über zweiunddreißigtausend Juden (vierzig Prozent der Einwohnerschaft) nicht mehr als neuntausend in der Stadt geblieben, die meisten ins Innere des Russischen Reiches verschleppt worden waren. Heute leben nur noch ein paar hundert Juden im vierhunderttausend Einwohner zählenden Kaunas. Eine hübsche kleine Stadt, schwärmt Herr B. in Riga, ohne Probleme mit Fremden.

Vor dem letzten Krieg habe Kaunas, damals provisorische Hauptstadt Litauens, insgesamt etwa einhundertfünfzigtausend Einwohner gehabt, davon – zusammen mit den Flüchtlingen aus Deutschland, Polen, dem Memelland – etwa fünfzigtausend jüdische Bürger, sagt Jocheved Inčiūrienė streng und steckt sich eine Zigarette an; sie stellten demnach dreißig Prozent der Einwohnerschaft, in Litauen die größte jüdische Gemeinde. Im Unterschied zu den lettischen und estnischen Juden waren die *litwaken* eine homogene Gruppe, tief im orthodoxen Judentum verwurzelt, streng national; die am wenigsten akkulturierten in Osteuropa, dennoch den Litauern gute Nachbarn. Im russischen Reichstag, auch im Kampf um die staatliche Unabhängigkeit des litauisch-polnisch-weißrussisch-jüdisch-deutschen Vielvölkerlands zogen Litauer und Juden an einem Strang. Mitarbeit und Meinung der Juden waren gefragt, als die Litauer 1918 ihren Staat gründeten. Die litauischen Juden boten ein intellektuelles Potential und eine

Bourgeoisie mit internationalen Beziehungen; waren darüber hinaus, weil sie – anders als die Polen, Weißrussen – keine territorialen Ansprüche stellten, bloß ihre eigene Kultur leben wollten, den Litauern angenehm.

Wir gehen die Allee entlang. Kaunas sei eine elegantere Stadt gewesen als Memel, schreibt Trudi Birger aus Frankfurt am Main, Tochter des orthodoxen Juden und Papierfabrikanten Philip Simon, in ihren Erinnerungen an die Jahre des Holocaust. 1933 war die Familie nach Memel, in die Heimatstadt der Eltern geflohen, 1939 weiter ins litauische Kaunas. Zusammen mit ihrem Vater, den Trudi Birger einen »Gerechten«, einen Wohltäter nennt, sei sie in die besten koscheren Delikatessengeschäfte gegangen, Leckereien einkaufen für die Hilfspakete an die armen Juden in Polen. Wo sich nun die hypermoderne Žilinskas-Kunstgalerie breitmache, gleich beim *sobor* nebenan, habe Herr Markus in seinem Delikatessengeschäft *fusch* vom Feinsten und andere Köstlichkeiten angeboten, höre ich Margarete Holzman aus Kaunas sagen, die seit 1966 in Gießen lebt. Herr Markus habe sich seinen deutschsprechenden Kunden zuliebe bemüht, seinem litauischen Jiddisch einen hochdeutschen Akzent zu geben, sei statt dessen jedoch ins polnische Jiddisch gefallen. Wäre er einfach bei *fisch* geblieben, hätte man ihn besser verstanden. Dort sei auch, ergänzt ihr Landsmann Herr Dr. R., den ich mit Frau Holzman zusammen in Marburg besuchte, ein Schreibwarenladen mit dem für ihn als Kind wunderlichen Namen »Kacenelenbogenas« gewesen, er aber habe meist in dem kleinen Laden »Levinas« etwas weiter die Allee hinunter Papier und Stifte gekauft, bei dem brummigen Alten, bei dem es einfach alles gab und so merkwürdig nach dem elektrischen Öfchen roch. Frau Holzman hat mich mit Herrn Dr. R. bekannt gemacht. In Marburg saßen die beiden sich gegenüber am runden Wohnzimmertisch. Frau Holzman und Herr Dr. R. kennen einander seit ihrer Jugendzeit vor dem Krieg in Kaunas. Sie erinnern sich an die Stadt der zwanziger/dreißiger Jahre wie an eine verlorene Zeit. Frau Holzman führt ein Familienarchiv. Herr Dr. R. hat manchen wissenschaftlichen Aufsatz zu Litauen verfaßt. Seit langem hegt er den

Plan, seine Erinnerungen zu schreiben. Er zeigte uns Familienphotos, gemeinsam studierten wir einen alten Stadtplan von Kaunas, blätterten im Telephonbuch von Litauen aus dem Jahre 1939. Herr Dr. R. holte andere Bücher herbei, erzählte von seinen Eltern, die 1918 bis 1940 geholfen hätten, das kleine, arme, vom Krieg verwüstete Litauen aufzubauen. Im Gespräch zwischen Frau Holzman und Herrn Dr. R. kam Leben in die Bilder, die Bücher, die Erinnerungen an die litauische Vorkriegsstadt.

Zusammen mit Jocheved Inčiūrienė und Fruma Kučinskienė kreuze ich die Mickievičiaus gatvė. Ganz in der Nähe von »Levinas« sei das deutsche *Café Konrad* gewesen, sagt Jocheved Inčiūrienė. Nun heißt es *Tulpė* und ist – noch – ein staatliches Restaurant. Sammy Gronemann verliert in seinen Schilderungen von Kowno nicht viele Worte über Frau Konrads Café, lobt indessen die Konditorei der Madame Steinbach, in die er mit seinen Freunden zu ofenfrischem Käsekuchen, Omelett, Bobes, Blinzes, Latkes einkehrte. Vielleicht wurde aus Madame Steinbachs Konditorei in den zwanziger, dreißiger Jahren das *Café Monika*.

Wir spazieren am »Fortschrittspalast« (*Pažangos rūmai*) im Art Deco-Stil vorbei, in dem, wie Herr Dr. R. erzählt, in den Dreißigern die führende christdemokratische »Volkspartei« ihren Sitz und deren Zeitung *Lietuvos aidas* (Litauisches Echo) ihre Redaktion hatte, dann am funktionalistischen Bau des Milchzentrums (*Pienocentras*) aus dem Jahre 1931. Eine der großen, staatlich subventionierten litauischen Genossenschaften war das *Pienocentras* zur Förderung der einheimischen Wirtschaft; um den jüdischen Kaufleuten und Industriellen die Stirn zu bieten, sagt Herr Dr. R. Diese seien dadurch vom litauischen Markt gedrängt worden, sagt Frau Holzman. Manchmal sei ihre Familie in dem modernen, hellen Restaurant unten im *Pienocentras* essen gegangen. Litauische kalte Borschtschsuppe habe man in dem Restaurant ganz köstlich mit Sahne zuzubereiten gewußt. Gegenüber zieht sich die mächtige Betonfassade des staatlichen Kaufhauskomplexes *Merkurijus* die Allee entlang. Anstelle des heutigen Kaufhauses habe sich vor dem Krieg der große »Schnittladen« *Arkus* befunden, sagt Jocheved Inčiūrienė und tritt mit der Sandale den glühenden Zigarettenstummel aus, viele schöne, kundige und flinke jüdische Verkäuferinnen seien im Stoffgeschäft des Herrn Arkus beschäftigt gewesen.

Wir biegen in die Fußgängerzone der Daukantasstraße, kommen an der Technischen Hochschule, an der 1989 wiedereröffneten Vytautas-Magnus-Universität vorbei. Als sie im Jahre 1922 gegründet wurde, begannen dort neben den litauischen auch viele jüdische Studenten zu studieren. Nach wenigen Jahren aber habe der Dekan, Professor der Medizin Žilinskas, um die Chancen der Litauer zu erhöhen, erinnert sich Herr Dr. R., Aufnahmeprüfungen und dazu Tests in litauischer Sprache eingeführt.

Auf dem Einheitsplatz (Vienybės aikštė) ist Lenin längst gestürzt, statt dessen die Freiheitsstatue wiedererrichtet, das ewige Feuer wieder entfacht. Der rechteckige, mit Platten belegte weite Paradeplatz, das symbolische Zentrum der litauischen Stadt, wird im Norden von klotzigen hohen Repräsentativbauten aus den dreißiger Jahren, der Hauptstadtzeit, begrenzt – dem Kriegsmuseum und anderen Museen von Kaunas. Begleitet von Klaviermusik, die aus dem unteren Stockwerk durch das offene Treppenhaus bis in die Ausstellungshallen heraufklingt, gehen wir durch das Kunstmuseum. Es ist dem Werk des aus Druskininkai stammenden Kantorssohns und früh verstorbenen litauischen Malers und Komponisten Mikalojus Konstantinas Čiurlionis (1875–1911) gewidmet. Wir gehen von Bild zu Bild, sehen durch Gegenständliches, Gestaltetes hindurch mehrstimmige, rhythmische Klangfarbenmuster, mythische Visionen impressionistisch, auch vom Jugendstil geprägt, modern gewendet, eigen; hören, wie Čiurlionis' Musik das Meer, die Wälder – litauische Landschaften malt.

Daukantasstraße, Ecke Laisvės alėja blitzen uns die silbernen Lettern des *Metropolis* an. Ausländische Politiker seien Anfang der zwanziger Jahre im Hotel *Metropolis* abgestiegen, erzählt Herr Dr. R., hätten sich über Schaben an den Wänden, Wanzen in den Betten beschwert. Ihr Vater habe, sagt Margarete Holzman, den Mief im Restaurant oft nicht ertragen können, später aber sei es modernisiert worden. *Metropolis* ist noch immer Vorzeigerestaurant. Galanterie-, Tabak- und Drogeriewaren, Brillanten, Uhren – feine Geschäfte habe es auf der Laisvės alėja gegeben, sagt Jocheved Inčiurienė, sehr viele, vor allem Wäsche- und Konfektionsgeschäfte wie *Arkus* oder *Frou Frou* – schon der Name bringt die Seide zum Rascheln – hätten jüdischen Kaufleuten gehört. Hier sei die Praxis des bekannten Arztes Benjamin Bluds gewesen und dort noch bis in die fünfziger, sechziger Jahre hinein Werkstatt und Laden des Optikers Herz Gladstein. Drei Kinos habe es auf der Laisvės alėja gegeben, höre ich Margarete Holzman sagen, das *Forum* auf der Höhe von *Arkus* und *Frou Frou*, das *Kapitol* nicht weit von der alten Garnisonskirche und das *Triumph* noch ein Stück die Allee hinunter. Ihren gloriosen Namen entspreche ihre Bedeutung in den Dreißigern; ihr Programm habe Meinung und Mode gemacht. Amerikanische Filme seien gezeigt worden, ›Tarzan‹ und Walt-Disney-Produktionen, Filme mit Shirley Temple und Greta Garbo, sogar Charlie Chaplins ›Moderne Zeiten‹; dann herzzerreißende polnische Streifen; zuletzt, nach dem »Hitler-Stalin-Pakt« im Herbst 1939 auch sowjetische – Sergej Eisensteins und Alexander Dowschenkos Filme zum Beispiel –, die so beeindruckend und neuartig waren, daß sie Intellektuelle und Jugend, Juden wie Litauer, für das sozialistische Experiment begeisterten. Für die jüdischen Zuschauer sei, angesichts der Bedrängnis, in der die europäischen Juden insbesondere seit Kriegsbeginn am 1. September 1939 waren, der Film ›Die Glückssucher‹ ein besonderes Ereignis gewesen, der das sowjetische »Zion« propagierte weit im sibirischen Osten, das seit 1928 Autonome Jüdische Gebiet »Birobidschan«.

Das Bankhaus der Brüder Braun, die Deutsche Buchhandlung, auch *Mokslas*, die russische, vom Ehepaar Margolis geführt, und *Pribačis* Buch- und Lehrmittelhandlung hätten sich in diesem Karree befunden, ergänzt Fruma Kučinskienė. Wir kreuzen die Maironis-Straße. Die sanfte, elegant gekleidete Frau beginnt von *Pribačis* zu erzählen. Gegründet Ende des Jahres 1923 als Filiale der Breslauer Buch- und Lehrmittelhandlung des Felix Pribatsch, sei das Geschäft von Max und Helene Holzman übernommen worden. Bei Helene Holzman sei sie aufgewachsen, sagt Fruma Kučinskienė. *Pribačis* sei keine gewöhnliche Buchhandlung, sondern ein Kulturzentrum in Kaunas gewesen, habe anders als die Deutsche Buchhandlung nach 1933 auch französische und englische Bücher geführt, was sich, als der Streit mit Deutschland um das Memelland erneut begann, für das Geschäft von Vorteil erweisen sollte. *Pribačis* sei auch Verlagsbuchhandlung gewesen, habe die litauischen Schulen mit deutschen Schul- und Lehrbüchern versorgt, selber ein Lehrbuch der deutschen Sprache für höhere Lehranstalten, den »Studerus«, in vier Bänden herausgegeben, sagt die Tochter der einstigen Inhaber Margarete Holzman in Gießen. Bei *Pribačis* sei (1938) auch die erste große Arbeit über Mikalojus Konstantinas Čiurlionis von Nikolai Worobjow erschienen.

Vor dem Gebäude der Stadtverwaltung erinnert der Großfürst Vytautas, auf ein langes Schwert gestützt, an das Fürstentum Litauen; am Jahrestag des »Hitler-Stalin-Paktes« hat man das Denkmal 1990 aus dem Vorort Panemunė ins Zentrum gebracht; ihm gegenüber in einem kleinen Park ein Brunnen, in loser Anordnung steinerne Büsten bekannter litauischer Künstler auf Sockeln, Bänke, dahinter das hübsche weiße Theater von Kaunas, ein eklektizistischer Bau, kaum höher als die zweistöckigen Geschäftshäuser, mit Barockschnörkeln am Giebel und seitlich abfallenden, zurücktretenden, mehrfach rokokoartig gefältelten Seitenflügeln aus dem Jahre 1891, den man in den zwanziger Jahren grunderneuert hat. Die magische Stimme, der großartige Gesang des Kipras Petrauskas im Opernhaus zählt zu den Ereignissen in Kaunas, an die sich die israelische Zahnärztin Trudi Birger gern erinnert.

Unter den Bäumen am Rand der Allee ein paar welke Nelken auf einer Marmorplatte zur Erinnerung an Romas Kalanta, der sich neunzehnjährig am 14. Mai 1972 aus Protest gegen die sowjetische Fremdherrschaft im Zentrum der Stadt mit Benzin übergossen und verbrannt hat. Sein Tod habe damals, erzählen meine Begleiterinnen, die erste große Demonstration in Litauen, Gewaltaktionen provoziert. Wir setzen uns vor dem Theater auf eine Bank.

In bestem Deutsch erzählen die Frauen von ihrer Kindheit und

Jugend in Kaunas. Die Eltern seien beide Lehrer gewesen, sagt Jocheved Inčiūrienė geborene Tschartokaitė, zuerst an hebräischen Gymnasien in der Provinz. In den letzten Jahren vor dem Krieg habe ihr Vater als Mathematiklehrer am hebräischen *Jawne*- und am jiddisch-litwischen Gymnasium gearbeitet. *Jawne* hießen die Schulen der Religiösen, der *Misrachi* und der orthodoxen *Agudat* – in Litauen *Ahdes* genannt –, im Unterschied zu *Tarbut*, den Schulen der Zionisten. Sechs jüdische Gymnasien habe es in Kaunas vorm Krieg gegeben. Frau Inčiūrienė führt mich zum ehemaligen hebräischen Realgymnasium an der Kęstučio gatvė, gleich hinter dem Theater. Ein großer Schulbau mit Hof; darin, sagt sie und zeigt auf ein kleineres Hinterhaus, habe sich die *Tarbut*-Schule befunden. Insgesamt habe es drei verschiedene Richtungen innerhalb des jüdischen Schulsystems in Litauen gegeben, schreibt der Historiker Dov Levin aus Kaunas von der Hebrew University in Jerusalem in einem seiner Aufsätze zur Geschichte der Juden in der ersten litauischen Republik. Außer den hebräischsprachigen *Tarbut*- und *Jawne*-Schulen, die insgesamt fünfundachtzig Prozent der Schüler besucht hätten, noch die von der *Folkspartei*, von der *Poale Zion*, vom *Bund* favorisierten jiddischen, säkularen.

Der junge litauische Staat gewährte den Juden Kulturautonomie. 1919 wurde der Zionist Max Soloweitschik aus Kaunas zum Minister für jüdische Angelegenheiten bestimmt. Im Januar 1920 trafen sich die jüdischen Gemeinden zur Ersten Allitauischen Konferenz in der provisorischen Hauptstadt. An der Kęstučio gatvė Nr. 34 hatte das Ministerium für Jüdische Angelegenheiten seine Räume. Jiddisch war eine der Verkehrssprachen im litauischen Parlament. Eine besondere rechtliche Absicherung der Kulturautonomie hat es dennoch nie gegeben, weshalb diese den Juden in der Regierungskrise des Präsidenten Antanas Smetona Stück für Stück wieder zu nehmen nicht schwierig war. 1924 wurde das Ministerium für jüdische Angelegenheiten abgeschafft, ein Jahr später die *kehillot*, die jüdischen Gemeindeverwaltungen, unter staatliche Aufsicht gestellt; 1926 die alten demokratischen *kehillot* aufgelöst, neue vom Staat eingesetzt. Weil es den Litauern nicht gelungen sei, die alte Hauptstadt Vilnius von Polen zurückzubekommen, hätten sie den Plan, den Minderheiten im Land Kulturautonomie zu gewähren, fallenlassen, meint der Historiker Ezra Mendelsohn und hätten, was damals ja von Deutschland ausgehend Trend in Europa war, die Nationalstaatsidee »Litauen den Litauern« kultiviert. Allein in den Schulen habe die jüdische Kulturautonomie über das Jahr 1926 hinaus fortbestanden.

Die *jarmolke*, das Samt- oder Satinkäppchen, habe der Vater nur in der Schule getragen, sagt Jocheved Inčiūrienė. Sie sei nicht religiös erzogen worden; aber die Eltern hätten sie auf das hebräische Mädchengymnasium geschickt. Frau Kučinskienė erzählt, ihr Großvater mütterlicherseits, Peissach Schmukler, habe sich noch in den Holzhäusern auf dem Žaliakalnis, dem Grünen Berg, in denen die russischen Beamten aus der Zarenzeit und russischsprechende Juden lebten, zu Hause gefühlt; sie selbst aber sei in dem traditionell auch von Deutschen bewohnten Stadtteil Šančiai/Schanzen aufgewachsen und in eine litauische Schule gegangen. Die Mutter sei nicht religiös, eher emanzipiert gewesen und der Vater, Vulf Vitkin, Sproß einer großen, alten, religiösen Familie. Zu Hause hätten sie sich zwar nicht mehr an die Speisegesetze, wohl aber an die Bräuche gehalten.

Wir gehen weiter die Allee entlang. Jocheved Inčiūrienė weist auf die Spiegelflächen eines Lebensmittelladens – hier habe die renommierte jüdische Fleisch- und Wurstfabrik *Rosmarin* ihr feinstes Geschäft gehabt. Wir kreuzen die Kantstraße, kommen am konstruktivistischen Hauptpostamt vorbei. Gleich hinter der Post habe die Passage begonnen mit der jüdischen Bankzentrale im schmucken Geschäftshaus und Baloschers Privatbibliothek im Erdgeschoß dahinter. Eine jüdische Gasse sei die Passage gewesen; Abraomas Balošeris' Private Leihbibliothek in sieben Sprachen habe ihn, höre ich Herrn Dr. R. im Tonfall verflossener Leseabenteuer sagen, mit der russischen Literatur bekannt gemacht. Baloschers Bibliothek war, anders als die Bibliothek des *Wilner jidischen wisenschaftlechen instituts* am Savanorių prospektas, populär in Kaunas. Und in der Buchbinderei am Ende der Passage habe er, erzählte mir bei meinem Besuch in Marburg der Kunsthistoriker Herr Dr. R. und legte zwei schwere Folianten auf den Tisch, als Student Ende der dreißiger Jahre Zeitschriften binden lassen. Die Bindungen hielten heute noch. Die Passage zur E. Ożeškienės gatvė hin aber hat das Zoologische Museum geschluckt. Wir kommen am Knabengymnasium *Aušra* (Morgenröte) aus der litauischen Gründerzeit vorbei, das, so Fruma Kučinskienė, auch als sowjetische höhere Staatsschule im Volksmund seinen Namen behielt, nichts von seinem Ansehen einbüßte.

Nach dem *sobor*, dem Kaufhaus *Merkurijus*, dem »Fortschrittspalast«, dem »Milchzentrum« und der Post überragen an der Laisvės alėja nur noch wenige Gebäude wie das russisch-klassizistische Bezirksgericht die niedrigen Ziegeldächer. Eine zaristische Verordnung erlaubte in der Neustadt nur zwei Stockwerke hohe Häuser. Das Gesicht der Allee hat sich trotz der beiden Weltkriege kaum verändert. An der E. Ożeškienės gatvė endet sie, endet die alte Neustadt von Kaunas, deren Bau mit dem Bahnhof, mit dem Bau der Eisenbahnlinie 1861 von Preußen nach Rußland begann. An der Verkehrskreuzung Savanorių prospektas/Šv. Gertrūdos gatvė vorbei, durch eine Unterführung unter der vielbefahrenen Birštono gatvė hindurch leitet die Fußgängerzone unversehens in die Vilniaus gatvė über, einst Hauptgeschäftsstraße der Altstadt von Kaunas. Hier ist es stiller als auf der Freiheitsallee. Nur wenige spazieren an diesem Sonntagvormittag über die unebenen, glattgetretenen Pflastersteine, an den begradigten, frisch getünchten Fassaden der einstigen Kaufmanns- und Bürgerhäuser, an den auf alt gemachten Telefonzellen vorbei. Türen und Fenster sind geschlossen, stumm. Eine Frau verkauft Bananen wie Eiscreme nach Gramm vor einer der gotischen Fassaden. Ein Junge sitzt auf der Schwelle vor den heruntergelassenen Rolläden einer Ladentür, bietet aus einem Korb Kekse an.

Ein Leben sei hier gewesen vor dem Krieg, sagt Margarete Holzman, die Gerüche, die Geräusche, der Fischmarkt nebenan, die Pferdeäpfel auf der Straße, der Dreck in der Gosse, in den schmalen, hier und da mit Stegen überbrückten Gräben rechts und links des Fahrwegs. »Gegenseitige Kredite« lese ich auf einem Photo. Was »Schapiro« anzubieten hatte, erkenne ich nicht. Lädchen an Lädchen, Werkstatt neben Werkstatt, an den Hausfassaden Schild an Schild mit litauischen und hebräischen Aufschriften und Bildern: Hier ist ein Primuskocher, da ein Schuh, auf einem weiteren Schild eine Garnrolle oder eine Brezel abgebildet – für die Leute, die des Lesens unkundig waren, sagt Margarete Holzman. Hier und da sind an Fassaden noch verblichene Buchstaben einer Reklametafel zu erkennen. In der Altstadt wurde jiddisch gesprochen, sagt Herr Dr. R., nicht russisch, polnisch, litauisch wie in der Neustadt um die Laisvės alėja herum. Ein Marktgeschrei sei das gewesen, sagt Frau Holzman, ein Klopfen, Hämmern und Sägen bei den Schmieden, den Stellmachern und den Tischlern. Die jüdischen Handwerker hätten bei der Arbeit fröhlich gesungen. Hinter einem Fenster sitzt ein Uhrmacher über eine Lupe gebeugt am Arbeitstisch, hinter einem anderen der Schneider an der Nähmaschine. Sein Raum ist Werkstatt und Stube zugleich. An der Ecke steht ein Scherenschleifer mit seinem Karren, preist seine Dienste an. Ein Fuhrmann, den Riemen über der Schulter wie ein Pferd zwischen die Deichseln gespannt, trottet daher. Träger schwanken unter der Last der Säcke, Kisten, Körbe auf den gekrümmten Rücken. Hermann Struck hat sie alle in Bildern, Lithographien, festgehalten. Schade nur, daß sie sich bei ihm alle so ähnlich sehen – die Männer mit langen Bärten, markanten, zerfurchten Gesichtern mit Käppchen, meist aber Schirmmützen in langen, groben Mänteln; alte Frauen in Tücher gehüllt und junge Schöne – alle mit dem gleichen elegischen Blick. Bei aller Liebe zu den osteuropäischen Juden fühlte sich der Maler aus Deutschland scheint's, ehe er sie zeichnete, schon im Bilde.

Ihre Pflegemutter Helene Holzman sei Deutsche gewesen, sagt Fruma. Anfang der zwanziger Jahre sei sie zusammen mit ihrem Mann Max Holzman, auch er Maler wie Helene, nach Kaunas gekommen. Ein Zimmer mit Aussicht auf einen dunklen Berg, die Mondsichel, einige Sterne. Ein Bett, ein Stuhl, ein Tisch, ein Schrankkoffer, ein Eimer, ein Regenschirm in der Ecke. Holzdielen auf dem Fußboden, eine Glühbirne unterm Emailleschirm an der niedrigen Decke. Im Bett, dem einzig warmen, gemütlichen Ort in diesem unwirtlichen Zimmer, eine junge Frau mit schmalem Gesicht, offenen schwarzen Haaren, streng blickenden, traurigen Augen, halb aufgerichtet. Neben sich auf dem Schemel ein Glas, mit einem Löffel darin. Unterm Tisch eine Maus. Margarete Holzman zeigt mir das Selbstporträt der Mutter aus deren ersten Tagen in der litauischen Stadt. Kinder, Hausarbeit, die Buchhandlung hätten der Mutter später keine Zeit mehr für ihre Malerei gelassen, höre ich die Tochter sagen. »Eine schöne, strenge Frau!« sagt Fruma Kučinskienė, seit sie sie gekannt habe, habe sie sich als Lehrerin den Lebensunterhalt verdient. »Der Vater hat sich leicht an Kaunas gewöhnt«, erzählt mir Margarete Holzman. Der Sohn eines Richters Max Holzman aus Posen, war wie Sammy Gronemann und Hermann Struck als Soldat im Ersten Weltkrieg schon einmal in Litauen gewesen. Die Frömmigkeit, Warmherzigkeit und Gastfreundlichkeit der osteuropäischen Juden, insbesondere auch deren Freundlichkeit gegenüber den Deutschen, hatten ihn so tief beeindruckt wie seine Mitsoldaten. Helene Holzman geborene Czapski stammte aus Jena. Ihr Vater leitete dort die Zeisswerke. Der Vater und die Mutter hätten sich bei dem Maler Max Beckmann in Berlin kennengelernt. Sie hätten Deutschland verlassen und seien ins litauische Kaunas gegangen, um sich hier eine Existenz aufzubauen, sagt Margarete Holzman. Mit ihrer Malerei hätten sie keine Familie ernähren können. Die Buchhandlung *Pribačis* aber habe den beiden dafür eine reelle Chance geboten. Der Mutter sei das Leben in Kaunas zu Anfang nicht leichtgefallen, denn sie habe, was für die junge, emanzipierte Malerin aus gutem Hause ungewohnt war, für die Familie mit den beiden kleinen Kindern die Hausarbeit verrichten müssen. Die Stadt aber hatte damals noch keine Kanalisation. Man mußte das Wasser von der Pumpe holen. Der Abfall wurde einfach in den Rinnstein gegossen. Die Mutter habe unter der Kälte, den langen Wintern gelitten, zuerst seien ihr auch die jiddisch, polnisch und litauisch sprechenden Leute fremd gewesen. Später, als sie sie sich eingelebt hatte, und als die Familie in eine der neuen Wohnungen am Stadtrand gezogen war, sei es auch für die Mutter leichter geworden. Wir biegen in die Palangos, von dort in die Kurpių, die vor dem Krieg Gardino gatvė hieß, kreuzen die breite Asphaltbahn der gefährlichen Birštono, kommen an einer der wenigen erhalten gebliebenen ehemaligen Synagogen (Birštono 14) vorbei, einem ausladenden, schmucklosen Gebäude mit Garagentüren an der Seitenwand. Über der Tür steht *Baras* (Bar) und *Kirpykla* (Friseur) geschrieben. Fünfunddreißig Synagogen, dreiundzwanzig verschiedene große und kleine Gemeinden hatte Kaunas in den zwanziger Jahren. Nicht mehr als vier oder fünf Synagogengebäude seien noch erhalten, sagt Jocheved Inčiūrienė. Wir gehen die Puodžių entlang, biegen in die Smalininkų, von dort in die D. Poškos gatvė. Die Gassen sind kurz, schmal, kleinstädtisch, die mal rosa, mal blau, mal lange gar nicht getünchten Häuser wirken verwahrlost. Im Haus Nummer 15 sei vor dem Krieg das jüdische Altenheim gewesen, erzählt Jocheved. Es gehe auf Rabbi Jizchak Elchanan Spektor zurück. Jizchak Elchanan Spektor, geboren 1817 in der Nähe von Grodno, gestorben 1896 in Kaunas, nach dem Jüdischen Lexikon von Herlitz und Kürschner der bedeutendste Rabbiner und Talmudgelehrte der zweiten Hälfte des 19. Jahrhunderts, sei beliebt gewesen bei Arm und Reich, heißt es, tolerant und bei seinen Entscheidungen zur Gesetzestreue bemüht, Erleichterungen zu verschaffen – den Armen in schlechten Erntejahren oder nach Feuersbrünsten; den *agunes*, verlassenen Ehefrauen, die nach jüdischem Gesetz nicht wieder heiraten dürfen und derer es nach der großen Auswanderung der Jahre 1881/82 so viele gab. Er habe Kontakte zu Rabbinern in Westeuropa unterhalten, dort Sammlungen veranlaßt für die armen Gemeinden in Rußland. Groß seien seine Verdienste in der Sozialarbeit gewesen.

Aus der D. Poškos biegen wir in die J. Gruodžio, die alte Ugniagesių gatvė, die Feuerwehrstraße, ebenfalls eine enge, kurze, ehemals jüdische Gasse. Im Haus Nr. 15 habe die Gemeinde ein Waisenhaus gehabt, in Nr. 17 eine Talmud-Thora-Schule; die Häuser stehen noch. Wir kehren auf die Vilniaus zurück, schauen in die

Mapustraße, benannt nach dem hebräischen, 1808 in der Vorstadt Slobodka, dem heutigen Viljampolė, geborenen Romanschriftsteller Abraham Mapu. Mapu gatvė hieß die Gasse schon in der Zeit der ersten litauischen Republik. Nicht jeder aber habe damals gewußt, woher sie ihren Namen hatte, sagt Margarete Holzman. »Mapu« klinge wie ein litauischer Genitiv, manche versähen das »u« am Ende bis heute mit dem kleinen dafür nötigen Haken und schrieben »Mapų gatvė«. Eine enge, verwinkelte jüdische Gasse sei die Mapu gewesen mit zahllosen Höfen und Höfchen hinter den Häusern. Eng und ärmlich hätten die Leute dort gewohnt. Im Haus Nr. 10 sei die Kaunaser Filiale des litauischen Verbands der jüdischen Krieger für die Unabhängigkeit, im selben Haus ein koscheres Restaurant gewesen und eins weiter (Nr. 11) das Jüdische Theater der Rahel Berger. Als Kind habe sie in der Mapu gelegentlich eine Freundin besucht, sagt Margarete Holzman, in der Gasse habe es nach *challe* geduftet, jenem geflochtenen Weißbrotzopf, der zum *schabbes* gebacken wurde. Straßenhändler hätten an Schnüren *beigeles*, trockene Teigkringel, verkauft. Wenige der alten Häuser stehen noch, die Höfe und Winkel hat man »wegsaniert«. Ich frage mich, ob das koschere wohl das Restaurant *Schloßberg* der Frau Michelsohn aus Sammy Gronemanns Erinnerungen war mit den *schnorrers* im Vorraum, der engen Gaststube, dem *chabadnik* Herrn Michelsohn.

Wir wenden uns um, gehen in die Zamenhof-Straße, die zum Nemunas hinunterführt. Wieder diese kleinen, baufälligen, leblos erscheinenden Häuser. An einem ein Schild – hier sei die Esperantogesellschaft von Kaunas. Der Erfinder der Kunstsprache Ludwik Zamenhof war ein polnischer Jude, kam aus Białystok. Daher der Straßenname. In einem schön restaurierten Haus das »Museum für nationale Musikinstrumente«. Gegenüber zieht sich bis zur Kurpių gatvė eine niedrige, langgestreckte Backsteinruine. Die Fensterhöhlen sind mit Holzbrettern vernagelt. Im Hof Bauschutt, dazwischen Müll. Das Dach ist immerhin mit Ziegeln gedeckt. Auch die Regenrinne scheint intakt. Die kunstvoll gemauerten Fensterbögen sind ihr einziger Schmuck. Hier war die alte

Synagoge, ein rituelles Bad . . . »Und nun stelle man sich einen solchen Tempel an einem der großen Freudenfeste, etwa am Simchat Thora, am Feste der Gesetzesfreude, vor. Alles tanzt und singt. Mit den Gesetzesrollen im Arm springen alte Juden verzückt mit geschlossenen Augen in tollen Sprüngen herum, sich wie Kreisel um sich selbst drehend. Die Kinder jauchzen und scheinen sich verzehnfacht zu haben. Überall und unter allen Stühlen und Bänken, auf der Bima und vorn vor der Lade, überall springen sie kreischend und jubelnd herum, die Schnapsflaschen kreisen, man bietet sich Kuchen an, die jungen Leute rauchen Zigaretten.« Seinen deutsche Ordnung und Feierlichkeit gewohnten Soldatenfreunden habe, schreibt Sammy Gronemann in seinem Erinnerungsbuch, die Ekstase, der Lärm, das scheinbare Chaos im jüdischen Versammlungshaus mißfallen. Grundstück und Ruine seien der jüdischen Restgemeinde zurückerstattet worden, erzählt Frau Inčiūrienė, hier solle ein neues Gemeindezentrum entstehen. Die Grunderneuerung aber komme die Gemeinde teuer zu stehen, außerdem liege das Gebäude den vorwiegend alten Juden von Kaunas zu weit von den öffentlichen Verkehrsmitteln entfernt. Vielleicht bleibe nur, einen Teil zu vermieten – an eine Bank zum Beispiel, wie eine der Etagen im jetzigen Gemeindezentrum in der Gediminas gatvė.

Wir gehen die schmale Kurpių entlang, die nicht gepflastert, ein Sandweg, auch eine öde, menschenleere Altstadtgasse mit verfallenden Häusern, stummen Mauern, vernagelten Toren ist und zum Verweilen, Sichumschauen nicht einlädt, gelangen auf die Muitines, wo von einem der Häuser ein Rohrende bizarr verdreht herunterhängt, es ätzend nach Gas riecht, eine riesige Pfütze ein Weiterkommen beinahe unmöglich macht und die hellen hohen Türme der Jesuitenkirche ins Blickfeld rücken; wir nähern uns dem Kirchenbezirk der Altstadt, biegen links in die Aleksotas gatvė ein, sehen von deren Ende her einen weiteren Turm, den der Vytautaskirche, aufragen, machen halt vor einem schmalen, hohen Backsteinhaus mit Erker, Nischen, einem filigran gemauerten gotischen Giebel. Es ist das sogenannte Perkūnas-Haus, ursprünglich ein alter Hansespeicher. Auf dem Weg von der Arbeit am Flughafen in Aleksotas jenseits der Nemunas-Brücke sei sie in dieser Gasse – dunkel sei's schon gewesen – aus der Brigade der »Arbeitsjuden« ausgeschert, erzählt Jocheved Inčiūrienė, habe das Kopftuch mit dem Stern einfach abgebunden, sich durch den Hof, durch den Garten hinter dem Haus übers Gelände des ehemaligen Jesuitenkollegiums davongemacht. Siebzehn sei sie damals gewesen und häufiger für ein, zwei Nächte aus dem Ghetto entwischt zu litauischen Freunden in der Stadt, die sie vom Jesuitengymnasium her kannte. Im sowjetischen Vorkriegsjahr seien, sagt Herr Dr. R., die katholische Knaben- und die hebräische Mädchenschule – zur Freude der Schülerinnen und Schüler – zusammengelegt worden. Die Mutter eines Freundes habe sie gelehrt, sich konspirativ zu verhalten, sagt Jocheved, und ein polnischer Gutsbesitzer auf dem Lande sie zu sich genommen, nachdem sie sich entschlossen hatte, nicht ins Ghetto zurückzukehren. Bis Juli 1944 habe sie sich auf den Dörfern versteckt, den Ort alle paar Tage gewechselt . . . Am gotischen Backsteinportal der alten Vytautaskirche steht ein blutjunger Mönch in brauner Kutte, die helle Kordel lose um die schmale Taille geschlungen, die Füße nackt in den Sandalen, redet auf ein ehrfürchtig den Blick senkendes junges Mädchen ein. Ein älterer Mann kommt auf uns zu, fragt in gebrochenem Deutsch, ob er helfen könne, er sei Litauendeutscher, reise viel hin und her.

Wir gehen die Aleksotas gatvė zurück, auf den Rathausplatz (Rotušes aikštė); vor uns steht die alte Kaufmannsstadt, Haus an Haus um den geräumigen Platz herum und mitten darauf das zierliche, weiße, unten gotische, darüber barocke, klassizistisch überbaute Rathaus, einst Zarenresidenz, Gouverneurssitz, auch »Weißer Schwan« genannt, eines der schönsten Bauwerke Litauens, wie es heißt. Nebenan, an der Westseite des Platzes, erhebt sich majestätisch das ehemalige Anwesen der Jesuiten, Kirche, Kloster und Kollegium. In der Mitte des 17. Jahrhunderts erhoben die Jesuiten Kaunas zu einem Bildungszentrum. In diesem Haus habe, besagt eine Tafel an der Fassade, 1819–1823 der junge Adam Mickiewicz als Lehrer gearbeitet, jener große polnische Dichter, der in Litauen geboren und aufgewachsen ist. 1923 seien, sagt

Herr Dr. R., Jesuiten aus Deutschland gekommen, hätten das verwüstete Klostergelände übernommen, alles erneuert und 1924 ein Knabengymnasium eröffnet; in den Dreißigern sei er bei den Patres zur Schule gegangen. Kaunas war ein wichtiges Handelszentrum, lange bevor die Jesuiten kamen. 1408 erhielt es Magdeburger Stadtrecht. Bereits für das Jahr 1410 sind Juden in Kaunas bezeugt, Leute, die der Großfürst Vytautas als Gefangene aus dem Kampf gegen die Kreuzritter mitgebracht hatte, Kaufleute, die zwischen Kaunas und der Hansestadt Danzig Handel trieben. 1445 eröffnete die Hanse eine Dependance am Zusammenfluß von Nemunas und Neris. Die Hanse duldete keine Juden. Dennoch ist immer wieder von Judenvertreibungen zu lesen. Erst unter der russischen Regierung Alexanders II. im Jahre 1858 seien, heißt es, die Siedlungsbeschränkungen für Juden in Kaunas offiziell aufgehoben worden. Schon ein Jahr später, 1859, sollen, lese ich in den Memoiren der Pauline Wengeroff, die in jenem Jahr mit ihrem Mann hierher gezogen war, Juden »den Stamm der Bevölkerung« gebildet haben. »There were 2013 Jews living in Kowno (Kaunas) and Slobodka in 1847; 16540 in 1864«, heißt es in der Jerusalemer ›Encyclopaedia Judaica‹.

»Sie sprachen hier ein Gemisch von Hebräisch und Deutsch«, erinnert sich Pauline Wengeroff. Die Tochter eines jüdischen Ziegeleibesitzers aus Brest-Litowsk fühlte sich zunächst ebenso wie nach ihr Helene Holzman fremd in Kaunas; im Gegensatz zu dieser aber, weil ihr die Stadt so deutsch vorkam. »Das preußische Grenzstädtchen Tauroggen war nicht fern. So kam es wohl, daß ihre [der Juden] ganze Lebensweise von deutscher Art nicht unwesentlich beeinflußt wurde.« Die Frauen hätten beim *jour fixe* mit den Männern zusammengesessen, sich frei unterhalten, Tanzabende seien üblich gewesen, nach denen Herren junge Mädchen nach Hause begleiten. Die Frauen hätten keinen *schejtl* mehr getragen, die Männer sich am Sabbat eine Zigarette an den Lichtern angesteckt und mit derselben Herzlichkeit, mit der sie einst die Sabbatengel begrüßt, ihre Freunde willkommen geheißen und mit ihnen, statt zu lernen, Préférence gespielt; die Gesetze seien allenfalls symbolisch und in der Küche gehalten worden. Im Hause ihres Vaters in Brest hatte Pauline Wengeroff, bis Max Lilienthal die Haskala auch unter den litauischen Juden zu verbreiten begann, streng in der jüdischen Tradition gelebt. Einer der Anhänger der Lilienthalschen Bewegung in Kaunas sei der Schriftsteller Abraham Mapu gewesen, schreibt Pauline Wengeroff, »[. . .] ein stiller, anspruchsloser Mensch, seinem ganzen Wesen nach ein Lehrer, der erst in seinem kleinen Studierstübchen auflebte«. Seine Phantasie habe den »unscheinbaren Ghettojuden« mit der »wunderbaren Seele« »aus den schmalen, krummen Gäßchen des Ansiedlungsrayons mit all ihrem Elend und ihrer Armut, aus der dumpfen schwülen Atmosphäre des Ghettolebens [. . .] in die große, glänzende Vergangenheit seines Volkes« geführt. Mapu war einer der ersten, die Israel historisch interpretierten. Sein Roman ›Ahawath Zion‹ (Zionsliebe), den alle Welt las, begeisterte die Jugend. Sie hätten oft Gelegenheit gehabt, den »versonnenen Mann« in ihrem Hause zu sehen, er habe ihrem ältesten Sohn Deutsch- und Russischunterricht erteilt, schreibt Pauline Wengeroff.

Das jüdische Gemeindezentrum (Haus Nr. 14) sei in einem der Kaufmannshäuser an der Ostseite des Rathausplatzes gewesen, sagt Jocheved, und das jüdische Mädchenwaisenhaus. Ein alter Mann sitzt auf einer der Bänke des Platzes, die kleine Enkelin spielt um ihn herum. Er erzählt, Deutschland sei gut, er wisse, wovon er spreche, als Junge sei er mit der Mutter zur Zwangsarbeit verschleppt, während der Kriegsjahre in Leipzig gewesen. Mord und Brand schimpft der Mann auf die Währungsreform, die Agrarpolitik der Brazauskas-Regierung. Wieder hinkt der Bettler in seinem langen Mantel an uns vorbei, wieder begegnen uns Kirchgänger, die von der Vilniaus, von der M. Valančiaus gatvė her zum Gottesdienst in die St. Peter und Paul-Kathedrale am Rathausplatz eilen, dem, wie es heißt, in Litauen größten gotischen Bauwerk.

Sonntags hätten sich die jüdischen Handwerker, die Krämer und Kaufleute, die Gastwirte, die Droschkenkutscher und Lastenträger nicht von der Arbeit abhalten lassen, schreibt Sammy Gronemann, aber die Sabbbatruhe sei ihnen heilig gewesen. Dagegen habe auch die oberste Heeresleitung nichts machen können. Selbst gegen die Bestrebungen der sowjetischen Besatzungsmacht 1940/41, die Geschäfte am Sonnabend offenzuhalten, hätten, so der Historiker Dov Levin, die litauischen Juden aufbegehrt und ein Gesetz, das solches vorschreibe, öffentlich verfassungswidrig und antisemitisch genannt. Dennoch sollte es der Sowjetverwaltung gelingen, jüdisches Leben in Kaunas zum Erliegen zu bringen. Die hebräischen Schulen wurden geschlossen, die zionistischen Parteien verboten, nur jiddisch-sozialistische Einrichtungen waren weiterhin erlaubt. In Litauen seien während der Sowjetherrschaft 1940/41 nicht weniger als siebentausend Juden verhaftet oder deportiert worden, resümiert Dov Levin. Die Verstaatlichung von Industrie und Handel habe insbesondere den Juden Schaden gebracht. Dennoch sei für privatwirtschaftliche Aktivitäten noch Spielraum geblieben. Die Träger, die Spediteure, die Schneider, die Friseure, die Glaser in Kaunas hätten von der Möglichkeit Gebrauch gemacht, sich – was allerdings nicht allen Handwerkern gelang – in Artels, Genossenschaften, zusammenzuschließen. Die Arbeit der Schneider, Schuster, Schmiede, Friseure und Drogisten sei relativ sicher und nicht schlecht bezahlt gewesen. Die ideologischen Feinde des Regimes hätten sich freilich vor Verfolgung fürchten, mindestens aber nach neuer Arbeit umsehen müssen; seien zu Straßenarbeiten herangezogen worden, hätten Hüte oder Papiertüten herstellen, Essen kochen, Socken stopfen, Lotterielose verkaufen müssen; manche habe man verhaftet, auch deportiert . . . Rabbi Mendel Dajts, Leiter der Jeschiwa in Jonava, sei Schuhmacher in Kaunas geworden, der Jeschiwa-Student Tuvje Kagan Traktorfahrer. Fabrikbesitzer hätten manchmal als Buchhalter, Kassierer, Sekretäre in ihren eigenen Betrieben weiterarbeiten können, heißt es bei Dov Levin. Nicht jeder habe das Glück gehabt wie die Installationsfirma Kurliančikas, die, um die sowjetische Handelsgesellschaft *Wojentorg* ungestört beliefern zu können, weiterhin einhundert Arbeiter beschäftigen durfte, für einen in den Staatsbetrieben üblichen Lohn. Auch die Buchhandlung *Pribačis* sei verstaatlicht worden, erzählt Margarete Holzman, das Geschäft in Kaunas wie die 1939 in Vilnius neueröffnete Filiale. Nicht ein Buch hätten die Eltern aus beiden zurückbehalten, dazu ihre Arbeit verloren. Später habe der Vater in einem Antiquariat in Vilnius eine neue Tätigkeit gefunden und die Mutter als Deutschlehrerin an der dortigen Volkshochschule. Das Wirtschaftsleben sei chaotisch gewesen, ein schwarzer Markt sei entstanden, von der Regierung bekämpft worden, Willkür habe geherrscht, aber man habe nicht hungern müssen.

So ging es, bis die Wehrmacht ihre Truppen an der Grenze zur Sowjetunion zusammenzog. Am 14. Juni 1941, eine Woche vor der deutschen Invasion, begann die erste Massendeportation. 34 260 Bürger Litauens wurden nach Sibirien verschleppt. Auch ihre Familie, schreibt Trudi Birger in ihrem Buch, habe auf der Liste gestanden. Im Kühlraum einer Schlachterei auf dem Lande hätten sie – gegen entsprechende Bezahlung, versteht sich – die gefährlichen Tage frierend, sich vor den von der Decke herabhängenden Fleischteilen ekelnd, dennoch heil überstanden, um wenige Tage später erneut im Mahlstrom weitaus brutaleren Terrors beinahe unterzugehen. Kaum hatte sich die Rote Armee vor dem Ansturm der Deutschen Wehrmacht zurückgezogen, kaum war am 24. Juni die Deutsche Wehrmacht in Kaunas einmarschiert – begannen die Pogrome der Litauer gegen die einheimischen Juden; in der Vorstadt Slobodka, wo mehr als fünftausend Juden lebten; in der Vilniaus, wo so viele jüdische Geschäfte und Werkstätten waren, in der Kęstučio gatvė. Zusammengekauert hätten sie im Wohnzimmer gesessen, schreibt Trudi Birger, Schüsse, Lärm, Geschrei unten von der Straße, Stiefeltrampeln im Treppenhaus gehört und gebetet, die Plünderer möchten ihre Wohnung im vierten Stock doch unbehelligt lassen. Unübertroffen und von vielen Gaffern – litauischen Bürgern, Männern, Frauen und Kindern, wie deutschen Wehrmachtsoldaten – bezeugt, die Brutalität des »Totschlägers von Kowno« im Shell-Garagenhof am Vytautasprospekt, unweit des Deutschen Gymnasiums. Ein Photo zeigt einen jungen blonden Mann in Lederstiefeln, ansonsten zivil gekleidet, mit einer armdicken, mannshohen Eisenstange in der Hand vor einem Haufen Leichen. Er starrt, als fasse er es selber nicht, mit offenem Mund, direkt in die Kamera der Gaffer ... Noch immer könne sie nicht verstehen, schreibt Trudi Birger, »daß Menschen, die seit Generationen als Nachbarn, Kunden und Partner friedlich mit den Juden zusammengelebt hatten, plötzlich zu Mördern wurden«.

Meine Mutter hat all das aufgeschrieben, sagt Margarete Holzman. »Ein bewaffnetes Heer, Zivilkleidung, eine Binde am Arm, war aus dem Boden gewachsen – die Partisanen«, heißt es in Helene Czapski-Holzmans Erinnerungen. Ihr Mann habe es zu Hause nicht mehr ausgehalten, sei zusammen mit der älteren Tochter Marie in die Stadt gegangen. Die sogenannten »Partisanen« hätten auf den Straßen regelrecht Jagd auf Juden gemacht, seien in jüdische Wohnungen eingedrungen, hätten ganze Familien verhaftet oder erschossen, die Wohnungen geplündert. Juden seien in Kolonnen durch die Straßen zum Gefängnis, von dort oder oft auch direkt zum VII. Fort geführt worden; die Frauen manchmal in leichten Sommerkleidern, die Männer ohne Kopfbedeckung, einige mit Mänteln, einem Bündel in der Hand. Sprachlos. Mit entgeistert blickenden Augen. Hinter und neben ihnen die bewaffneten »Partisanen«, schreibt Helene Holzman. Die ältere Tochter Marie und ihr Ehemann Max Holzman sind an jenem Tag verhaftet und später erschossen worden. »Nach Schätzungen sind im Juni und Juli 1941 in Kowno insgesamt zehntausend Juden ermordet worden«, heißt es in der ›Enzyklopädie des Holocaust‹.

Die Kommunistische Partei Litauens war klein, hatte nicht mehr als zweitausend Mitglieder, deren größter Teil allerdings Juden waren; die Mehrheit der ca. einhundertfünfzigtausend litauischen Juden aber war zionistisch orientiert. Viele nahmen den Einmarsch der Roten Armee einfach als das kleinere Übel, viele nutzten unter der sowjetischen Verwaltung bloß die erstmalige, auch für nichtkommunistische Juden geltende Chance, Arbeit im Staatsdienst zu bekommen, was im Jahr darauf Litauer wie Letten und Esten veranlassen sollte, die Juden ihres Landes als »Kommunisten« und »Kollaborateure« zu verfolgen.

Wir spazieren über den Platz, bewundern die grazile Schönheit des Rathauses, betreten eines der Bürgerhäuser, steigen eine dunkle, steile Stiege in ein Lädchen hinab, in dem es nach Bienenwachs riecht, Bernstein, christliche Devotionalien, Kerzen und Nippes zu kaufen gibt; kehren dann auf der Ostseite des Rathausplatzes, nicht weit vom ehemaligen jüdischen Waisenhaus wie die meisten Touristen im Restaurant *Gildija* ein, sitzen auf unbeweglichen, hochlehnigen dunklen Stühlen, wie in einer Burg geschützt, steif um einen großen runden Tisch herum, begegnen noch einmal dem Bettler.

Anfang Juli 1941 begann die deutsche Verwaltung, das Morden systematisch zu betreiben. Am 7. Juli erhielt der jüdische Gemeinderat vom Stadtkommandanten Kramer die Anweisung, alle Juden von Kaunas ins Ghetto, in die Vorstadt Slobodka, zu evakuieren. Der Antrag der Gemeinde, die Altstadt ins Ghetto miteinzubeziehen, weil so viele Juden dort lebten und weil sich so viele der jüdischen Institutionen dort befänden, wurde abgelehnt. Von der Laisvės alėja und der Bahnhofsgegend; von der Jonavos gatvė; vom Grünen Berg; aus der Altstadt; aus den Vorstädten Panemunė, Šančiai, Aleksotas begannen die Leute in die Häuschen von Vilijampolė umzuziehen. Am 15. August wurden die Ghettotore geschlossen. Den Juden waren Bürger- und Menschenrechte, Würde, Bewegungsfreiheit genommen. Nach und nach nahm man ihnen auch ihr Geld, Wertgegenstände, elektrische Geräte, Schreibmaschinen, Lebensmittelvorräte, Haus- und Nutztiere, Fahrzeuge, Zeitungen, zuletzt ihre Bücher. Was blieb, waren sechs Quadratmeter für jeden und der gelbe Stern. Zum 18. August bestellte die deutsche Verwaltung die Intellektuellen angeblich zu Archivarbeiten in der Stadt ans Ghettotor; fünfhundert kamen. »Einer von ihnen war Robert Stender«, sagt Margarete Holzman, »der erste Geiger der Kaunaser Oper. Er stammte aus Riga. Er hatte seinen besten Anzug an.« So hatten es die Nazis gefordert. Die Männer wurden ins IX. Fort gebracht, ermordet. In den ersten zweieinhalb Monaten seien, heißt es, in sogenannten »Aktionen«, »Strafverfügungen«, anderen Willkürakten dreitausend Männer, Frauen und Kinder getötet worden.

Jocheved Inčiūrienė und Fruma Kučinskienė führen mich über den Rathausplatz. Hinter dem Rathaus, schreibt Helene Holzman in ihren Erinnerungen, hätten sich große Lagerräume befunden. Auf der Suche nach der Behörde, die Heizmaterial verteilte, sei sie dahin geraten. Die Tür zu den Lagerhallen habe offengestanden, so habe sie hineingeschaut und in langen Reihen darin frisch aufpolierte Büfetts, Schränke, Sofas, Betten, hohe Wandspiegel, Tische, Bücherregale gesehen, Matratzen in Stapeln, Berge von säuberlich zusammengelegten Vorhängen und Gardinen, Küchenschränke voller Geschirr, Services aus schönstem Porzellan, Weingläser, Kannen und Vasen . . . dann habe sie Stimmen gehört, einen Mann gesehen in Uniform mit den goldenen Schulterklappen der SA und eine junge Frau. »Sie suchten sich anscheinend ihre Aussteuer aus [. . .]« Die Lagerhallen wurden von der »Jordanbrigade« betreut. SA-Hauptsturmführer Fritz Jordan hatte eine Abteilung »Arbeitsjuden« zu seiner persönlichen Verfügung. Jordan war darüber hinaus für seine ausgesuchte Bestialität bekannt.

Ein Denkmal des litauischen Dichters der Spätromantik Maironis und das Maironis-Literaturmuseum befinden sich nun hinterm Rathaus und weiter zurückgelegen eine Medizinschule im ehemaligen Kloster St. Georg. Wo die Lagerhallen waren, erfahre ich nicht. Hinter der Medizinschule die wuchtige gotische St. Georgskirche mit vernagelten Türen, nicht weit davon die Mauerreste der Burg, die letzten Vorposten der alten Stadt an der Landzunge vor dem Zusammenfluß von Nemunas und Neris. Von hier aus sei, schwärmt ein Reiseführer, der Blick über das Wasser, die Wiesen, auf den Sonnenuntergang bei klarem Wetter besonders schön.

Wir gehen in die Karaliaus dvaro (Königshofstraße), die alte Jakšto gatvė, hinein, an der Mündung der Pilies, der Schloßstraße, vorbei. Linkerhand ein drei Stockwerke hohes, schmuckloses Gebäude, seine rußgeschwärzte, hier und da bis auf den rohen Backstein angeschlagene Fassade ist zwanzig Fenster – mal ganz ohne Glas, mal mit gesprungenen Scheiben – lang. Wir gehen um das Gebäude herum. Im Hinterhof hängt Bettwäsche auf Leinen, gehen zwei Frauen in Schwesterntracht umher. In einigen Etagen dieses baufälligen Hauses werde der Krankenhausbetrieb anscheinend noch aufrechterhalten, sagt Jocheved Inčiūrienė. Vor dem Krieg sei dieses Gebäude (Jakšto Nr. 3) das Jüdische Krankenhaus *Bikur Cholim* gewesen mit 350 Betten und Dr. Lazar Finkelstein von der *Folkspartei* sein Direktor, das beste Krankenhaus der Stadt, in dem auch Andersgläubige Heilung suchten. Im August 1940 habe die Sowjetverwaltung es verstaatlicht, zum allgemeinen Krankenhaus erklärt, schreibt Dov Levin. Ganz in der Nähe, an der Pilies, befand sich noch eine jüdische Klinik und in der alten Neustadt, nicht weit vom Nemunasufer entfernt an der Poškos gatvė (Nr. 9) – der im orientalischen Stil moderne kleine Bau steht noch – die jüdische Gesundheitsorganisation OSE. Herr Dr. R. erzählt von einer komfortablen kleinen Privatklinik jüdischer Ärzte in einem Hinterhof der Kęstučio. Das soziale Netz der jüdischen Gemeinden von Kaunas war demnach musterhaft. Die Stadt sei bereit, der Gemeinde das Krankenhausgebäude zurückzuerstatten, sagt Frau Inčiūrienė, doch die könne die notwendigen Reparaturen unmöglich tragen.

Wir gehen die alte Jakšto gatvė entlang, auch hier hat einmal eine Synagoge gestanden mit einem barock geschwungenen Giebel, »Weiberkammern« rechts und links. Die Königshofstraße erinnert eher an eine Vorstadtgasse aus der Nachkriegszeit. Bis zur Jonavos gatvė gehen wir. Wo in dieser Straße am Ufer der Neris vor dem Krieg die ORT-Berufsschule (Nr. 86) war, vergesse ich zu fragen. Die 1880 in Sankt Petersburg gegründete *Gesellschaft zur Förderung des Handwerks und der Landwirtschaft unter den Juden in Rußland (Obschtschestwo remeslennogo i semledeltscheskogo truda sredi jewrejew w Rossii)*, kurz genannt ORT, sei in besonderer Weise mit Kaunas verbunden, sagt die Bibliothekarin Esfir Bramson in Vilnius. Ihr Verwandter, der bekannte Rechtsanwalt und Dumaabgeordnete Leo Bramson in Kaunas, habe diese Gesellschaft – seit 1920 von Berlin aus – geleitet. In einem weitverzweigten, sich über ganz Osteuropa hinziehenden, später auch auf Westeuropa, die USA übergreifenden Netz von Organisationen, Lehrwerkstätten und Schulen erzog und vermittelte ORT Juden zur modernen Produktionsarbeit.

Von der Jonavos schauen wir über den Fluß, den die Polen Wilija und die Litauer Neris nennen, auf die niedrigen Häuser von Vilijampolė, die alte Vorstadt Slobodka, das Ghetto von Kaunas im Krieg. Fruma sagt, acht sei sie gewesen, als der Gestapo-Stadtkommandant Kramer alle Juden nach Slobodka befahl. Als Deutsche, als Getaufte, habe die Mutter mit ihr nicht ins Ghetto gehen müssen, sagt Margarete Holzman, die damals siebzehn war. Voller Angst hätten sie in der Stadt ausgeharrt, zu ihrem Schutz und Trost oft bei »den Nataschas« in der Stube gesessen, bei Natalija Feodossewna Fugalewitsch, Nataschok genannt, und Natalija Pawlowna Jegorowa, Pawlaschka. »Engel« hätten sie die genannt. Unerschrockene russische Frauen seien die beiden gewesen. Ihre Väter, der Rechtsanwalt Fugalewitsch und der Eisenbahningenieur Jegorow aus dem fernöstlichen Charbin, seien während der Oktoberrevolution auf ihren Restbesitz nach Litauen geflohen. Paris hätten die russischen »Fräulein« gesehen, aber außer Reiten, ein bißchen Klavierspielen nichts gelernt, seien daher arm, aber genügsam gewesen, erfüllt von einem unzerstörbaren Gottvertrauen. Einmal, sagt Margarete Holzman, hätten sie, obgleich jeglicher Kontakt streng verboten war, körbeweise belegte Brote, Äpfel ins Lager der russischen Kriegsgefangenen, danach ins Lazarett zu den deutschen Soldaten getragen, ein anderes Mal elf entflohene Ghettohäftlinge in ihrer Stube versteckt, obgleich hinter der dünnen Bretterwand, in der anderen Hälfte des Holzhauses Nataschoks »böse« Schwester Olja Feodossewna Fugalewitsch wohnte. Vor der sollte das Leben und Treiben in der Schneiderstube – Nataschok verdiente sich mit Nähen den Lebensunterhalt – besser verborgen bleiben. Sie seien in ihrer Wohnung geblieben auf dem Grünen Berg, die Mutter habe begonnen, Privatstunden zu geben, sagt Margarete Holzman, sie selbst sei, was ohne Ausweispapiere nicht ungefährlich war, in die Stadt arbeiten gegangen als Stenotypistin, Übersetzerin in der Metallfabrik »Neris« am Vytautas Prospekt, sagt Margarete Holzman. An eine ihrer Mitarbeiterinnen aus jener Zeit erinnert sie sich, die ihr Häuschen in Slobodka für die Juden räumen mußte. Damit sie in ihr Haus zurückkönne, sollten die Juden doch endlich, habe sie gejammert, umgebracht werden.

Täglich ging Helene Holzman, entnehme ich ihren Erinnerungen, wie eine Hausfrau zum Einkaufen in die Stadt, schmuggelte sich in die Brigaden der Juden, die zu ihren Arbeitsstellen zogen – nach Aleksotas zum Flughafenbau, in die Schneidereien, in die Gärtnerei, zum Kleider-, Möbel-, Kartoffeln-Sortieren. Sie schmuggelte sich in die Brigaden, was auf der engen Behelfsbrücke über den Nemunas nach Aleksotas, wo sich das Volk notgedrungen mischte, besonders leicht möglich war, um mit Freunden im Ghetto Nachrichten zu tauschen, ihnen Lebensmittel, warme Kleidung zukommen zu lassen, um Fluchtpläne zu organisieren. Wir stehen am Ufer der Neris. Stürmische Windböen fetzen über die Uferstraße, die Böschung, das Wasser hin. Ein alter Mann stemmt sich gegen sie, mühevoll einen Karren voller Brennholz über die lange Brücke ziehend. Die Fuhre scheint es in sich zu haben. Leiterwagen voller Hausrat, Leute mit Koffern, Bündeln bepackt, »Kinder, die selbst noch kaum laufen konnten, schleppten, was sie nur schleppen konnten«. »Brutale deutsche Soldaten brüllten uns an und trieben uns vorwärts. Die Sonne brannte gnadenlos auf uns herab.« Trudi Birgers Erinnerungen vor Augen wenden wir uns ab vom Nerisufer, vom Blick auf die Vorstadt, wenden uns der Stadt wieder zu. Vor dem Krieg sei nicht weit von der Brücke am Nerisufer der Obst- und Gemüsemarkt gewesen, sagt Jocheved Inčiūrienė und weist auf einen leeren asphaltierten Platz. Wir gehen die Straße der heiligen Gertrud, die alte Lukšio gatvė, ins Zentrum zurück, kommen an einem hohen, dunklen, baufälligen Eckhaus vorbei – das einstige *Jawne*-Knabengymnasium – und an einem großen hellen Haus am Hang hinter Bäumen mit Rundbogenfenstern, der ehemaligen chassidischen Synagoge. Lukšio Nr. 12 befanden sich ein jüdisches Gemeindezentrum, das Büro des Jüdischen Nationalfonds, die Redaktion der beiden Zeitungen *Žydy balsas* (Jüdische Stimme) und *Schtime*, wie ich dem Telefonbuch von 1939 entnehme.

In der *Edel Jakub*-Synagoge an der E. Ožeškienes gatvė 13, wohl um die Jahrhundertwende erbaut, die größte von Kaunas und die einzige von allen, die jüdisches Versammlungshaus geblieben ist, treffe ich Jankel Matusevičius. »Sagen Sie einfach Sascha«, schlägt der Mann vor. Jankel Matusevičius, Uhrmacher von Beruf, versieht eine Art Schammesdienst für die Gemeinde. Täglich sei er da zum Abendgebet und um die Renovierungsarbeiten in der Synagoge zu beaufsichtigen. Jankel Matusevičius spricht jiddisch. Damit ich ihn verstehe, sagt er, werde er die hebräischen Wörter einfach rauswerfen. Mit Jankel fahre ich zu dem großen rosa Haus am Nemunasufer, das bis zum Einmarsch der Roten Armee *Schwabes*-Gymnasium war, danach die jiddische höhere Schule Nr. 12. In Mosche Schwabes Gymnasium sei er zur Schule gegangen, schreibt Dov Levin, habe als *Haschomer Hazair*-Zionist sehr darunter gelitten, daß seit dem Sommer 1940 Hebräischunterricht an der Schule verboten war. »Wissen Sie«, höre ich Emmanuel Lévinas sagen, der am 30. Dezember 1905 nach dem Julianischen – worauf er Wert legt – oder am 12. Januar 1906 nach dem Gregorianischen Kalender in Kaunas geboren ist, »ich hatte einen Deutschlehrer, ein Jude aus Deutschland; die Art und Weise, wie er von Goethe sprach, war ein ›Erzittern‹.« Der bekannte französische Philosoph hat in einem Gespräch mit Christoph von Wolzogen von seiner Kindheit und Jugend in Kaunas erzählt, und ich habe dieses Gespräch im Anhang seines Buches ›Der Humanismus des anderen Menschen‹ gefunden. Mosche Schwabe hieß der Deutschlehrer von Emmanuel Lévinas. Wie Sammy Gronemann, Arnold Zweig, Hermann Struck, Max Holzman hatte auch Mosche Schwabe als Soldat während des Ersten Weltkriegs in Rußland das Ostjudentum, den Zionismus kennengelernt; später war er Direktor am Gymnasium in Kaunas geworden. Dieser Deutschlehrer habe ihn nachhaltig geprägt, sagt Emmanuel Lévinas, ihm deutlich gemacht, »daß wir Europäer sind, gerade *weil* zionistisch«. Die Grundkultur in seinem Elternhaus aber sei die russische gewesen. In seinen ersten Lebensjahren habe er Lehrer für Hebräisch, dann für Russisch gehabt. Die litauische Kultur sei kaum im Erwachen gewesen. »Litauen ist, jüdisch gesehen, ein Ort großer Kultur, aber nicht populär in der Allerwelts-Literatur.« Daß die erste Philosophie die Ethik ist, hat Emmanuel Lévinas in Kaunas aus der Zusammenkunft der großen moralischen russischen Bücher Dostojewskis, Puschkins, Lermontows, Gogols, Turgenjews, Tolstois mit den rabbinischen Kommentaren zur Thora erfahren.

Seine Mutter habe im Keller des ehemaligen *Schwabes*-Gymnasiums, in dem während des Krieges ein Lazarett untergebracht war, zusammen mit anderen Juden Kartoffeln sortieren müssen, sagt Jankel Matusevičius. In dem Haus sei nun eine Textilfachschule. Mit dem Uhrmacher fahre ich die vielbefahrene Uferstraße entlang, an der evangelischen Kirche vorbei über die Nemunasbrücke nach Aleksotas zum jüdischen Friedhof, einem alten jüdischen Soldatenfriedhof aus den Napoleonischen Kriegen, auf dem seit 1953 jenseits des Nemunas-Wassers – wider das Gesetz – die Toten von Kaunas begraben werden. Wir passieren eine russische Wache. Haben Sie Feuer? fragt der Soldat. Der Friedhof, ein langes, schmales Gräberfeld am Hang, liegt hinter einem Armeelager. Jankel zeigt mir ein Massengrab. »Hir ruen di bajner fun kowner getto wos sajnen gepajnikt und farbrent geworn in 1944 jul«, lautet die Aufschrift. 1946, sagt Jankel, sei der Stein auf dem Ghettofriedhof in Slobodka errichtet, 1979 hierher überführt worden. Leute kommen, grüßen ihn, Bekannte aus Israel, nach zwanzig Jahren in die Heimat zurückgekehrt, um Gräber zu pflegen. Auch er sei im Ghetto gewesen, später in Dachau, habe eine lange Reise gemacht, sagt der Bekannte. Jankel führt mich zum Grab für den Rabbiner Jizchak Elchanan Spektor und seinen Sohn, steinerne Gesetzestafeln im Rasen, die vom alten Friedhof hierher überführt worden sind, dann zum Grab seiner Mutter Blumah.

Von Aleksotas fahren wir über den Nemunas in die Stadt zurück, den Savanorių prospektas hinauf in die Kapinių, die Friedhofsstraße, die bis vor kurzem noch Žemaičiu gatvė hieß, zum alten jüdischen Friedhof. Nach dem Krieg noch sei ringsherum freies Feld gewesen, im Laufe der Jahre aber die Stadt dem Friedhof auf den Leib gerückt; es habe sogar Bebauungspläne gegeben. Nun habe er wieder einen Zaun, eine Tafel am Tor, auf der es jiddisch, auch hebräisch und litauisch heißt: »Der alter jidischer bet ojlem [Friedhof] – hejlik is der andenk fun di farschtarbene.« Jankel Matusevičius führt mich auf dem parkähnlich weiten Areal herum, einem Meer umgestoßener, zerbrochener Grabsteine, hier und da geöffneter Gruften, in dem die Leute achtlos spazierengehen. »Wer dich gekannt, weiß was wir verloren«, steht auf einem Stein, quer über einen anderen »Zulu« gekritzelt. Kinder, Jugendliche, Betrunkene, sogar Goldsucher trieben sich heute, sagt der Uhrmacher, auf dem Friedhof herum. 1948 seien die Gräber noch unbeschädigt gewesen, 1952 hier die letzten bestattet worden. Jankel zeigt mir den Stein für die Opfer des Pogroms in der Garage am Vytautas Prospekt Ende Juni 1941.

Vom Friedhof fahren wir zum VII. Fort. Hinter einer Schnellstraße führt eine Treppe einen Hügel hinauf. Verwildertes Vorstadtgelände. Auf der Kuppe ein Mahnmal. Steinerne Arme, die aus der Erde ragen, eine Stele tragen. »Hir im 41. jor hobn di nazis mit den ichnie [den Einheimischen] weggeharget [erschlagen] 3000 lajt, di mersten woren jidn.« Einmal jiddisch, einmal hebräisch darauf geschrieben. Das Mahnmal ist mit Farbe beschmiert. – Wir fahren über die nördliche Nerisbrücke von der Utenos in die Varnių gatvė nach Vilijampolė, an der alten Mildos gatvė vorbei, in der Dov Levin einmal zu Hause gewesen, und wo er nach der Befreiung der Stadt das Haus, die Eltern und Schwester nicht mehr, nur noch verrußte Backsteine und die Nummer 7 auf einem weißen Emailleschild fand, fahren, ohne daß ich im Straßenverkehr, an den umstehenden Häusern etwas erkenne, am Demukratų-Platz vorbei. Alles *zugeboit*, sagt Jankel, *pust*, leer, sei der Platz gewesen, nur dieses Haus habe schon gestanden . . . An ein riesiges Fußballfeld, einen weiträumigen, von niedrigen Häusern umstandenen Dorfanger erinnerte das Gelände, auf dem sich, ohne zu wissen, welche Dinge ihrer harrten, alle Ghettobewohner im Morgengrauen des 28. Oktobers 1941 versammeln mußten, wo SS-Hauptfeldwebel Helmut Rauca hinter einem Tisch saß, durch einen Fingerzeig nach rechts oder links über Leben und Tod entschied und Doktor Elchanan Elkes, der Vorsitzende des Judenrats, den ganzen Tag so tapfer stand und Leben zu retten versuchte, wo jene »große Aktion« stattfand, von der Jankel, Jocheved, Fruma, Trudi Birger, Avraham Tory, andere berichten, in deren Verlauf neuntausend Menschen, zur Hälfte Kinder, ins IX. Fort gebracht und dort ermordet wurden. Der »großen Aktion« sei, heißt es, bis zum Herbst 1943 eine längere Periode »relativer Ruhe« gefolgt – ein Leben reduziert auf Zwangsarbeit gegen Hungerrationen, Lebensmittelschmuggel unter Lebensgefahr, »Selektionen«.

Wir fahren die Panerių bis zur Jurbarko gatvė hinunter, sehen, wie ausgedehnt das Ghetto, daß es größer als das von Riga war. Wo vordem fünfzehntausend Menschen gewohnt hatten, waren nun doppelt so viele, an die dreißigtausend, hinter Stacheldraht zusammengepfercht. Auf diesem Winkel habe, noch bevor das Ghetto eingerichtet wurde, ein Pogrom begonnen, sagt Jankel Matusevičius und zeigt auf die niedrigen, bunten Holz- und Steinhäuser der Jurbarko linkerhand. Seine Tante habe in einem von ihnen gewohnt. Von Haus zu Haus seien die Litauer gegangen, zu morden und zu plündern. In dem gelben dort hätten sie einen Rabbiner erschlagen, den Kopf ins Fenster gestellt.

Wir kommen in die Kriščiukaičio, ans ehemalige Ghettotor. Deutsche, auch litauische Wachen hätten am Tor gestanden, bestechliche und unbestechliche; brutale, gleichgültige, auch hilfsbereite, sagt Jankel, und ihnen zur Seite jüdische Polizisten. Morgens und abends hätten die Brigaden der »Arbeitsjuden« das Tor passiert, auch Pferdewagen mit Fuhren fürs Ghetto – Rohmaterial für die Werkstätten, dazwischen geschmuggelt Brennholz und Lebensmittel, sowie Fuhren für die Stadt mit Keramik- und Strickwaren, gereinigten und reparierten Militäruniformen, mit Bürsten, Schuhen, Kerzen, Seife, Wolle, Möbeln, Spielzeug, Sattlerwaren, medizinischen Bandagen – all dem, was die Häftlinge unbezahlt, in der Hoffnung, den deutschen Herren so unentbehrlich zu sein, in den verschiedenen Ghettowerkstätten herstellten. Dann und wann seien auch Angehörige der deutschen Verwaltung durch das Tor gegangen, um in der Ghettoschneiderei Maß nehmen zu lassen, um ein Schmuckstück beim jüdischen Juwelier in Auftrag zu geben.

Die Ehefrau des Geigers Robert Stender, eine gebürtige Kaunaserin, sei Putzmacherin in einer der Ghettowerkstätten gewesen, höre ich Margarete Holzman sagen, sie habe für die »Damen« der Naziverwaltung Hüte hergestellt. Später sei sie zusammen mit ihrer Tochter aus dem Ghetto geflohen und habe bei Litauern versteckt den Krieg überlebt. Nirgends wird so preiswert und zugleich so gut gearbeitet wie im Ghetto von »Kauen«, habe es dann in Briefen nach Deutschland geheißen; Päckchen, Pakete mit solchen Herrlichkeiten seien zum Beweis aus dem Schlaraffenstädtchen nach daheim ins Altreich gegangen, lese ich bei Helene Holzman, die ja als Deutsche Kontakt auch zu Deutschen unterhielt, während sie um die Freunde im Ghetto – um die »Helden« im »Dorf«, wie es in der Geheimsprache hieß – insbesondere um Lyda und den Berliner Komponisten Edwin Geist bangte. Ein schäbiges zweistökkiges Steinhaus mit einem kleinen Balkon über der Eingangstür steht nun noch allein im spitzen Straßenwinkel.

Eine *butka*, eine Eisenwarenhandlung sei vor dem Krieg darin gewesen, sagt Jankel Matusevičius. Vor dem Haus ein mannshoher Granitpfahl mit Davidsstern, litauischer und hebräischer Schrift. Ich lese, da spüre ich einen Schmerz, einen Stein an der Schulter. Auch der Uhrmacher schaut sich erschrocken um, schaut die Fenster, die Balkonreihen eines der Mietblocks an der Flußseite der Kriščiukaičio hinauf. Wer lebt nun, frage ich mich, wirft heute Steine auf Fremde in der einstigen »Judenstadt«, wie der deutsche Lehrer und kurländische Abgeordnete des Warschauer Reichstags Joachim Christian Friedrich Schulz aus Mitau Slobodka nannte, als er vor zweihundert Jahren, am Abend des 2. Mai 1793, von Riga her ans Ufer der Wilija beziehungsweise der Neris kam, die hier herumstehenden Häuser sah – »eine förmliche Stadt mit einem Markte [. . .], eine Judenstadt, weil [. . .] in der Tat ganz von Juden bewohnt« mit wohl zweitausend Einwohnern, einer eigenen ansehnlichen Synagoge. Herr Schulz sah sich gezwungen, für ein paar Stunden, bis zur nächsten Fähre am frühen Morgen, in einer jüdischen Herberge in Slobodka einzukehren. Solange Kaunas für Juden verboten war, siedelten die Juden wie in Riga vor den Toren der Kaufmannsstadt, hier in der Vorstadt Slobodka, auf dem der Stadt abgewandten Wilijaufer. Es falle ihm immer noch auf, das jüdische Volk auch mit anderen Dingen als mit Schachern beschäftigt zu sehen, schreibt Herr Schulz. In Slobodka seien sie all der Handwerke kundig, die sie zu ihrer Versorgung, ihrem Unterhalt bräuchten. Selbst die Nachtwächter seien Juden gewesen, »aber (man lache nur nicht!) ihrer zwei waren immer beieinander, sangen auch beide dasselbe Nachtwächterlied, aus dem sehr guten Grunde, wie es scheint, daß zwei Furchtsame einander eine Art von Mut einflößen«. Siebzig Jahre später war Kowno nach der Übernahme Litauens ins Russische Reich ein Verwaltungszentrum geworden, nun auch jüdischen Bürgern offen; die Regierung in St. Petersburg hatte angefangen, die Grenzstadt zu einer Festung gegen Preußen auszubauen, der Eisenbahnbau hatte begonnen und in seinem Gefolge die Entwicklung von Handel, Gewerbe, Industrie. Damals sah Pauline Wengeroff aus Brest-Litowsk, wie die Slobodka, die Freistadt, sich in eine Vorstadt für die Armen, für das »Proletariat« verwandelte; im Gegensatz zum »aufgeklärten Kowno« aber hätten in der Vorstadt am anderen Wilijaufer die Frommen das »junge, heranwachsende Proletariat« überwacht, unermüdlich belehrt, zurechtgewiesen, die *mussarniks* – Reb Israel Salanter und seine Anhänger. Groß seien die in ihrem Talmudwissen gewesen, in »ihrer Hochherzigkeit, Nächstenliebe und in der größten Tugend, der bescheidenen Selbstlosigkeit«, schreibt Pauline Wengeroff in ihren Memoiren. Hinter der deutschen Ghettowache habe sich das jüdische Arbeitsbüro, ein paar Schritte weiter, schräg gegenüber in der Airiogalos die Suppenküche befunden, sagt Jankel, und zeigt mir das Holzhäuschen, in dem er seine Kindheit verbrachte, von dem aus er als Zehn-, Elfjähriger das Geschehen am Ghettotor beobachtete. *A hibsches jingele* sei er gewesen, sagt der Mann mit den strahlend blauen Augen und dem schwarzen Haar; deshalb hätten die Nazis ihn am Leben gelassen. In die Brigade zum Arbeitseinsatz auf dem Flughafen habe er sich hineinschmuggeln können, sich so was zu beißen verdient. Im Herbst 1943, als das Ghetto Konzentrationslager wurde, hätten die

Nazis die Familie auseinandergerissen. Der Vater sei im KZ Kaiserwald bei Riga umgekommen, er nach Auvare, Vaivara, Klooga, in verschiedene Lager nach Estland, die Mutter später nach Stutthof deportiert worden. In Estland habe er Schnee von den Schienen gefegt, in der Küche für die SS gearbeitet, vom Koch manchmal ein Stück Brot extra gekriegt, nach dem Krieg wie durch ein Wunder die Mutter in Kaunas wiedergetroffen.

Wir gehen die Kriščukaičio gatvė entlang. Die Häuser stehen niedrig, verwinkelt, verwahrlost. »Das sind die Häuser der jüdischen Gasse: zermürbt, vergilbt, gebrechlich [. . .]«, schreibt der Erste-Weltkriegs-Soldat Arnold Zweig, wie Hermann Struck angerührt von der *litwaken* Armut, begeistert von ihrer frommen Gelehrsamkeit; nur daß nun keine Juden mehr in diesen Häusern leben. Wie Jankel Matusevičius und Dov Levin hat der Redakteur der Zeitung *Litauisches Jerusalem* Grigorijus Smoliakovas seine Kindheit in einem der Häuser von Vilijampolė verbracht. Er aber sei, schreibt Smoliakovas, in der Stadt auf das jiddische Realgymnasium gegangen. Der Vater sei Handwerker gewesen; die Mutter habe zeitweilig in der Zigarettenfabrik der Brüder Salomon gearbeitet; den Vater hätten »die örtlichen Faschisten« gleich am 22. Juni 1941 in der Fabrik umgebracht.

Wir biegen in die alte Synagogenstraße, suchen die Mesininkų, die Fleischergasse, die Ješibot gatvė, finden Sandwege, bunte, kleine Holzhäuser in Blumen- und Gemüsegärten, rechts und links Obstbäume hinter Zäunen. Hier erinnert Vilijampolė an eine Laubenkolonie. Vor dem Krieg soll, lese ich in Avraham Torys Ghettotagebuch, auch an der Kriščiukaičio eine Synagoge gewesen sein. Welches der Häuser den Krieg überstanden hat, welches um seinen Schornstein herum wiederaufgebaut und welches erst in den Nachkriegsjahren neu errichtet wurde, erkenne ich nicht. Ein Photo kommt mir in den Sinn, das Bild einer Trümmerlandschaft mit Schornsteinen aus Torys Ghettotagebuch. Brennende Häuser sah Trudi Birger aus dem Zug, der sie im Juli 1944 von Kaunas Richtung Stutthof fuhr. Die Deutschen haben, als sie abzogen, alle Steinhäuser gesprengt, alle Holzhäuser in Brand gesteckt. Vilijampolė habe lange gebrannt, höre ich Margarete Holzman sagen, den ganzen Sommer hindurch habe es geschwelt, und anfangs habe der Brand einen mörderischen Gestank verbreitet von den verkohlenden Leichen. In der Ghettozeit, erinnere ich von anderen Photos in Torys Buch, haben die Häuser dichter gestanden, armseliger ausgesehen, waren manche der größeren Straßen mit Kopfsteinen gepflastert, meist hungrig, frierend, verängstigt blickende Menschen in den Gassen; auf den Mänteln den gelben Stern. In der Ghettozeit sei die Kriščiukaičio keine Sackgasse gewesen wie heute, sagt Jankel, sondern habe zu den Gemüsegärten weitergeführt, zu einem der konspirativen Treffpunkte der Untergrundkämpfer, zur Badestelle unten am Fluß – Baden sei im Sommer 1942 einige Monate lang erlaubt gewesen – und zu den großen Werkstätten, die Alfred Rosenberg im Mai 1942 mit einem Besuch beehrte. In einem der Häuschen lag der Komponist Edwin Geist halberfroren reglos auf dem Bett im eisigen Zimmer, in dessen eine Hälfte er zusammen mit seiner jungen Frau Lyda und Lydas Tante Emma einquartiert war – in der anderen Zimmerhälfte der Psychiater Professor Dr. Lazarson mit Frau –, die Arbeit im Kopf und, unfähig, Kartoffeln, Brennholz oder andere lebensnotwendige Dinge zu organisieren, Gedanken darüber, wie aus dem Ghetto rauszukommen sei. Lyda stammte aus Kaunas. Deshalb hatte der Berliner in der litauischen Stadt vor den Nazis Zuflucht gesucht. Wenn die Freundin Helene Holzman, ihre Sendungen, ihre Beziehungen zu Dolly Kaplan und Emmi Lifschitz, deutschen Frauen, die ihre jüdischen Männer verloren hatten und die wiederum, was ihnen bei ihren abenteuerlichen Hilfsaktionen Deckung gab, mit dem Ghettochef Rauca und anderen von der SS verkehrten, nicht gewesen wären, wäre es Lyda und Edwin Geist wohl kaum gelungen, noch einmal herauszukommen aus dem Ghetto, in die Stadt.

Zusammen mit dem Uhrmacher Jankel gehe ich die Panerių gatvė entlang, an dem Holzhaus vorbei, in dem, wie eine Inschrift, ein verwelkter Blumenstrauß besagen, der Schüler Romas Kalanta seine Kindheit verbrachte, der sich 1972 im Stadtzentrum von Kaunas verbrannte aus Protest gegen die Sowjetherrschaft und seitdem von den Litauern verehrt wird. Zäune rechts und links der Panerių gatvė trennten das große vom kleinen Ghetto. Eine Holzbrücke über die Straße verband beide Teile. Die Mietskaserne, in der Trudi Birgers Familie unterkam, muß im kleinen Ghetto, jenseits der Straße gelegen haben. Jankel führt mich zu einem Holzhaus, das größer, ein Doppelhaus mit Mezzanin und Wellblechdach, höher als die meisten rundum, aber genauso verfallen, verwittert ist, sagt, hier sei die *stub* der Rabbiner, der Lehrer der Slobodker Jeschiwa, gewesen; das alte Gebäude der Jeschiwa hinten im Garten hingegen stehe nicht mehr. Im August 1942 wurden alle Synagogen geschlossen, Gottesdienste, Andachten verboten. Bis dahin hatte es noch zwei Orte gegeben, an denen sich Juden zum Gebet treffen konnten – die *Ohel-Mosche* Jeschiwa und die *Halajet Hamet* Synagoge. Avraham Tory erinnert sich daran, wie er an einem kalten Wintertag im Januar 1942 Dr. Benker vom Rosenberg-Stab die Schätze des alten jüdischen Kulturzentrums Slobodka im Ghetto zeigen sollte; wie er zwischen dem deutschen Wissenschaftler und dessen Mitarbeiter durch die Ghettogassen ging – die Deutschen in Uniform, Pistole im Halfter, auf den goldenen Mantelknöpfen der deutsche Adler mit ausgebreiteten Schwingen; rechts und links an die Häuser gedrückt, die Häftlinge, zitternd vor Kälte, in Lumpen gewickelt –, und Dr. Benker einem alten Mann im Vorbeigehen die Mütze vom Kopf schlug, weil der sie zum Gruß zu ziehen vergessen hatte, wie es Vorschrift war, wie er die beiden vom Amt Rosenberg zur ehemaligen Synagoge in der Veliuonos gatvė gleich hinter dem Ghettotor führte, wohin wenige Tage zuvor die Juden ihre Hunde und Katzen hatten zur Erschießung bringen müssen; wie er den entweihten Raum zu betreten zögerte, den NS-Wissenschaftlern den Vortritt ließ und sie über die Kadaver hinwegstiefeln sah.

Slobodka war einst als Zentrum des Thora- und Talmudstudiums in Litauen bekannt, von Slobodka war die *mussar*-Bewegung des Rabbi Israel Salanter ausgegangen. »Wenn die Chassidim gegen die Schwermut eiferten, so wandte sich sein [des Salanters] Wort gegen den Übermut der Freude«, schreibt Pauline Wengeroff.

Werke der Liebe, der Reue bringen Erlösung, habe Israel Lipkin, der Salanter, gepredigt. »Selbstverunsicherung« sei der Kern des *mussar* gewesen, schreibt Esriel Carlebach in seinen Notizen zur Geschichte der Erneuerungsbewegung im litauischen, streng sachlichen, talmudgelehrten Judentum. Israel Lipkin, der Sohn des Raws im kurländischen Goldingen, sei, heißt es, 1822 als Zwölfjähriger durch Heirat ins Provinzstädtchen Salant gekommen, dort Schüler des Reb Sundel gewesen, von dem erzählt wird: Wie ein Schnorrer, ein Wasserträger sei er, um zu lernen, unermüdlich Gutes tuend, unerkannt von Ort zu Ort gewandert. Da er am Tage vergessen habe, der Mutter seine Liebe zu erweisen, habe er des Nachts, während sie schlief, den Weg gepflastert, so daß sie am Morgen trockenen Fußes zum Bethaus habe gelangen können. Als die Bettler nicht mehr zu ihm ins Haus gekommen seien, habe er, um die Tür beständig für sie offenzuhalten, das Schloß abmontiert; daß diese seine Armut kannten, sei ihm aber nicht in den Sinn gekommen. Und vom Rabbi Israel Salanter wird erzählt: Am Jom Kippur, dem Sühnetag, im Cholerajahr 1848 habe er öffentlich in der Synagoge ein Stück Brot gegessen, die Leute damit zum Nichtfasten aufgefordert. Vor dem Essen habe er zum Händewaschen gegen das Gesetz, das vorschreibt, verschwenderisch mit dem Wasser umzugehen, gerade so viel wie nötig genommen, denn er wußte die Arbeit des Wasserträgers zu schätzen. Die Leitung der Rabbinerschule in Wilna, heißt es, habe Rabbi Israel Salanter abgelehnt, statt dessen in Kowno als Konkurrenz zum hergebrachten *bet hamidrasch* ein *»mussarstibl«* eröffnet. *Mussar* sei ein »Orden« gewesen, lese ich, eine »Sekte« beinahe – Häresie. *Mussar* individualisierte, psychologisierte das Judentum. Die *mussarniks* gründeten Dependancen in den litauischen Städtchen Kelmė und Telšai und im weißrussischen Radin und Nowardok, an jedem Ort mit einem eigenen Profil. 1882 wurde die Slobodka-Jeschiwa in der Tradition des Rabbi Israel Salanter gegründet. 1897 spaltete sie sich in eine der *mussar*-Bewegung treubleibende und eine neue, von dem bekannten Rabbiner Jizchak Elchanan Spektor geführte Schule. Während der Pogrome im Juni 1941 seien die meisten der Jeschiwastudenten von den litauischen »Partisanen« ermordet worden, schreibt Avraham Tory, die wenigen, die am Leben geblieben waren, hätten sich nachts regelmäßig zum Gebet getroffen und den Predigten ihres letzten Rabbis Awraham Grodsenski zugehört.

Ich gehe an der verwitterten Bretterwand entlang, um die Ecke herum. Nirgends ein Hinweis, der dem dunklen Holzhaus historische Würde verleihen oder bestätigen könnte. Ein Passant spricht uns litauisch an, lamentiert; Jankel übersetzt: eine Schande sei, daß diese Häuser hier verfallen; die Leute kämen zum Photographieren, selbst Landsbergis sei hier gewesen, aber keiner gebe Geld für Sanierungsarbeiten. Jankel führt mich auf der kleinen Ghetto-Seite noch ein ganzes Stück weiter die Panerių hinunter zu einem zehn Fenster langen, vier Stockwerke hohen, schlichten, aber stattlichen modernen Gebäude mit einem runden, im Bauhausstil gehaltenen Turmanbau – die »neue Jeschiwa« aus dem Jahr 1938; sogar Präsident Smetona sei zur Grundsteinlegung erschienen. Die Russen hätten es 1940 verstaatlicht, später sei die Fassade verändert, das Gebäude erweitert, die Kuppel allerdings erhalten worden und nun eine Näherei in der ehemaligen Jeschiwa untergebracht.

Grauenvoll, schreibt Helene Holzman, der Blick durch den Stacheldrahtzaun. Die Ghettostraßen sauber und leergefegt, menschenleer bis ein Uhr mittags wegen der Ausgangssperre, trostlos. Ärmliche, morsche Holzhütten seien die meisten der Häuser gewesen mit verriegelten Fensterläden zur Straße hin. In die Varnių gatvė gehen wir nicht, wo der »Judenrat« sein Haus hatte, Doktor Elchanan Elkes sein Büro, wo der Sekretär Awraham Tory alias Golub, der Autor des ›Kowno Getto Diary‹, ein und aus ging. Auch ihr Vater habe im »Judenrat« mitgearbeitet, schreibt Trudi Birger. Wir gehen die Panerių gatvė zurück, überqueren den Sąjunga-Platz, gehen in die Linkuvos hinein. Im Herbst 1943 wurde das Ghetto zum KZ, der SS unterstellt; wurden die Häuser numeriert, in Blocks unterteilt, die Bewohner registriert, viertausend von ihnen in die Vorstädte Aleksotas, Šančiai verlegt und wie Dov Levins Eltern, Jankels Mutter in andere Lager; zweitausendachthundert Häftlinge wie Jankel zur Arbeit nach Estland deportiert.

Am 27. März 1944 sei im Ghetto Furchtbares passiert. Während die Brigaden in der Stadt, die anderen Arbeitenden in den Ghettowerkstätten waren, hätten deutsche Polizisten, von »Ukrainern« begleitet, vom SD-Mann Hans Kittel geführt, die Kinder bis zu zwölf Jahren geholt, schreibt Helene Holzman, die kleinen von ihren Müttern weggerissen, auf Lastwagen geschleppt, die Frauen, die die ihren nicht lassen oder sie wieder von den Autos herunter-, zurückholen wollten, zusammengeschlagen. Wohl hundert Kinder habe der Vater unterm Dach des ›Judenratshauses‹ versteckt, schreibt Trudi Birger, sei entdeckt, daraufhin selbst ermordet worden. Eintausendachthundert Kinder und Alte seien damals umgebracht worden, einige hundert, in unterirdischen Verliesen versteckt gehalten oder als schon Arbeitsfähige ausgegeben, der Vernichtung entgangen. *Malinen* habe es, sagt Jankel und lächelt verschmitzt, an der Panerių, in der Nähe des Haupttors, an verschiedenen anderen Stellen im großen Ghetto gegeben. Im Verborgenen wurde gegraben, Erde säckchenweise unter den Kleidern aus dem Ghetto getragen. Bis heute, sagt Fruma, würden beklemmende Ängste sie heimsuchen bei dem Gedanken an das Versteck unter einem hinter Schränken verborgenen Raum, in das sie sich durch eine schmale Öffnung, die ein Bett verstellte, hineinzwängen mußten. *Maline* habe man auch, schreibt Trudi Birger, die Geheimtaschen für den Lebensmittelschmuggel in den Kleidern genannt. *Maline*, das Wort für »Waldhimbeere« im Russischen, für »Räubernest« in der rotwelschen Gaunersprache, bedeutete Hoffnung auf Rettung. – Die Fenster von Thamars Gemach, das mit Zedernholz getäfelt, in herrlichen Farben bemalt war, »schauten auf der einen Seite nach der Oststraße, auf der anderen aber in einen lieblichen Garten, darinnen wohlriechende Sträucher wie Narden und Safran, Calmus und Cynnamen und allerlei duftende Kräuter wuchsen [. . .]« Unerträglich angesichts des stickigen Dunkels eines Bunkers solch lichte Zionsvision! Ob Fruma Kučinskienė oder Jocheved Inčiūrienė Abraham Mapu gelesen haben, frage ich mich, ob irgend jemand im Ghetto damals die hebräische Romanze aus dem letzten Jahrhundert noch im Sinn hatte, ob sie wie die *malinen* irgendeinem Hoffnung gab; immerhin war Mapus Werk aus Slobodka hervorgegangen, war Mapu der erste gewesen, der die Juden von Slobodka und anderen *schtetlech* in einem Roman nach Zion hinaufführte, in das »Schautal«, wie der Prophet Amos sagt, »denn das Auge des Sehenden siehet darinnen wunderbare Gesichte«. Thamar saß am Fenster ihres Gemachs und schaute träumend auf die Oststraße hinaus . . . Auch sie habe, schreibt Trudi Birger, im Ghetto von Israelträumen gelebt. Im Spätherbst 1943 habe man sie aus dem Ghetto geschmuggelt, sagt Frau Kučinskienė, ein Ghettopolizist sie beim Einzug der »Arbeitsjuden« in die Brigaden hineingestoßen, zwischen den Beinen der Häftlinge sei sie gegen den Strom wie von einer unsichtbaren Flutwelle getragen vorwärts, hinausgetrieben worden aus dem Ghettotor. Mit einem blondhaarigen Kind, wie sie eins war, habe man das riskieren können. Sie aber sei nur widerwillig von den Eltern fortgegangen. Draußen auf der Straße hätten zwei russische Frauen auf sie gewartet. Um sie zu erkennen, habe sie die, so sei es verabredet gewesen, nach der Uhrzeit fragen, hätten die Frauen daraufhin abwegig antworten sollen. Die Versuche von Müttern, ihre Kinder, in Jutesäcke gepackt und mit einem Schlafpulver betäubt, über den Ghettozaun zu werfen, sie in die Hände litauischer Bauernfamilien zu spielen, sie so zu retten, schreibt Trudi Birger, werde sie niemals vergessen. Ich denke an Izchokas Meras, den litauisch-jüdischen Schriftsteller aus Kelmė, der auf diese Weise überlebte und eine denkwürdige Geschichte über solch eine litauische Bauernfamilie, die ein jüdisches Kind aufnahm, schrieb. Der Bauer, heißt es in der Geschichte, der während der Geburt seines jüngsten Sohnes bei den »Partisanen« gewesen war, ahnte, als er zurückkehrte, nur, daß eines der beiden jüngsten nicht seins, sondern ein Judenkind war; entschloß sich, es zu erschießen, wählte nicht das blonde, sondern das dunkelhaarige, tötete seinen eigenen Sohn . . . Die beiden Russinnen, die sie am Ghettotor erwarteten, seien die beiden Nataschas gewesen, sagt Fruma Kučinskienė. Sie hätten sich mit anderen Frauen zusammengetan, um Juden aus dem Ghetto zu helfen, und einander an einem schmalen silbernen

Ring am Finger erkannt. Sie selbst sei mal bei der einen, mal der anderen, auch einmal in einem Waisenhaus versteckt worden. Nur einige Male noch habe sie ihre Mutter wiedergesehen, aber nicht weinen, nicht mit ihr reden dürfen; jung sei die Mutter noch gewesen, doch schon nach einigen Ghettomonaten grau. Als am 8. Juli 1944 das KZ Kaunas aufgelöst wurde, spürten die SS-Leute mit ihren Hunden nach den *malinen*, zwangen die Juden mit Rauchgranaten, Brandbomben heraus. Vater, Mutter und Bruder, sagt Fruma Kučinskienė, seien so umgebracht worden.

Ich folge Jankel an Gartenzäunen vorbei die Linkuvos gatvė entlang, überquere schmale Wege, die sich zwischen den Grundstücken fortschlängeln; Jankel weist auf ein zwei Stockwerke hohes rotes Backsteinhaus linkerhand – einst das erste Revier der jüdischen Ghetto-Polizei. Am 27. März 1944 seien, erzählt der Uhrmacher, außer den Kindern und Alten auch vierzig Offiziere der jüdischen Polizei hingerichtet worden, darunter der Polizeichef Mosche Levin, dessen Stellvertreter Jehuda Zupowitz, Ika Grinberg. Die jüdische Ghettopolizei sorgte für Ordnung, nahm den deutschen Verwaltern Arbeit ab, schützte in Kaunas aber auch, wo sie konnte, rettete Menschenleben, bildete an verschiedenen geheimen Plätzen des Ghettos Widerstandskämpfer aus. Als er einmal wie üblich mit Schmuggelware unter der offiziellen Fracht durchs Ghettotor gefahren sei, ein neuer Wachmann dort die Ladung genauer habe inspizieren wollen, schreibt Grigorijus Smoliakovas, sei ein jüdischer Polizist dem zuvorgekommen, habe einen der Säcke aufgebunden, Margarine, Marmelade, Kekse, Soldatenweißbrot herausgeschüttelt, ihn angeschrien, bei jedem Wort auf ihn eingeprügelt, bis er am ganzen Leibe blutend am Boden lag, ihn dann in die Arrestzelle geworfen, später mit einem Schwall kalten Wassers und den Worten: »Und jetzt lauf nach Hause und zeig dich nicht wieder am Tor! Und vergiß nicht, daß du tot bist, deinen Verletzungen erlegen!« wieder zur Besinnung gebracht, ihm damit das Leben gerettet.

Wenn die Tage der Verwirrung kommen und der Feind ins Land einfällt, dann, sagt Amnon, der Hirte und Geliebte der Thamar in

Abraham Mapus – vom deutschen Übersetzer S. Mandelkern übrigens schändlich als sein eigen ausgegebenen, in ›Thamar‹ umbenannten – Roman ›Zionsliebe‹, »wird der Bauer seinen Pflug verlassen, der Handwerker sein Werkzeug, der Richter wird von seinem Stuhle aufstehen, der Priester wird hinausgehen vom Heiligtum, und wie ein Mann werden sie sich alle erheben und sich den Streitern zugesellen, die hinausziehen in den Kampf für ihr Vaterland«. Auch Amnon ist, als die Assyrer Zion bedrohten, zu den Soldaten gegangen. An der Linkuvos soll sich, entnehme ich Avraham Torys Ghettotagebuch, auch der Treffpunkt der jungen Zionisten befunden haben. Den jungen sportlichen, pragmatisch politisch denkenden Zionisten kam Abraham Mapus romantische Zionsvision sicherlich altväterlich vor, sie blickten bereits auf die Erfahrung ihrer Väter als gleichberechtigte Bürger der Republik Litauen, auf die Jahre der Kulturautonomie zurück, aber der Stolz der litauischen Juden, ihr Ehrbegriff, Kampfesmut waren älter, hatten wie ihr Gottvertrauen, ihre Zionsliebe Tradition und die Arbeit Abraham Mapus daran keinen unmaßgeblichen Anteil. Diejenigen, die den ersten großen Mordaktionen entkommen waren, beteiligten sich auf verschiedene Weise am Widerstand. Viele der rechtzeitig Geflohenen kämpften in der Nationalen Litauischen Infanterie-Division Nr. 16 der Roten Armee, stellten darin sogar die Mehrheit, die tapfersten Kämpfer – an ihrer Spitze Vulf Vilenski, Bäckerssohn, Absolvent der ORT-Handwerkerschule in Kaunas, Soldat der Litauischen Armee, Major mit dem außerordentlichen Titel »Held der Sowjetunion«, 1959 bis 1965 Militärkommandeur seiner Heimatstadt. Auch seine Familie wurde im Ghetto von Kaunas ermordet. Dov Levin würdigt ihn in einem seiner Aufsätze, schreibt, schon während des Rückzugs nach Rußland im Frühsommer 1941 habe sich der Zweiundzwanzigjährige als Held gezeigt, allein mit seinem Maschinengewehrfeuer deutsche Soldaten sieben Stunden lang am Vormarsch über die Neris gehindert.

Den Zionisten in Kaunas half die Polin Irena Adamowicz, Botin zwischen den Ghettos in Warschau und Wilna, im Juli 1942, sich zusammenzutun. Avraham Golub (später Tory) und Dov Levin waren Zionisten. Grigorijus Smoliakovas dagegen gehörte dem kommunistischen Lager an, war, wie er schreibt, einer der »Schnurrbärtigen« aus dem kleinen, ein Stockwerk hohen, aus Holz und Backstein gebauten Haus in der Kriščiukaičio gatvė. Die Kommunisten verbanden sich unter der Leitung von Chaim Jelin zur *Antifaschistischen Kampfgruppe* und nahmen zu den sowjetischen Partisanen in den Wäldern Verbindung auf. Beide Gruppen bildeten im Sommer 1943 zusammen die *Algemejne Kamfs Organisazije* (JAO), die sechshundert Mitglieder erreichte. Ende 1943 verließen einhundertsiebzig JAO-Kämpfer das Lager, die meisten, um in die Rudnitzker Wälder zum Kaunaser Bataillon der litauischen Partisanenbewegung zu gehen.

Die Malerin Helene Czapski-Holzman aus Deutschland war von jeher und blieb eine Außenseiterin in Kaunas; sie zählte zu den Frauen mit dem silbernen Ring. Edwin und Lyda Geist vermochte sie nicht das Leben zu retten. Der Komponist wurde erneut verhaftet, ins Ghetto zurückgebracht, erschossen; seine Frau nahm sich daraufhin mit Gift das Leben. Aber Fruma sei auf diese Weise zu ihrer Mutter gekommen, sagt Margarete Holzman, und nach dem Krieg bei ihnen geblieben. Durch Fruma hätten sie mit Rivka Schmukler, Frumas Tante, und deren Ehemann, dem Dichter Hirsch Oscherowitsch, Freundschaft geschlossen. Dieser habe sie mit jiddischen Gedichten getröstet, sie mit jüdischer Kultur vertraut gemacht. Der Krieg, die Barbarei des Nationalsozialismus seien vorüber gewesen, nicht aber die Ängste vor Deportation. Jahrelang sei ihnen der Antrag auf Ausreise abgelehnt worden, 1965 endlich die Erlaubnis, nach Deutschland zu fahren, gekommen – nur für Fruma nicht.

Auch er habe schon vor langer Zeit nach Israel auswandern wollen, sagt Jankel Matusevičius, als Geheimnisträger aber – er habe für die russischen Offiziere Uhren repariert – nicht die Erlaubnis bekommen. Nun wolle er zu Besuch nach Deutschland reisen. Zuletzt führt mich der Uhrmacher zur gigantischen Festungsanlage auf der Anhöhe hinter Vilijampolė am Nordrand der Stadt – zum IX. Fort, Holocaust-Museum schon in der Sowjetzeit, in dem allerdings, wie üblich in der Sowjetunion, bis vor wenigen Jahren unerwähnt blieb, daß vor allem Juden Opfer des Nationalsozialismus waren. Schon von ferne sehe ich das bizarre modernistische Mahnmal am Ende des Weges in den Tod für dreißigtausend Menschen. Klamme Kälte, Dunkelheit herrschen hinter den Festungsmauern, nisten in den Räumen, den Zellen, umgeben die Bilder, Texte, Dokumente, die die litauische Beteiligung am Holocaust verschweigen – auch die Ausstellung im modernen Anbau widmet sich allein der Leidens- und Nationalgeschichte des Staatsvolkes –, und Jankel erzählt, erzählt von den Juden, die an Ketten geschmiedet im IX. Fort Leichen verbrennen mußten, wie sie die Wachen am Weihnachtsabend, 1943 war's, betrunken machten, ins Ghetto flohen und von dort zu den Partisanen.

VILNIUS, WILNO, WILNA, WILNE, EINST LITAUISCHES JERUSALEM

Während ihrer Kindheit in Palanga habe sie mit den Kindern der jüdischen Sommergäste aus Moskau und Leningrad gespielt. Jeden Sommer seien die Familien mit Großmutter, Großvater, Tante, Onkel, Kind und Kegel in das renommierte Strandbad am *mare balticum* gekommen, hätten bei ihnen logiert, die Erwachsenen den Kindern auch während der Ferien Klavier-, Geigen-, Fremdsprachen-, Mathematikunterricht erteilt. Einer der Gäste, Alexej Alexandrowitsch, habe sie immer dann, wenn sie durch den Garten zum Strand entwischen wollte, zu sich ins Zimmer gerufen, sie mitrechnen und erst wieder gehen lassen, wenn alle Aufgaben gelöst waren. Dillkartoffeln dampfen in einer Schüssel. Violetta verteilt heiße Würstchen auf die Teller, stellt eine Platte mit Gurken und Tomaten in *smetana* (saurer Sahne) auf den Frühstückstisch, brüht Kaffee auf und erzählt. Ich habe die litauische Architektin Violetta Žiskienė 1985 in Moskau kennengelernt und besuche sie nun zum ersten Mal in Vilnius. Ihr Mann Alvydas drängt mich, vom weißen Landkäse, dazu *medus*, Honig, zu nehmen. Alvydas Žiskis ist ebenfalls Architekt, er arbeitet im Stadtplanungsamt. Wir sitzen, plaudern in der kleinen Küche; daß ich in der Hauptstadt ihres Landes jüdischem Leben nachgehe, finden die beiden verwunderlich. Alvydas stammt aus Jurbarkas (Georgenburg), einer kleinen litauischen Stadt an der Memel. Haltet euch von den Juden fern! habe man ihn als Kind gewarnt, sie stecken Christenkinder in mit Nägeln gespickte Tonnen. Er habe sich daran gehalten, erst als Student in Moskau eigene Erfahrungen gemacht, sich mit einer alten Dame jüdischer Herkunft befreundet.

Mit dem Autobus fahre ich – Violetta und Alvydas haben mich auf den Weg gebracht – aus der Trabantenstadt Šeškinė zwischen Laisvės prospektas und Ukmergės gatvė ins Zentrum von Vilnius. Gehe vom Ufer der Neris in die Stadt hinein, gelange auf einen

Platz, sehe einen gewaltigen Turm. Daß er auf einem quadratischen Fundament steht, deuten nur noch leicht vorspringende Ecken an. Rund, aus meterdicken Feldsteinen gefügt, weiß verputzt, erhebt sich vier Stockwerke hoch, fensterlos, mit Schießscharten versehen, die Mauer. Der runden wurde eine achteckige aufgesetzt, noch einmal drei Geschosse hoch, darin ein Glockenspiel angebracht. Ein Kreuz krönt das Dach. Wie eine Wache steht der Turm vor einem monumentalen klassizistischen Tempelbau. Im Heiligen Hain des Donnergottes Perkūnas auf gotischen Grundmauern um barocke Grüfte, Kapellen herum ließ ein litauischer Architekt eine Kirche errichten, die St. Stanislaus-Kathedrale. Weit genug ist der Platz, um Turm und Tempel ganz ins Auge zu fassen, sich ihnen respektvoll zu nähern, den Blick in andere Zeiten wandern zu lassen . . . Mönche werden an Kreuze gebunden. Drei Kreuze stehen bereits auf dem Hügel. Männer in Rüstungen. Ihre Lanzen halten Gefangene in Schach. Dann wechselt das Bild. Ein loderndes Feuer, ein brennender Mann. Auf dem Kathedralplatz wurden ihrer religiösen Überzeugungen wegen Menschen gerichtet. Franziskaner, die die heidnischen Litauer missionierten im Jahre 1333. Vierhundert Jahre später, 1749, Graf Valentin Potocki, *ger zedek* genannt. Während seines Studiums in Paris, sagt die Legende, habe der Graf einen alten Juden kennengelernt, dieser ihn in der Bibel, anderen hebräischen Schriften unterwiesen. Als *ger zedek*, was soviel heißt wie »zum Judentum übergetretener Fremdling«, sei Valentin Potocki in seine Heimat zurückgekehrt, dort von Ort zu Ort gewandert. In Ilja, einem kleinen Städtchen bei Wilno, habe man ihn erkannt, den Behörden ausgeliefert, in Ketten gelegt, vor Gericht gestellt, zum Tod auf dem Scheiterhaufen verurteilt. Soweit die Legende. Manche andere gäbe es vom polnisch-litauischen Adel und »seinen« Juden zu erzählen. Heute feilschen auf dem Kathedralplatz Taxifahrer mit verärgerten Kunden um die Preise.

Der Wehrturm ist ein Relikt der mächtigen unteren Burganlage, die Fürst Gediminas Anfang des 14. Jahrhunderts bauen ließ. Vilnius, das Zentrum des kleinen Litauen, die jüngste Hauptstadt Europas, war eine mächtige Festung im einstigen Großfürstentum, das sich in seiner Glanzzeit vom Baltischen bis zum Schwarzen Meer erstreckte. Ich gehe um die Kathedrale herum in die Parkanlagen, steige den Schloßberg hinauf. Sehe unten das Wasser der Vilnija zwischen den Bäumen, finde das Schloßmuseum oben auf der Kuppe im roten Backsteinturm geschlossen. Von hier aus eröffnet sich über die Dächer, Kirchtürme, Kuppeln der alten Stadt zur einen Seite, über die Hügel zur anderen ein weiter Blick. Weiß glänzen drei Kreuze vom Nachbarhügel.

Vergeblich haben die Ordensritter das Fürstentum im unwegsamen Waldland bedrängt. Die Litauer, sagt der polnische Dichter litauischer Herkunft Czesław Miłosz, seien die Indianer Europas gewesen. Erst als Jogaila, der Enkel des Gediminas, gegen den Ansturm der Ordensritter Polens Schutz suchte, im Jahre 1386 die polnische Thronerbin Jadwiga heiratete, sich taufen ließ, begann die Mission. Drei Kreuze ließ Jogaila der Legende nach da errichten, wo sein Vater Olgerd die Franziskanermönche hatte töten lassen. Seitdem wachen sie über die Stadt. Unter russischer Herrschaft galten die Kreuze als Symbol des polnisch-litauischen Widerstands. Zweimal, nach dem Aufstand 1863 und zu Beginn der sowjetischen Zeit, ließen die Machthaber sie entfernen. In Gestalt jener gewaltigen weißen, kilometerweit sichtbaren Steinkreuze des polnisch-litauischen Künstlers Antoni Wiwulski stehen sie nun wieder auf dem Hügel, wie in der polnischen Zwischenkriegszeit.

Im Innern des Wehrturms unten auf dem Kathedralplatz befindet sich das Reise- und Exkursionsbüro. Die St. Stanislaus-Kathedrale, die in der Sowjetzeit als Kunstmuseum und Konzerthalle diente, ist seit 1988 wieder erzbischöfliches Gotteshaus.

»[. . .] Glaubensüberfluß, vereint
Mit der Hoffnung aufs nationale
Auferstehungsmodell [. . .]«

sah der Leipziger Dichter Heinz Czechowski in Vilnius Anfang der neunziger Jahre.

Der Katholizismus erwies sich mächtiger als die Reformation, die von Preußen und Schweden nach Litauen gelangte und im eigenwilligen Fürstengeschlecht der Radziwills Vorkämpfer fand.

Die Gegenreformation siegte: Jesuiten, Karmeliterinnen, Dominikaner, Benediktiner, Bernhardiner, Bonifratri kamen, bauten Kathedralen, Kirchen, Klöster, schufen Wilno, umgaben es mit Mauern, mit der Prozessions- und Weihrauchaura einer heiligen Stadt. Längst ist der Katholizismus eine eigene, litauische, nicht mehr fremde, polnische Sache. Wie dort wurde er hier Hort des Widerstands gegen die Sowjetmacht. Inbegriff der nationalen Souveränität und Identität ist nun die St. Stanislaus-Kathedrale.

Litauisch Vilnius, polnisch Wilno, russisch, weißrussisch, deutsch Wilna, jiddisch Wilne. Die Sprachvielfalt ihrer Bewohner variiert diesen Namen, wechselnde Herren zwangen die Stadt im Laufe der Geschichte wiederholt, sich zu beugen. Der deutsche Drang nach Osten, der russische nach Westen lieferte Vilnius an Polen aus. Die Heirat zwischen Jogaila und Jadwiga war dazu der erste Schritt. 1569 fand das Großfürstentum sich zur Realunion mit Polen bereit. Gleich zu Beginn des Ersten Nordischen Krieges (1655) fielen russische und die Kosakentruppen des Bogdan Chmelnitzki ein, belagerten die Stadt einige Jahre. Schweden regierte Wilno während des Zweiten Nordischen Krieges (1700–1721) einundzwanzig, Rußland seit der Dritten Polnischen Teilung (1795) einhundertzwanzig Jahre. Als es sich anschickte, Hauptstadt des unabhängigen Litauen zu werden (1920), annektierte Marschall Piłsudski seine Heimatstadt und ihr Umland für Polen. Deutsche hatten hier anders als in Riga und Reval nur in den Jahren der Weltkriege etwas zu sagen.

Von dem Direktor der Staatlichen Jüdischen Schule Mischa Jakob lasse ich mich in die Altstadt führen. Von der Unteren Burg, an deren Stelle später das Schloß und nach ihm die Kathedrale errichtet wurde, führt die Pilies gatvė, die Schloßstraße, nach Süden in die ehemalige Kaufmannsstadt, mündet in die Didžioji gatvė, die Große Straße, führt zum Markt, dem Rathausplatz, an den das jüdische Viertel grenzte. Umschlag- und Stapelplatz am Handelsweg vom Baltischen zum Schwarzen Meer war Vilnius schon, bevor Gediminas im Jahre 1323 seinen Sitz vom nahe gelegenen Trakai an die Mündung der Vilnija in die Neris verlegte. Magdeburger Stadtrecht erhielt es, als aus Jogaila Jagiełło, der König von Polen wurde und Litauen ein Teil des christlichen Abendlandes. Am Fuße der Festung entstand die Handwerker- und Kaufmannsstadt, in der – die litauischen Fürsten hatten sie eingeladen – deutsche Hansekaufleute, jüdische Handwerker und Händler lebten. Juden von der Krim, aus Chasarien, aus deutschen Landen.

Jagiełłos Nachfolger Großfürst Vytautas verlieh zunächst den Juden von Trakai und Brest (1388) und Grodno (1389) großzügige Privilegien. Für jeden Prozeß mit Juden verlangte er neben christlichen auch jüdische Zeugen; überließ den Juden die Regelung ihrer eigenen Streitigkeiten – er allein war ihr oberster Richter –, stellte die Juden den Christen gleich; schützte sie als Andersgläubige, Durchreisende und Fremde. Sie durften Grundbesitz erwerben, waren der litauischen Schlachta durchaus Konkurrenz, trugen Degen, goldene Ketten, Ringe mit Wappen, ließen sich in Fechtkämpfe ein. Schon von daher rührt der Stolz des *litwaken*. Der großfürstlichen Macht entsprach aber auch die Willkür, mit der Großfürst Alexander hundert Jahre nach Vytautas (1495), um sich seiner Schulden zu entledigen, die Juden aus Litauen vertrieb. Nach acht Jahren Verbannung (1503) durften sie zurückkehren, unterstützten seitdem die polnisch-litauische Armee mit eintausend Reitern gegen die Moskowiter, zahlten dazu jährlich eine »Rückkehrsteuer«. Die Erfahrung der Vertreibung und die regelmäßigen Verpflichtungen hätten, meint der Historiker und spätere Rabbiner von Tallinn Abba Gomer, die litauischen Juden verbunden, vereinheitlicht. Die Realunion mit Polen (1569) habe zwar ihrem Schutzherrn und so auch ihnen Eigenständigkeit genommen, dadurch wohl ihre wirtschaftliche Situation verändert, dennoch – man denke an die Landtage der Vierländer-Synode Groß- und Kleinpolens, Litauens und Reußens – ihren Zusammenschluß und den mit den Juden in Polen verstärkt, allerdings das Zentrum dorthin verlagert. Die litauischen Gemeinden zahlten ihre Steuern weiterhin nach Wilno, verwalteten sich weitgehend selbst in ihrem eigenen Landtag; auch in manch anderer Hinsicht gelang es den *litwaken* im Polnisch-Litauischen Reich und bis in die russische

Herrschaftszeit hinein, Eigenheiten zu wahren. Auf seiner Reise durch Polen und Litauen Anfang des 19. Jahrhunderts notiert der Historiker William Coxe (1747–1828), er habe den Eindruck, die Juden hätten ihr Hauptquartier in diesem Herzogtum aufgeschlagen. Frage er nach einem Übersetzer, bringe man einen Juden; komme er in ein Gasthaus, sei der Hausherr ein Jude; verlange er Postpferde, halte und lenke sie ein Jude; wolle er etwas erwerben, sei ein Jude der Agent: vielleicht sei Litauen das einzige Land in Europa, in dem Juden Boden bewirtschaften; oft habe er sie beim Säen, Ernten, Mähen und anderen Landarbeiten gesehen.

Prächtige Bürgerhäuser stehen noch in der Pilies gatvė, der Schloßstraße, dem Namen aber macht sie keine Ehre mehr; das Schloß wurde schon zu Beginn der Zarenzeit abgerissen. Mischa Jakob zeigt auf die hohen, ehrwürdigen Mauern der Universität. Mein Cicerone ist ein junger, dynamischer Mann. Im Eilschritt durchmessen wir Tore, Innenhöfe, streifen Arkadengänge, werfen einen Blick auf die großartige Barockfassade der Johanniskirche, den hohen Glockenturm im Innern des prächtigsten Hofes. Eine herrschaftliche, eine labyrinthische Stadt in der Stadt scheint die *Alma mater Vilnensis*. Durch ein Tor gelangen wir in eine enge Gasse. Kaum, daß die Sonne aufs schmale Trottoir vordringt. Hauptsächlich Touristen sind unterwegs. Als wisse er, der in Vilnius lebt, nicht wohin, was zeigen, schaut Mischa Jakob irritiert, sucht an den alten, hier frisch herausgeputzten, da baufälligen, im Vergleich zur Universität niedrigen Häusern nach Straßenschildern, winkt mich dann die Gasse hinunter. Die Universitäts- und Dominikanerstraße lassen wir rechts liegen, die Straße des heiligen Johannes hinter uns, biegen in die Gaono gatvė ein. Die Gaono gatvė wirkt öde. Auf der einen Seite ist von den Fassaden der zwei- und dreistöckigen Häuser der Putz abgefallen, von den Fensterkreuzen die Farbe geblättert, aus alten Zeiten eine Stadtlaterne hängen geblieben. Auf der anderen Straßenseite sind die Häuser grau verputzt. Hinter Fenstern regt sich ganz bescheiden Kommerz, Kunstgewerbe, auch Cafés gibt es hier.

Das jüdische Wilne bildete sich recht spät, beinahe zweihundert Jahre nach den Gemeinden von Brest, Grodno und dem nahe gelegenen Trakai, denn Wilno besaß das Privileg *de non tolerandis Judaeis*. 1527 noch hätten die Städter gegenüber dem polnischen König auf dem Wohn- und Arbeitsverbot für Juden in Vilnius bestanden, heißt es in der ›Encyclopaedia Judaica‹, dennoch habe man Belege dafür, daß Mitte des 16. Jahrhunderts vereinzelt Zollpächter, Münzpräger, Geldverleiher und Großkaufleute in der Stadt lebten. Sie wohnten unter dem Schutz, in den Palästen und Häusern des Adels. 1551 wurde zwei Juden und ihren Angestellten die königliche Erlaubnis erteilt, Häuser und Läden zu mieten und in der Stadt Geschäfte zu treiben. 1568 zahlte eine jüdische Gemeinde zum ersten Mal Steuern, wenige Jahre später (1573) wurde eine hölzerne Synagoge errichtet, seit 1592 die Straße, an der diese stand, Judengasse genannt. Wir gehen die Gaono gatvė, eine alte jüdische Gasse entlang. »Gaon«, den biblischen Würdentitel eines hohen Gelehrten, trug Elijah ben Salomon Salman Kremer, genannt »Gaon von Wilna«, geboren 1720 bei Grodno, in der litauischen Provinz, gestorben, begraben 1797 in Wilna.

»Oif dem ort is geschtanden der toier fun der klajner wilner getto. durch ais hot men fun 6te september 1941 bisn 29stn oktober 1941 getribn zum toit wi 11.000 jidn.« An der Mauer eines Hauses ist eine Steintafel angebracht, darauf diese Inschrift in litauischer und in jiddischer Sprache. Ans Jiddische erinnert Mischa Jakob sich aus Kindertagen. Litauisch ist seine Muttersprache, russisch-jiddisch-deutsch verständigen wir uns. Mischa Jakob sagt, er sei ein *litwak* aus Telšiai, einem Städtchen im Westen, nicht weit von der Baltischen See. Einst war Telšiai berühmt für seine Jeschiwa. Sein Vater sei der einzige, der letzte Jude in Telšiai. Die Mutter, sie lebt nicht mehr, habe deutsch gesprochen. Sie stammte aus dem Memelland. Als im Juni 1941 die Deutschen kamen, sei es der Familie gelungen, mit dem eigenen Auto – die Großeltern hatten ein Fuhrunternehmen – nach Rußland zu fliehen. Vom jüdischen Wilne sei nicht mehr zu sehen, sagt Mischa Jakob, als die niedrigen Häuser, die mittelalterlichen Torbögen, die krummen, engen Gassen, die Höfe, leere Plätze, Gedenktafeln an den Mauern. Mischa führt mich kreuz und quer auf schmalen Bürgersteigen über Asphalt, Kopfsteinpflaster, verkehrsberuhigte menschenleere Straßen.

Die Nationalsozialisten haben beinahe alle litauischen Juden umgebracht. Zusammen mit den Flüchtlingen aus Deutschland und Polen lebten vor Beginn des Krieges neben sechzigtausend Litauern, ebenso vielen Polen und einer weißrussischen Minderheit mehr als siebzigtausend Juden in Vilnius, mehr als ein Drittel der Einwohnerschaft. Wilne, die jüdische Stadt, wurde in den Gruben von Paneriai verbrannt. Im Kiefernwald des Vororts Paneriai – Mahnmale stehen dort, Schrifttafeln am Rande von Gruben, ein Feuer schwelt im trockenen Gras – erschossen litauische Schützen auf Befehl der SS die Wilnaer Juden. Die Gruben hatten sie vorgefunden. Sie waren von sowjetischen Soldaten als Treibstoffreservoirs ausgehoben worden. Die SS wußte sie als Mordgruben zu nutzen. Als die Rote Armee 1944 erneut auf dem Vormarsch war, sich die Deutschen zurückziehen mußten, zwang man russische Kriegsgefangene und jüdische Häftlinge, die Leichen auszugraben, zu verbrennen. Sieben Kinder hatte Abraham Lipman aus Izchokas Meras' Roman ›Remis für Sekunden‹ – Ina, Rachel, Bassja, Kasriel, Riwa, Taible und Isaak. Ein vielschichtiges, lakonisches Buch, das der litauisch-jüdische Schriftsteller zur Erinnerung an alle Lipmans im Ghetto schrieb; mit dem er die sowjetischen Zensoren überlistete, für die das Sujet Holocaust tabu, ein »jüdisches Thema« war. Abraham Lipman und seine Kinder. Keines war wie das andere. Eines nach dem anderen mußte Abraham hergeben; nur was aus seinem Erzähler Isaak wurde, bleibt ungewiß. An seinem Gott aber zweifelte Abraham nicht. Bis zuletzt weigerte er sich, das Haupt zu entblößen vor dem Ghettokommandanten.

Mischa Jakob sucht den Durchgang zur Pylimo, der alten Wallstraße, findet ihn nicht. Als es heftig zu regnen beginnt, suchen wir nach einem Lokal; abgewiesen werden wir im ersten, im zweiten, vorm dritten zögert er, entschuldigt sich für die Ungastlichkeit seiner Heimatstadt, beklagt die Armut, den Verfall, den Mangel an Geschäften, Restaurants, Touristenservice. Ihn beschäftigen die Probleme der Gegenwart. In dem mittelalterlichen Gewölbe eines Kellerlokals schließlich erzählt er von der Jüdischen Schule, die er leitet. Der Staat stelle Räume zur Verfügung, das Mobiliar, zahle den Lehrern die Gehälter. ORT, *Joint*, *Sochnut*, israelische, englisch- und amerikanisch-jüdische Organisationen, unterstützten die Arbeit. Anfangs, 1989/90, hätten sie achthundert Schüler gehabt, nun, in vier Klassen, nur noch einhundertachtzig. Die Schule erteilt – auch Erwachsenen in Abendkursen, am Sabbat – Hebräisch- und Englischunterricht. Für manche ist sie Sprungbrett in die Emigration. In den letzten Jahren haben die Juden von Vilnius sich wieder zu sammeln begonnen. Noch fünftausend russische, weißrussische, ukrainische, litauische Juden leben in der Stadt, nicht mehr; siebentausend im ganzen Land. Eine Gemeinde ist entstanden. Die Zeitung *Litauisches Jerusalem* erscheint einmal im Monat – jiddisch, litauisch, englisch, russisch – in vier Sprachen. An der Universität wurde ein Seminar für Judaica eingerichtet. Jüdische Studenten, Wissenschaftler, Ärzte haben sich zusammengetan. Das YIVO, das *Jidischer Wisnschaftlecher Institut* zur Erforschung der jiddischen Sprache, Literatur, Kultur in New York, hat mit Archivaren in seiner Gründungsstadt Kontakt aufgenommen. Zur Synagoge gehört eine Jeschiwa. Es gibt einen jüdischen Kindergarten, eine Singe-, eine Sportgruppe, ein jüdisches Museum. Juden in Vilnius wollen alte Traditionen wiederbeleben. Viele aber gehen fort nach Israel, Amerika, auch nach Deutschland. Der Schulleiter muß an die Arbeit zurück, muß heute noch den Bustransport der Schulkinder und eine Altenküche organisieren. Ich gehe allein durch die Altstadt.

Der Sepharde David Orabuena, Alter ego des Erste-Weltkriegs-Soldaten José Orabuena, ließ sich, wohl weil er alt, das Wetter schlecht war, bisweilen in einer Droschke durch Wilna, die Stadt seiner mütterlichen Vorfahren, kutschieren. Ansonsten ging er zu Fuß die Gassen entlang. Auch Miron Alexandrowitsch Dorski, eigentlich Mejlech Weinstein, Advokat in Wilna, pflegte zu Fuß zu gehen, denn er haßte, schreibt sein Autor Grigori Kanowitsch, den Geruch der Droschkenpferde. 1924 entdeckte Alfred Döblin Wilno flanierend. Die junge New Yorkerin Lucy Dawidowicz, Aspirantin im YIVO, fand 1938 noch, Wilno sei eine Fußgängerstadt. Ich gehe die Antokolskio gatvė, früher Fleischmarktstraße, entlang, unter einem Torbogen hindurch; kehre um, gehe die Gasse wieder zurück, in die Stiklių gatvė, die Glasergasse, von dort in die Žydų gatvė, die Judenstraße. Maler haben diese Gassen gemalt, Fotografen sie abgebildet. Auf deutschen Feldpostkarten aus dem Ersten Weltkrieg sind sie zu sehen – die Torbögen, die Reklameschilder an den Häusern, Tür bei Tür, Blecheimer, Pfannen, Stöcke, Schuhe neben den Türen ausgehängt, Menschen, die auf dem schmalen Holztrottoir, in den Türen, unter den Fenstern, im Schutz der Torbögen mit ihren Waren sitzen, stehen, miteinander reden; Menschen, die mit Körben unterm Arm die Gasse, die Gosse entlang gehen; geöffnete Fenster. Und wieder die Häuser der ehemaligen jüdischen Gasse und noch einmal Arnold Zweig, »ohne anmutende Gestalt so fern es nicht degradierte Paläste oder die Häuser alter Bürgerfamilien sind; auf einer formlosen Fassade, roh und kraß hingestellt von der Notdurft billigen Bauens und dem Mangel baulichen Fühlens, hinter der alle Welt wohnen kann, sitzt ein Giebel, kunstlos und dreieckig«. Auch der Soldat José Orabuena geriet außer sich bei diesem Anblick.

Menschenleer und still ist es in der Antokolskio, der Stiklių, der Žydų gatvė. Ich sehe die nackten Fassaden, höre nur meine eigenen Schritte auf dem Asphalt. Die schweren Holzläden vor den Fenstern und Türen sind fort, in den oberen Stockwerken einige Fenster weit geöffnet; die Treppenabsätze im Innern der Tore von Generationen heruntergetreten. – Als Lucy Dawidowicz durch die Judengasse ging, bannte die Holzgalerie eines hohen, die Häuser überragenden Giebeldachs ihren Blick – die Renaissance-Synagoge.

In dem Jahr, in dem zum ersten Mal von der Judengasse die Rede war, zog der Pöbel raubend und plündernd durch die Läden und Häuser der Juden von Wilne, machte auch vor der Synagoge nicht halt. Im Jahr darauf erneuerte Großfürst Sigismund II. die

Privilegien für die Wilner Juden; gewährte ihnen vierzig Jahre später (1633) auch den Zugang zu Handel, Schnapsbrennerei und Handwerk aller Art, beschränkte ihr Niederlassungsgebiet jedoch auf das Karree um die Judengasse. Im selben Jahr erhielten die Wilner Juden die Baugenehmigung für eine steinerne Synagoge. Der missionierende Klerus, die Konkurrenten aus niederen Adelskreisen, aus der christlichen Kaufmanns- und Handwerkerschaft aber schürten weiterhin den Haß, provozierten Pogrome. Im Laufe der ersten Hälfte des 17. Jahrhunderts kamen Juden aus Prag, Frankfurt, aus polnischen Städten – Gelehrte und wohlhabende Leute, Kleinhändler und Handwerker –, bereicherten und vergrößerten die Wilner Gemeinde. Zu jener Zeit schon waren ein Drittel der Einwohnerschaft Juden. Hatte Wilne bislang noch zur Gemeinde Grodno gehört, galt es seit 1651 als Hauptgemeinde, die im Jahr darauf einen eigenen Vertreter zum jüdischen Landtag zu schicken begann.

Eine schäbige Hausecke, den Dreck in der Gosse, die Pflastersteine, Arme und Alte, Frauen und Kinder und die fest auf meterdicken Mauern ruhende Synagoge mit ihren hohen Fenstern schnitt der Bauhauskünstler Mosche Vorobeizik Anfang der dreißiger Jahre zu Photomontagen zusammen, verlängerte, verdoppelte, überblendete die Gassen des Wilner jüdischen Viertels, komponierte sie zu Figuren, die zu tanzen beginnen. Als Mosche Vorobeizik, Lucy Dawidowicz, Alfred Döblin und David Orabuena durch die Judengasse gingen, verstellte die schmucklose Fassade eines ausladenden Gebäudes den Blick auf die große Synagoge – die Straschun-Bibliothek. Der gelehrte jüdische Aufklärer Mathias Straschun (1817–1885) hatte der Gemeinde seine Sammlung geschenkt, fünfunddreißigtausend Bände – Vorobeiziks Weitwinkel, seine Klebetechnik fassen sie nicht –, die größte jüdische Bibliothek Osteuropas. Hier befand sich auch der Eingang zum *schulhoif* mit der Synagoge des Wilner Gaon gleich vornean. Heute enden die alten Häuser in der Žydų gatvė an dieser Stelle. Hinter Bäumen sehe ich einen Pavillon, einen grobgemauerten, unverputzten weißen Backsteinbau. Bunte Kinderzeichnungen hängen in den Fenstern. Ein Kindergarten steht jetzt da, wo sich einst der *schulhoif* erstreckte.

Elijah Gaon (1720–1797) galt als Wunderkind. Bereits als Siebenjähriger hielt er aufsehenerregende Disputationen; studierte Thora, Talmud, Kabbala; Astronomie, Geometrie, Algebra, Geographie, Geschichte – weltliche Wissenschaften. Ließ sich nach Jahren der Wanderschaft durch Polen und Deutschland in Wilno nieder. Die scholastischen Klügeleien des *pilpul*, der Auslegungen und Gegenauslegungen, lehnte er ab, übte sich in Textkritik, Hermeneutik. Während Moses Mendelssohn in Berlin die jüdische Aufklärung predigte, Immanuel Kant in Königsberg seine kritische Philosophie entwarf und Johann Gottfried Herder in Riga erste Schriften zu einer Kulturphilosophie verfaßte, während Johann Georg Hamann im kurländischen Mitau, später in Königsberg um bissige Worte gegen die Aufklärer Mendelssohn, Kant und Herder rang und der Pastor Kristijonas Donelaitis in Tolminkemen erstmals die litauische Sprache in Versform brachte, festigte Elijah ben Salomon Salman nicht weit von ihnen in Wilno die Macht des rabbinischen Judentums, ordnete weltliches Wissen streng ein in den Kanon der *halacha*, der jüdischen Gesetze. Er kritisierte die jüdische Aufklärung und wurde doch als Aufklärer verehrt; er verdammte den Chassidismus, die Erneuerungsbewegung der armen, ungebildeten, frommen ukrainischen und weißrussischen Juden und galt doch als Frommer, als Chassid. Eremit war er, kein Rabbiner, und dennoch Sprecher der Juden. »Finstere Flamme« nennt ihn Alfred Döblin. Übermannte die Müdigkeit ihn, so habe er die Füße in kaltes Wasser gestellt, die Fensterläden geschlossen, Tag und Nacht bei Kerzenlicht gelernt, die Kabbala praktiziert, Kommentare geschrieben, wenig geschlafen. Elijah Gaon wurde Vorbild für all jene nüchtern denkenden, talmudgelehrten, frommen *litwaken*, deren Leben in streng patriarchalischer Ordnung, nach den biblischen Gesetzen, dem Kalender der Feiertage jenseits der natürlichen, der historischen, der christlich-katholischen Zeitrechnung verlief.

»Ein mäßig geräumiger Hof mit kleinen, unscheinbaren Häusern. Stufen führen zu einigen hinauf. Betstube an Betstube. Einmal führen Stufen abwärts; ich bin zu meinem Erstaunen in einem stark verwohnten Tempel . .. «, schreibt Alfred Döblin in seinen Aufzeichnungen von der Polenreise. Damit sie die Kirchen nicht überrage, hatte man die Synagoge einige Meter in die Tiefe gebaut. »Auf vier in der Mitte stehenden mächtigen Säulen ruht ein hohes kunstreiches Gewölbe. Zwischen diesen vier Säulen ist die Lesekanzel als ein besonderer kleiner Tempel errichtet, getragen von zwölf zierlichen Säulen, verziert mit orientalischer Ornamentik«, hält der Soldat und Kunsthistoriker Paul Weber in seinem Wilna-Buch fest, das 1917 in deutscher Sprache im »Verlag der Zeitung der Zehnten Armee« in Wilna erschien. Platz für dreitausend Menschen hatte die Synagoge. Hinter den Synagogen lagen die *kloisen*, die Bethäuser der Beerdigungsbruderschaft und der Wohltätigkeitsgesellschaft, der Maler, anderer Handwerke, der Chassiden, das rituelle Bad. Ich gehe am Zaun entlang um das Gelände des Kindergartens herum. Nichts erinnert hier an den heiligen Ort. Im letzten Kriegsjahr zerstörten Bomben den *schulhoif* und viele Häuser des jüdischen Viertels, übrig blieben Säulenstümpfe, Schornsteine, Ruinen, Steine. »Die tswej-gorndike galerje, derhojbn in a piramid iber hengendike ruinen fun geslech un zawulkes [Gäßchen], iz nit di zelbike wi zi hot oisgezen tomed [wie immer].« So beschrieb Abraham Sutzkever, der *Jung Wilne*-Schriftsteller, der den Holocaust überlebte, die große Synagoge nach dem Kriege. Czesław Miłosz, den »armen Christen«, packte die »Angst vor dem Wächter-Maulwurf«, der die Erde nach Toten aufgräbt.

»[. . .] Sein Lid ist geschwollen wie das eines Patriarchen,
Der viel im Schein der Kerzen gesessen hat,
Vertieft in das große Buch der Gattung.
[. . .]
Und er wird mich zu den Gehilfen des Todes zählen:
Den Unbeschnittenen.«

In den Jahren vor dem Krieg, bekennt Miłosz, habe er nicht gewußt, daß Wilno Weltzentrum des Rabbinismus, des hebräischen Buchdrucks war, weder die jüdische Literatur noch seine Kollegen von der *Jung Wilne*-Gruppe habe er gekannt. Schuld daran sei die »fortschrittliche linke Intelligenz jüdischer Herkunft« gewesen, die aus den allgemeinen Ideen von der Gleichheit aller Menschen den Schluß zog, daß die Vergangenheit nicht zähle.

In einer Sackgasse endet die Žydų gatvė ohne Durchgang zur Deutschen Straße. Ich gehe über den Platz, auf die Wohnblocks zu, an Hintereingängen, Mülltonnen vorbei durch ein Tor auf die Vokiečių gatvė, die Deutsche Straße. Breit, prächtig und voller Leben war sie einst. »Rechts und links ziehen sich dort in den Häusern die bedeutendsten Gewölbe der Juden hin«, berichtet Max Lilienthal von seiner Reise in die Ostseeprovinzen des Zarenreiches Mitte des vergangenen Jahrhunderts. »In allen sitzen die Frauen des Hauses und besorgen das Geschäft. Die Turbane um das abgeschorene Haupt gewickelt, mit goldenen Ketten und Gehängen geschmückt, in langen taillelosen Kleidern sitzen sie und warten der Käufer. Die Männer kommen nur en passant in diese Buden; sie sind nicht die Welt, in der sie sich bewegen; entweder sie liegen in großartigeren Geschäften, sitzen über dem Talmud oder beschäftigen sich mit Gemeindeangelegenheiten. Zwischen den Häuserreihen laufen die Armen hin und her, die zu Hause viele Kinder und kein Brot haben und die in dichtem Gedränge auf die Gelegenheit lauern, einen Groschen durch schweren Verdienst zu erhaschen.« *Dejschische gas* sagten die Wilner vor dem Krieg. Bunt waren die Häuser, die Geschäftshäuser in der Deutschen Straße mit ihren Reklamen, Annoncen, viele von ihnen in jüdischem Besitz. Die Buchhandlungen des Herrn Kacenelenbogen und der Brüder Funk. Das Restaurant des Velvik Usjan, in dem sich, wie es heißt, die jüdische Boheme getroffen habe. Ich komme an noch staatssozialistisch anmutenden Schaufenstern vorbei. Ein Mann und eine Frau, Fremde scheint's, gehen wie gefangen auf dem grünen Mittelstreifen der Vokiečių hin und her, sehen irritiert zu den Häusern herüber. Die Deutsche Straße trennte 1941 das »Ghetto 2« vom »Ghetto 1«. In den fünfziger Jahren haben Architekten aus Leningrad das Areal der Deutschen Straße neu gestaltet. Die Vokiečių, die Deutsche Straße – der Name ist Hohn, die Fassade stalinistischer Wohnungsbau – wurde der Sowjetmacht zu Ehren Boulevard.

Auf der gegenüberliegenden Straßenseite stehen noch Vorkriegshäuser. Einige von ihnen haben Ladenfenster. Doch die Fenster sind leer. Nicht weit von der Mündung der Šv. Mikalojaus gatvė entfernt entdecke ich an einer Fassade altes Mauerwerk, gotische Schrift. Die Häuser der deutschen Kaufleute im mittelalterlichen Wilna waren aus Stein gebaut. Ihre Gemeinde besaß eine eigene Kirche, einen Friedhof, ein Krankenhaus. Ein Tor führt in einen schmalen Innenhof. Die Laube mit dem geschnitzten Holzgeländer über der Toreinfahrt ist zugebaut. Hier ein Anbau, dort ein Vorbau – auch dieser Hof hat viele Ecken und Winkel –, Bauschutt, dann ein Hinterhaus. Gasleitungen laufen bizarr an den Außenmauern der Häuser entlang. Von einem Baugerüst umstellt, ragt aus dem Hinterhaus ein Turm in die Höhe, die deutsche evangelische Kirche; die Gemeinde ist dabei, ihr Gotteshaus wieder instand zu setzen.

An der Žydu gatvė, dem einstigen *schulhoif*-Gelände gegenüber, erstreckt sich ein freier Platz; an seinen Rändern wächst Gras, die Mitte ist ein asphaltiertes Basketballfeld. Hier begann der *durchhoif*, hier stand die Ramailes-*klois* und die *klois* der Buchbinder. Die Ramailes-*klois* war die Keimzelle der *mussar*-Bewegung und Rabbi Israel Salanter ihr Leiter, bevor er von Wilna nach Kowno ging. In den Nischen und Ecken des *durchhoif* hätten die Ärmsten der Armen, schreibt Lucy Dawidowicz, Trödel, alte Kleider feilgeboten, Bettlerscharen sie, die junge amerikanische Jüdin, bedrängt. Einen *durchhoif* mit Pfützen, in dem Männer in groben Mänteln und Stiefeln, Frauen, die Tücher fest um die Köpfe gebunden, eng beieinanderstehen, zeigen Vorobeiziks Bilder, hinter einem Fenster zum *durchhoif* unterm *magen David* einen Mann, den Kopf auf die Hand gestützt, den *talis* um die Schulter gelegt, *teffilin* auf der Stirn. Von Tag zu Tag seien die Juden in Wilno ärmer geworden, schreibt Lucy Dawidowicz. Die antijüdische Politik der polnischen Regierung habe diese Verelendung noch beschleunigt. Ganz Polen sei arm gewesen; die polnischen Antisemiten aber hätten die Juden für diese Armut verantwortlich gemacht. Vom *durchhoif* führte um ein paar Ecken herum ein schmaler, lichtloser, mit Feldsteinen gepflasterter Gang weiter zur Mėsinių, nun Antokolskio gatvė. Ich überquere den Sportplatz, kreuze die Antokolskio. Ein Plattenweg führt weiter in einen gepflegten Innenhof hinein. Einst waren in den Häusern auf der rechten Seite Betstuben. Der Weg führt auf eine alte Toreinfahrt zu. Eine Tafel an der Mauer des Torbogens besagt, daß der Bildhauer Mark Matwejitsch Antokolski (1843–1902) einige Jahre hier im Hause seines Schwiegervaters, des jüdischen Kaufmanns Opatow, lebte. Hinter dem Tor liegt der Rathausplatz. Er ist leer. Keine von Bäumen gesäumte Promenade. Kein bunter Markt. Das Rathaus ist lange schon Kunstmuseum.

Ich gehe am alten Rathaus vorbei die Didžioji gatvė entlang; die goldglänzende Krone der Kazimirkirche zieht mich an. Die Geschichte der Kirche spricht für sich: Als Hauptkirche der Jesuiten gebaut, war sie der Reihe nach russisch-orthodoxe Nikolauskirche, während des Ersten Weltkriegs evangelische Garnisonskirche, in der polnischen Zwischenkriegszeit katholische Kirche, in der Sowjetära Atheismusmuseum. Eigentlich sagt man dem heiligen Kazimir nach, daß er die Litauer vor den Moskowitern schütze . . . Die Kirche erhält gerade ein neues Gestühl, in einigen Tagen soll hier ein Konzert stattfinden. Ein Stück die Straße hinauf komme ich an der Philharmonie vorbei, bewundere wie alle Touristen die eigenartige Fassade eines alten Kaufmannshauses. Eine hohe, festungsartige Giebelwand, aus Backsteinen gebaut, mit wenigen kleinen Fensteröffnungen, mit Spitzbogenblenden, einem Treppengiebel verziert. Wo die Didžioji in die Aušros Vartų gatvė übergeht, die Straße enger wird, ist sie für den Autoverkehr gesperrt, eine Baustelle. »An der Ecke graben Männer Röhren in die Erde«, notierte 1924 Alfred Döblin. Die Arbeiter haben den Asphalt, auch die Bürgersteige aufgerissen, sind nun dabei, die Gasse neu zu pflastern. Wie die anderen Passanten gehe ich um die Absperrung herum, stapfe durch den Sand, schlage einen Bogen um einen Haufen Steine. Alfred Döblin spazierte über ein »jämmerliches Pflaster« an »kleinen Häusern« und, obgleich es schon gegen zehn ging, an vielen geschlossenen Läden vorbei die Straße hinauf; erkannte an den Ladenschildern, daß die jüdischen Geschäfte nicht geöffnet hatten. Es war Laubhüttenfest. Bagger und Planierraupe verbreiten einen höllischen Lärm, verderben den Touristen, die in Scharen die Aušros Vartų hinaufspazieren, ihr Vergnügen. Die Straße wird enger. Immer dichter rücken die hohen Mauern zu beiden Seiten. Ein mächtiger barocker Torturm erhebt sich vor der krummen Auffahrt zum griechisch-katholischen Dreifaltigkeitskloster. Basilianer-Mönche haben es vor fast fünfhundert Jahren (1514) auf dieser Anhöhe errichtet. Vor der Kirche ist ein junger Mönch dabei, Handwerkern das Glasschneiden zu zeigen; Fresken verblassen am Mauerwerk; das mit hölzernen Baugerüsten ganz und gar zugestellte Kirchenschiff ist so undurchdringlich wie ein Tannenwald; nur die Sakristei schon in Ordnung. Auf der anderen Seite der Aušros Vartų gatvė steht das Tor zum Anwesen des russisch-orthodoxen Heiliggeistklosters offen, dem alten Mittelpunkt aller russischen Kirchen von Litauen und Weißrußland. Hier wurde Anfang des 17. Jahrhunderts die erste slawische Grammatik gedruckt. Bettlerinnen sitzen am Kirchenportal auf den Stufen; Weihrauchschalen, Bienenwachskerzen, Nelken und Gladiolen verbreiten einen süßlichen Duft; Gold glänzt von den Ikonen; eine mit roten Teppichen belegte Treppe führt in eine prunkvolle Gruft. Eine Nonne fegt die Gänge, eine andere verkauft Kerzen und Heiligenbilder. Noch einige Schritte weiter die Aušros Vartų gatvė hinauf steht die Kirche der heiligen Theresa mit ihrem hohen Giebel zur Straße hin. Ihre Mauer zieht sich bis zum Ende der Gasse, führt auf einen Kirchgiebel zu mit goldenem Kreuz, darunter ein tiefes Tor, das Tor der Morgenröte. Dank der wundertätigen Muttergottes darin, perlen-, weihekreuzbehangen, von Kerzen umstellt, ist das Tor Pilgerstätte geworden. Doch der Schrein ist heute leer. Die Krone der Madonna wird restauriert. Eine junge Frau im weißen Kleid kommt heran, kniet nieder, schlägt das Kreuz, geht durch das Tor hindurch, kehrt nach einigen Minuten zurück, kniet, bekreuzigt sich. So geht es noch drei Male fort. Sollte Napoleon vielleicht auch das christliche Jerusalem im Sinn gehabt haben, als er Wilna *la Jérusalem de Lituanie* nannte? Die schönste Kirche von Wilna, die Annenkirche, mit ihren filigran geschwungenen Backsteinbögen und Ornamenten, den spitzen, hoch in den Himmel ragenden Türmen, hätte der französische Feldherr am liebsten abtragen und bei sich zu Hause wieder aufbauen lassen. In der Altstadt von Vilnius stehen mehr als fünfzig Kirchen verschiedener Glaubensrichtungen. Der Papst hat seinen Besuch angekündigt. Deshalb die hektische Bautätigkeit in der Aušros Vartų gatvė.

Am Abend bin ich bei Mischa Jakob zu Gast. Zusammen mit seiner Frau Emilia wohnt er in einer der Neubausiedlungen am Laisvės-Prospekt. Sein Auto stellt er über Nacht stets auf einen bewachten Parkplatz. Emilia stammt aus Weißrußland, aus dem Tschernobyler Rayon. »Kartoffelesser« nennt der *litwak* die weißrussischen Juden. Emilia nimmt solche Beleidigung nachsichtig lächelnd hin. Sie ist eine selbstbewußte junge Frau, in ihrem Beruf – sie ist Ökologin – sehr engagiert und litauische Staatsbürgerin. Emilia und Mischa Jakob erzählen gern und lachen viel. Alle paar Minuten klingelt das Telefon.

Ein wenig abseits von der Pamėnkalnio gatvė steht auf einer Anhöhe hinter Bäumen ein grünes Holzhaus. Vor der Unabhängigkeit war darin das Museum »Der Erste Kongreß der Kommunistischen Partei« untergebracht. Seit 1990 ist es Staatliches Jüdisches Museum. Vor dem Haus stehen Menschen in Gruppen zusammen – wie sich herausstellt, Politiker, Prominente, Presse. Sie stehen um eine Skulptur herum, eine kantige Steinfigur mit einem kleinen Kugelkopf, deren Arme einen wuchtigen Felsen stemmen. Es ist das Denkmal für den japanischen Konsul Sugichara, das der litauische Präsident Vytautas Landsbergis einweiht. Sugichara, heißt es, habe Juden im Jahre 1940 japanische Visa ausgestellt, die sowjetischen Behörden ihnen daraufhin die Durchreise gestattet; sechstausend Menschen seien auf diese Weise gerettet worden. Litauen, sagt Herr Landsbergis, trage mit an der Verantwortung für den Mord an den litauischen Juden.

Im Museum macht mich Mischa Jakob mit Frau Rachel Margolis bekannt. Die Dame mit dem feinen Gesicht, dem schlohweißen Haar spricht russisch. »Viele Leute, die ich spreche, können Russisch. Keine Spur von Haß auf Rußland. Wenn man daran rührt, ob sie Russisch können, lächeln sie wie ertappt«, schreibt Alfred Döblin; so ist es immer noch. Ich übersetze ins Deutsche für einen jungen Mann aus San Francisco, dessen Großmutter vor fünfundachtzig Jahren, wie er sagt, aus Wilna emigrierte und dessen Großvater aus Kaunas stammt. Frau Margolis führt uns durch die Museumsräume, an Photowänden, Schaukästen, Erinnerungsstükken vorbei, die zum Teil aus alten Museumsbeständen, teils aus Privatsammlungen mühsam zusammengetragen wurden, erzählt vom *schulhoif*, vom Gaon und der Straschun-Bibliothek; vom Verlag Romm, der den Wilner Talmud druckte, von YIVO und dem jüdischen PEN-Club; von ORT, der Medizinschule und dem Lehrerseminar; von der Wilner Theatertruppe, vom Sportverein *Makkabi*, dem in Wilno einige Tausend Jugendliche angehörten, kurz, von der Glanzzeit jüdischer Kultur; korrigiert meine Übersetzung unverzüglich, eigenmächtig, fast aggressiv. Nervös zucken ihre Augenlider. Deutsch versteht sie seit ihren Kindertagen. Neunzehn war sie, als die Deutschen nach Vilnius kamen. Im Ghetto hörte sie Franz Murer, Hans Kittel reden. Den Jazzmusiker Hans Kittel von der Sicherheitspolizei. Den österreichischen Landwirt Franz Murer, SS-Standartenführer, der die Aufsicht über das Ghetto führte. Jüdische Volksmusik dringt durch die geöffneten Fenster. Draußen beginnt der inoffizielle Teil der Feier. Eine Gruppe spielt auf, den Gästen wird ein Imbiß gereicht. Rachel Margolis beginnt davon zu erzählen, wie sie Wilne erlebte. Sie erzählt, wie zwei Tage nach dem Überfall auf die Sowjetunion, am 24. Juni 1941, die Verfolgung der Juden begann mit Armbinden, Abzeichen, dem Verbot, den Bürgersteig zu benutzen, Plünderungen, Ausgangssperren; den Mordaktionen im Wald von Paneriai. Die gedungenen Todesschützen waren meist Einheimische. Anfang September kam der Befehl, die beiden Ghettos zu errichten. Neunundzwanzigtausend Menschen lebten anfangs im ersten Ghetto, elftausend im zweiten; dreißigtausend Menschen hatte man bis dahin bereits umgebracht. Auch im Wilnaer Ghetto hofften die Juden, nun werde man sie in Ruhe lassen. Auch in Wilna verteilte die deutsche Verwaltung Arbeitsscheine – insgesamt zwölftausend – an die »Spezialisten« und ihre Familien. Alle anderen wurden nach Paneriai geschafft, dort umgebracht; das kleine Ghetto wurde »aufgelöst«. Die folgenden anderthalb Jahre habe kein Deutscher das Ghetto betreten, sagt Rahel Margolis, der »Judenrat« mit Jakob Gens an der Spitze es selbst verwaltet. Ich denke an Sobols ›Ghetto‹, an Izchokas Meras ›Remis für Sekunden‹.

Von draußen klingt eine Tangomelodie in die Räume des Museums hinauf. Abraham Lipman aus Meras' Roman lebte mit seinen sieben Kindern im Ghetto von Wilna. Ina war Schauspielerin; Rahel gebar ein Kind im Ghettokrankenhaus; Bassja ging in ihrer Not anschaffen, Kasriel trieb dunkle Geschäfte, Riwa floh zu den Partisanen; Taible, die jüngste, hatte Abraham bei einer litauischen Familie in der Stadt versteckt; Isaak aber spielte mit dem Nazikommandanten Schach um Leben und Tod. Rachel Margolis erzählt vom Leben im Ghetto, vom Widerstand. Alle Gruppen hätten sich zusammengeschlossen, Itzak Wittenberg (1907–1943) habe, bis er verraten wurde, die Organisation geleitet. Erste Aufgabe sei gewesen, Waffen ins Ghetto zu schmuggeln. In ihren Werkzeugkisten mit doppeltem Boden hätten die Schornsteinfeger die gefährliche Last getragen; durch die Kanalisation habe man Waffen herbeigeschafft. Vom Ghetto aus kämpfen bis zum Letzten wollten die einen; die anderen so viele junge Leute wie möglich in die Wälder zu den Partisanen retten. Frau Margolis gehörte der *Fareinikter Partisaner Organisazie* an, jenen, die die Juden in Wilna, Warschau, Białystok, Riga schon im Januar 1942 zum Widerstand aufriefen. Diese Geschichten zu erzählen kostet sie Kraft. Doch unbeirrt spricht sie weiter. Ein Ghetto von fünf Gassen hätte man, sagt sie, niemals so wie das in Warschau verteidigen können! Iechiel Schejnbojm und seine Leute hätten es dennoch versucht, als die Deutschen im Herbst 1943 kamen, um dreitausend Männer in estnische Lager zu überführen, die Deutschen hätten daraufhin einen Teil des Ghettos gesprengt. Schejnbojm sei dabei umgekommen. Danach seien die Kämpfer in kleinen Gruppen nach und nach aus dem Ghetto geschleust worden, zuerst zu weißrussischen Partisaneneinheiten, wenige Wochen später hätten die Deutschen begonnen, das Ghetto aufzulösen. Die letzten zweihundert Bewaffneten habe ein Mann, der bis heute in Vilnius lebt, durch die Kanalisation in die Stadt geführt; von dort hätten ihnen Leute zur Flucht in die Rudnizker Wälder verholfen. Aus dem Wilnaer Ghetto sei der Weg zu den Partisanen kürzer, ungefährlicher gewesen als aus dem Ghetto in Kaunas. Dov Levin aus Kaunas gelang zusammen mit seinen Freunden die Flucht. In den Wäldern stieß er zur Wilner Partisaneneinheit, die der junge Abba Kowner leitete. Frau Margolis erzählt von dem jungen Dichter Hirsch Glik, der auch zu den Partisanen ging. Eines seiner Lieder, ›Sog nit kejnmol as du gejst dem leztn weg . . .‹, nach der Melodie eines russischen Volksliedes, sei zur Hymne für die verfolgten Juden in Europa geworden. Ich höre Esther Bejaranos Stimme . . . Die Interpretin und Freundin aus Kindertagen singt dieses und andere Lieder zur Erinnerung an Hirsch Glik aus der Klein-Schnippischok-Gasse Nr. 118.

Zusammen mit dem Mitarbeiter des Jüdischen Museums, Herrn Agranowski, mache ich mich noch einmal auf in die Altstadt. Wir gehen am einstigen Rabbinat (Pamėnkalnio Nr. 3) vorbei, am ehemaligen polnisch-jüdischen Gymnasium (Nr. 1), gelangen in die Pylimo gatvė, die alte Wallstraße, eine der Hauptverkehrsstraßen von Vilnius, die sich wie ein Ring um die Altstadt legt. Viele Häuser der alten Neustadt gehörten vor dem Krieg jüdischen Organisationen, in vielen haben Juden gewohnt; schon 1861 hatte die russische Regierung die Wohnrechtsbeschränkungen aufgehoben. Henrich Agranowski führt mich in ein Haus mit einem merkwürdigen Skulpturenensemble auf der Giebelspitze: Amphoren, nackten Putten rechts und links, in der Mitte eine mit einem Geweih gekrönte ansonsten unkenntliche Figur – das Jüdische Gemeinde-Haus (Nr. 4). Er macht mich auf die Synagogen-Ausstellung im zweiten Stock aufmerksam, erzählt, in diesem Gebäude habe sich das *Tarbut*-Gymnasium befunden, im Nachbarhaus die Arztpraxis des Gemeindevorsitzenden und Senators Dr. Semach Schabbat (1864–1935). Dr. Schabbat sei stadtbekannt für sein gesellschaftliches Engagement, seine Mildtätigkeit gewesen und – wie sich herausstellte – der Protagonist des Dr. Aibolit, den russische Kinder aus Kornej Tschukowskis Erzählung so gut wie westeuropäische Dr. Dolittle kennen. Vom Direktor des *Tarbut*-Gymnasiums ließ sich Alfred Döblin über die hebraistische Bewegung aufklären. Jiddisch sei bloß eine entliehene Sprache, Hebräisch müsse Umgangssprache werden, nicht für Zion in Palästina, sondern um die alte jüdische Kultur wiederzubeleben, erfuhr er. Im Gemeindehaus macht mich Herr Agranowski mit Herrn Dr. Ceitlin bekannt. Der Literaturwissenschaftler legt ein Manuskript auf den Tisch, blättert es auf. Er ist der Herausgeber eines Almanachs. ›Jüdisches Museum‹ wird das Buch heißen.

Da, wo Pamėnkalnio, Jogailos, Islandijos und Pylimo gatvė zusammentreffen, haben sich so viele öffentliche Gebäude der Jüdischen Gemeinde befunden, daß unter den Vertretern der Haskala die Idee aufkam, an dieser Stelle eine Choralsynagoge zu errichten. Der Plan wurde jedoch nicht verwirklicht, eine solche später an einer anderen Stelle, an der Wallstraße, erbaut. Wir gehen in die Islandijos gatvė hinein. Die Häuser hier sind eher unscheinbar, stammen aus der Gründerzeit. Wir kommen an der ehemaligen Talmud-Thora-Schule für Kinder armer Leute, dann an einer schlichten, aber viele Fenster langen, einheitlich gestalteten Fassade, dem jiddischsprachigen Technikum aus den zwanziger Jahren vorbei, an dem der »Vater des *Bundes*« Aaron Kremer (1865–1935) unterrichtete und wo ORT seinen Sitz hatte. Aaron Kremer war einer der Begründer des Allgemeinen Jüdischen Arbeiterbundes in Litauen, Polen und Rußland. Henrich Agranowski weist auf das nächstfolgende Haus, in dem bis 1941 der letzte Vorsitzende der Jüdischen Gemeinde Dr. Jakob Wygotski wohnte. Dr. Wygotski habe sich, erzählt er, beim SS-Standartenführer Franz Murer für die Wilnaer Juden einsetzen wollen, dieser den Greis bloß die Treppe hinuntergestoßen; im Gefängnis sei der Vierundachtzigjährige an den Verletzungen gestorben.

Herr Agranowski kennt das jüdische Wilna in allen Einzelheiten. Jeden Mauerstein, jede Treppenstufe schaut der Herr mit dem schütteren grauen Haar prüfend an, weiß von jedem Haus zu erzählen, spricht ruhig und bedächtig, damit ich sein Russisch verstehen kann. Jahrelang schon recherchiert der Chemiker im Ruhestand im Staatlichen Archiv, hat unlängst in russischer Sprache einen Führer durch das »litauische Jerusalem« herausgebracht. Im *Krenglersaal* an der Vilniaus gatvė – Henrich Agranowski weist auf ein etwas zurückliegendes, langgestrecktes, niedriges, unscheinbares Gebäude – habe die Wilner Truppe Semjon An-skis ›Dibbuk‹ gespielt. Die Wilner Truppe arbeitete seit 1916 zusammen; hatte großen Erfolg; der ›Dibbuk‹ aber, eine Episode des ostjüdischen Volkslebens im Banne kabbalistischer Vorstellungen, machte sie weltberühmt: Ein junger Mann stirbt aus Verzweiflung, denn seine Geliebte hat einen anderen, einen Ungeliebten, aber Reichen, zum Bräutigam bekommen. Die Seele des verstorbenen, enttäuschten jungen Mannes fährt in die unglückliche Geliebte; unterm Hochzeitsbaldachin wird das Mädchen irre daran. Der Ethnograph und Schriftsteller Semjon An-ski, eigentlich Salomon Seinwil Rapoport, geboren 1863 in Witebsk, brachte dieses Stück im Bürgerkriegsjahr 1918 auf seiner Flucht aus Moskau nach Wilna mit. An-ski und sein Werk gehören zum Besten, was die russisch-jüdische Kultur hervorgebracht hat und sind doch in Deutschland kaum bekannt. Erst als vor einigen Jahren lange verschollene Restbestände seiner ethnographischen Sammlung auch in deutschen Museen ausgestellt waren, las man in den Zeitungen seinen Namen. Die Haskala hatte den jungen Witebsker ermutigt, russische Bildung zu erwerben. Als junger Mann schloß er sich der sozialrevolutionären Bewegung an, mußte deshalb 1892 aus dem zaristischen Rußland fliehen, lebte einige Jahre in Deutschland und der Schweiz, arbeitete in Paris als Sekretär des Sozialphilosophen und Kämpfers der Pariser Commune Pjotr Lawrow und kehrte schließlich 1905 nach Rußland zurück. Er begann zu schreiben, zuerst russisch, dann jiddisch, in der Sprache der *prosten jidn*, der armen Juden in Rußland. In den Jahren 1911 bis 1914 unternahm er eine ethnographische Expedition durch die Westprovinzen des Zarenreiches und sammelte Zeugnisse jüdischer Volkskultur, setzte seine Arbeit auch dann noch fort, als der Erste Weltkrieg bereits begonnen hatte. Als die Bolschewiki sein Ethnographisches Museum in Petrograd schließen ließen und ihn zum »Konterrevolutionär« erklärten, trieb es ihn aus Rußland fort – nach Wilna, wo er 1919 die polnische Okkupation erlebte und in deren Gefolge einen Pogrom, bei dem ein Freund getötet wurde. An-ski, der ohnehin krank, ein gebrochener Mann war, erlitt daraufhin einen Herzanfall. Auf Anraten der Ärzte ging er nach Warschau, wollte weiter, nach Berlin, aber die Krankheit hielt ihn in Polen. Am 9. November 1920 starb der Ethnograph und Schriftsteller Semjon An-ski im Alter von siebenundfünfzig Jahren. Wenige Tage nach seinem Tod habe die Wilner Truppe, sagt Herr Agranowski, sein Stück ›Der Dibbuk‹ hier im *Krenglersaal* in Wilna uraufgeführt. Der *Krenglersaal* ist nun eine Turnhalle.

Wir biegen in die Liejyklos gatvė Richtung Daukantasplatz. Der Kiosk an der Ecke verkauft Coca-Cola, Zigaretten. *Baltic Travel Service* annonciert über eine ganze Hauswand. Gegenüber Fassaden, hinter denen keine Häuser mehr stehen. Fensterhöhlen. Balkons, aus den Fugen geraten. Gras auf Mauerstümpfen. Über den Ruinen die Doppelkreuze der Katharinenkirche. »Geboren sein vor hundert Jahren [. . .]« beginnt Joseph Brodsky ein Gedicht. Die nächsten Zeilen eröffnen den Blick über Matratzen hinweg, die zum Lüften im Fenster liegen, in einen Garten, dahinter der Katharina Doppelkreuze; den Blick eines Menschen, der sich als Kind seiner Mutter schämt und wegen einer erhobenen Lorgnette einen Schluckauf kriegt, der als junger Mann einen Karren mit Plunder über die gelben Gassen des Ghettos schiebt und sich angesichts der polnischen Fräuleins am liebsten unsichtbar machen würde, der den Ersten Weltkrieg abwartet, in Galizien nicht fällt für Glauben, Zar und Vaterland, sondern die *pejes* in Koteletten verwandelt und, seekrank in den Atlantik kotzend, in die Neue Welt hinüberfährt. »Leiklos« nennt Joseph Brodsky das Gedicht; bei ihm reimen sich die Verse. Wir überqueren die Straße des heiligen Ignatius, schauen die schmale Gasse hinunter, erkennen von ferne hohe helle, fensterlose Mauern. Im Ignatiuskloster habe man Juden versteckt, sagt Herr Agranowski, anderen sei in dieser Gasse unter einer Mauer hindurch die Flucht aus dem Ghetto gelungen. Vielleicht schaffte Abraham Lipman seine Jüngste, Taible, auf diesem Weg zu einer litauischen Familie in die Stadt. Vielleicht ist auch Riwa Lipman durch diese Gasse zu den Partisanen geflohen.

Am Kloster der Bonifratri vorbei gelangen wir zum Daukantasplatz alias Kutusow-, Napoleons-, Schloßplatz. Granitsteine erregen Henrich Agranowskis Aufmerksamkeit, Steine, die eine Grünanlage umfrieden; einige sind aus der Erde gerissen. Schriftzüge erscheinen auf dem grauen Stein, Zeilen. Überall in der Innenstadt, sagt er, finde man Treppenstufen, Einfassungen, Mauerplatten, die Grabsteine waren. Über Nacht seien Ende der fünfziger Jahre der protestantische und Anfang der sechziger der jüdische Friedhof kurzerhand eingeebnet worden. Bulldozer hätten die Steine zusammengeschoben, Maschinen sie grob, ohne die Schriftzüge vollkommen auszumerzen, zu Baumaterial geschliffen.

Nach dem russischen General leiht nun der litauische Historiker Simonas Daukantas dem Platz seinen Namen. Gegenüber die breit ausladende, durch Seitenflügel, Säulenaufgänge, Fensterreihen horizontal gegliederte Front des alten russischen Gouverneurspalastes, der ursprünglich Sitz der Bischöfe von Vilnius war. Hier logierte Napoleon auf seinem Weg nach Moskau für einige Wochen, und im Jahre 1846, auf der Rückreise von Sankt Petersburg, war der Philanthrop Moses Montefiore acht Tage in Wilna und zusammen mit seiner Ehefrau Lady Judith einige Male beim russischen Gouverneur in diesem Gebäude zu Gast. Sir Moses Montefiore reiste als Gesandter der englischen Königin Viktoria und hatte bei Nikolaus I. Fürbitte für die Juden im Russischen Reich eingelegt, denn der Zar wollte alle im Fünfzig-Werst-Bereich der Reichsgrenze wohnenden jüdischen Untertanen vertreiben lassen. Traditionell lebten sehr viele Juden in diesem Bereich. Moses Montefiore sei es gelungen, dies abzuwenden. Überall in den Westprovinzen des Russischen Reiches seien die Montefiores als »göttliche Gesandte« gefeiert worden, schreibt Pauline Wengeroff in ihren Erinnerungen. Tausende hätten das Ehepaar in Wilna bejubelt und durch die Stadt geleitet. Der alte Gouverneurspalast ist nun Palast der Kunstschaffenden. Im Seitenflügel residiert die Französische Botschaft.

Am Kutusowplatz befand sich die Musikschule, an der der weltbekannte Geiger Jascha Heifetz (1901–1987) in die Anfangsgründe des Geigenspiels eingeführt wurde – heute gehört das Haus zum Konservatorium –, und im Hauptgebäude der Universität die Malschule, die auch jüdische Studenten aufnahm und an der die Bildhauer Jacques Lipschitz (1891–1973), Naum Aronson (1872–1943) und der Maler Chaim Soutin/Soutine (1893–1943) studierten; übrigens war auch Mosche Vorobeizik Student der Stephan-Báthory-Universität, lernte, bevor er ans Bauhaus nach Dessau ging, freie Malerei an der Fakultät der Schönen Künste in den zwanziger Jahren. In einer Nische bewacht ein Denkmal für Kristijonas Donelaitis die Universitätsbibliothek von Vilnius.

Lange bevor er sich für die jüdische Geschichte von Vilnius zu interessieren begann, arbeitete Henrich Agranowski nebenbei als Stadtführer. »Verlassen wir für fünf Minuten die jüdische Geschichte«, schlägt er vor, schiebt mit dem Ellenbogen die Umhängetasche auf den Rücken und führt mich in die Innenhöfe der *Alma mater Vilnensis*. In den Gewölben der Universitätsbuchhandlung entdecke ich unter vielen Gelehrtenköpfen Georg Forster (1754–1794). Im November 1784 wechselte der Naturforscher von Kassel an die Universität nach Wilno, versprach sich hier bessere Arbeitsmöglichkeiten. Seine Frau Therese aber beklagt in Briefen das rauhe Klima, die »verwilderte« polnische Nation. Forster schildert in Tagebüchern die Beschwerlichkeiten der Reise. Im Haupthof verweilen wir im Schatten der Arkaden. Als der Soldat Paul Weber während des Ersten Weltkrieges diesen Hof betrat, fand er Bäume, Bänke, einen Zaun drumherum. Hell schwingen sich die Barockgiebel der Johanniskirche ins Himmelblau. Gravitätische Gesimse halten die schlanken, von einem zum anderen

Stockwerk zierlicher werdenden Säulengruppen mit den hohen gotisch anmutenden Fensterbögen dazwischen, im Gleichgewicht. In der Kirche findet ein Trauergottesdienst statt. An einer Säule leuchtet ein Blumengebinde, daran eine Schärpe grün-rot-weiß in den ungarischen Farben für den Siebenbürger Stephan Báthory, der im Jahre 1579, als er König von Polen war, die Jesuiten-Akademie gründete. Vilnius ist demnach die älteste Universität Osteuropas und lange eine polnische Bildungsstätte gewesen, aber auch ein Hort der Judenfeindlichkeit. Immer wieder zettelten Studenten Pogrome an. Seit sie in Wilna siedelten, mußten sich die Juden vor den *schiler-geloifes* (den Studentenpogromen) fürchten. In der russischen Zeit aber habe sich die Universität auch jüdischen Studenten geöffnet, sagt Henrich Agranowski, zum Beispiel habe Lenins Großvater Isaak Blank hier Medizin studiert. Im Jahr nach dem Aufstand von 1831 ließ die russische Regierung die Universität – mit Ausnahme der medizinischen Fakultät, die noch weitere zehn Jahre bis 1842 geöffnet war – als Herd des Aufruhrs schließen, Piłsudski sie erst 1919 wiedereröffnen. Anfang der dreißiger Jahre war ein Viertel der Studentenschaft jüdischer Herkunft. Protest gegen die Tradition der Väter, gegen den Staat, der sie einschränkte, Sehnsucht nach »großen Staatsorganismen, die ihnen Bewegungsfreiheit gaben«, »geistige Beweglichkeit«, »sozialer Sinn« hätten die Studenten jüdischer Herkunft in der Linken zusammengeführt, erinnert sich Czesław Miłosz: in der zionistischen *Poale-Zion*, dem *Bund*, kommunistischen Gruppen. Dagegen hätten die Rechten sich, patriotisch und konservativ wie sie waren, für die Zeremonien der deutschbaltischen Universitäten begeistert. Anfang der dreißiger Jahre hat das *schiler-geloif* wieder begonnen.

Leise gehen wir an den Seitenwänden des Kirchenschiffs entlang bis zum goldenen Eisentor der Oginski-Kapelle, bewundern das Kreuz in Form eines Baumes am Altar. Zwischen den Gelehrtenbüsten steht ein Denkmal für Adam Mickiewicz, der in der russisch regierten Stadt Schule und Universität besuchte. Der polnische Dichter ehrte den weisen Schankwirt Jankiel, widmete ihm und seinem Cymbalspiel einen wunderbaren Gesang. Im

›Pan Tadeusz‹, dem Versepos aufs litauische Heimatland, heißt es: Der Bernhardiner-Bettelmönch Robak kannte Jankiel seit langem,

»[. . .] ging öfters
Nächtens zur Schenke, um sich geheim zu besprechen mit Jankiel
Über wichtige Dinge [. . .]«.

Nicht alle polnischen Katholiken waren Antisemiten. Von seinen nonkonformistischen polnischen Dichterkollegen habe er, schreibt Czesław Miłosz, die jüdischer Herkunft besonders geschätzt. »Fast die Hälfte [. . .] hätte keine ›arische Großmutter‹ vorweisen können.« Ich denke an die Versteckten im Ignatiuskloster.

Wir treten auf die Šv. Jono gatvė hinaus. Im Unterschied zu denen an der Vilniaus, Liejyklos und Ignatio sind die Fassaden der Häuser hier prächtig renoviert. Eine Zeitlang habe eine der Filialen des Verlages Romm Räume in der Šv. Jono gatvė gehabt, sagt Henrich Agranowski. 1795 von Baruch Joseph Romm in Grodno als selbständiger Verlag gegründet, seit 1799 in Wilna ansässig, entwickelte sich das Unternehmen im Laufe des 19. Jahrhunderts zu einem der größten jüdischen Verlage der Welt und besaß in den zwanziger, dreißiger Jahren Gebäude über die ganze Stadt verteilt. Der junge Mann aus San Francisco im Jüdischen Museum wußte sofort Bescheid, als Frau Margolis von Romms Verlagstätigkeit, vom Wilner Talmud, den Romm druckte, zu erzählen begann. In Israel, sagt Henrich Agranowski, werde der Talmud bis heute mit Romms Schriftsätzen gedruckt. Romm verlegte religiöse Schriften, die hebräischsprachigen Bücher der Aufklärer, später auch jiddische und – so in der Šv. Jono gatvė – Weltliteratur. Auch andere jüdische Verlage siedelten sich bald an, machten Wilna zum osteuropäisch-jüdischen Bücherzentrum. Eisik Meir Dick (1807–1893) ließ seit 1865 bei Romm wöchentlich kleine jiddische Alltagsgeschichten drucken. »Seine schmalen Hefte fanden reißenden Absatz«, schreibt der Historiker Simon Dubnow. Sie wurden »von den wißbegierigen Wilnaer Jüdinnen zugleich mit ihrem Sabbat-Bedarf erstanden, und so gewöhnte sich das Volk, dessen geistige

Nahrung hauptsächlich aus frommen Legenden der Vorzeit bestand, an lebensnahe Lektüre.« In Wilna arbeitete und veröffentlichte der Lyriker Micha Joseph Lebensohn (1828–1852), der früh starb. Er übertrug Schillers ›Aeneis‹ ins Hebräische, faßte jüdische Überlieferungen neu – das Hohelied Salomons, den Kohelet (die Priesterschriften), andere Texte. Sein Freund Kalman Schulman (1819–1899) wurde in Wilna durch die Übertragung von Eugène Sues ›Mystères de Paris‹ populär.

In seiner russischen Zeit fand Wilna sich einbezogen in den »Ansiedlungsrayon«, jenes Gebiet, in dem die Petersburger Regierung die russische Judenheit in sicherer Entfernung von den großen Städten zu leben zwang. Aus den weißrussischen und ukrainischen *schtetlech*, aus den kurländischen Städtchen gelangte man deshalb ohne Mühe nach Wilna. Wilna war zwar nicht Petersburg, Moskau oder Warschau, aber doch eine Stadt mit Tradition im Zentrum des »Ansiedlungsrayons«. Nach dem Tod des Elijah Gaon ließen sich auch weißrussische Chassidim im orthodoxen Wilna nieder. Schon einer der ersten Schüler des Gaon, Moses ben Mordechai Meisel, unterhielt heimlich engen Kontakt zu dem Begründer des CHaBaD Schneur Salman aus Liady. Von Berlin, über Kurland und Königsberg gelangte die Haskala nach Litauen. Osteuropäische trafen in Wilna auf westliche Einflüsse.

Wir durchkreuzen noch einmal das mittelalterliche Judenviertel, gelangen auf die Vokiečių, finden dort vor der Glasfront der Kunstgalerie wieder Grabsteine mit hebräischer Schrift, Stufen. Eine Kippe liegt da, eine Chipstüte weht darüberhin. Wir gehen in die Rūdninkų gatvė hinein. Die Straße sei dicht bewohnt gewesen, schreibt Lucy Dawidowicz, das Zentrum des jüdischen Schuheinzelhandels, der Kurzwaren- und Lebensmittelgeschäfte. Einige der Fassaden hätten noch etwas von ihren Barockornamenten erkennen lassen. Die Wilnaer Jüdische Darlehens- und Sparkasse, die aus einer Handwerkerkooperative hervorgegangen war, habe sich in der Straße befunden, ferner das Jüdische Realgymnasium. Auf der einen Seite heute ein freier Platz, auf der anderen schmucklose Häuser, keine Geschäfte. Wir durchqueren ein Tor. Im Innenhof steht ein schlicht verputztes, drei Stockwerke hohes Gebäude. Im Erdgeschoß sind die Fenster vergittert. In diesem Haus, besagt eine Messingtafel, hatte während der deutschen Besatzungszeit der »Judenrat« seinen Sitz, Jakob Gens seine Räume. In diesem Haus, sagt Herr Agranowski, hätten vordem mehrere jüdische Organisationen ihre Räume gehabt, sei seit dem Ersten Weltkrieg das jiddische Realgymnasium gewesen. Der jiddische Schriftsteller Mosche Kulbak (1896–1938) war hier in den zwanziger Jahren Lehrer. Wir durchqueren das Haus, gelangen in einen zweiten Hof. »In relativ ruhigen Zeiten pflegte ich im Ghetto im Hof des Judenrats spazierenzugehen«, schreibt die gebürtige Wilnaerin Suzanne Lucienne Rabinovici aus Wien in ihren Erinnerungen. Das Gebäude in der Rudnickastraße Nummer 6 (heute Nr. 8) habe einen großen Hinterhof in Form eines runden Platzes besessen, mitten auf dem Platz habe ein Baum gestanden, der einzige im Ghetto, denn Bäume und Pflanzen waren verboten. Rund um den Baum ein Rasen, ein Sandweg um ihn herum, am Rande ein paar Bänke. Dort habe sie mit ihren Freundinnen Neuigkeiten ausgetauscht. Wir stehen vor einem flachen, langgestreckten Bau. Ljuba Lewicka hat in diesem Haus gesungen. In Izchokas Meras' Roman ›Remis für Sekunden‹ übernimmt Ina Lipman ihre Rolle. Das ehemalige Ghettotheater ist nun Jaunirio teatras, Jugendbühne. Eine Salzburger Truppe habe hier unlängst, erzählt Herr Agranowski, Joshua Sobols Stück ›Ghetto‹ aufgeführt.

Rūdninkų/Ecke Allerheiligenkirche. Hier verlief die Stadtmauer, hier stand das Rūdninkai-Tor und seit dem 6. September 1941 das hölzerne Ghettotor. An der Mauer auch hier eine Tafel, ein Schema der Ghettostraßen. Das Ghetto im alten Judenviertel war bereits »aufgelöst«, als innerhalb von zehn Tagen, vom 24. Oktober bis zum 3. November 1941, der »Judenrat«, von SS-Wachen kontrolliert, die »gelben Scheine«, die Arbeitsausweise, verteilte. Jakob Gens stand am Ghettotor, als die »Selektionen« begannen. Passieren sollten nur die dreitausend Handwerker mit ihren Frauen und je zwei Kindern. In dem Areal zwischen der Deutschen und der Wallstraße waren seitdem nur noch zwölftausend Menschen »legal« und weitere achttausend »illegal« zusammengesperrt. Anders als in Riga, blieben die Familien der »Arbeitsjuden« am Leben. Es wurde seitdem *Facharbejtergetto* genannt. »Jidn, sogt, wer schtejt baim tojer? [. . .]« Ein Lied erzählt, Überlebende berichten, Joshua Sobols Theaterstück schildert, wie neben den jüdischen und den litauischen Polizisten Franz Murer am Ghetto-Tor stand; Menschen wie die Sängerin Ljuba Levicka quälte, weil sie Lebensmittel ins Ghetto schmuggeln wollten, und festnehmen ließ. Für jeden Häftling habe es, sagt Rachel Margolis, pro Monat ein Kilo Brot gegeben. Daß Franz Murer nicht in Vergessenheit geriet, ist Simon Wiesenthal zu verdanken. Er hat den biederen Landwirt Franz Murer als Ghettokommandanten von Wilna enttarnt und 1963 in Österreich vor Gericht gebracht. Murer aber wurde von den Geschworenen in Graz freigesprochen, das Verfahren gegen ihn seither nicht wieder aufgenommen.

Durch das Tor an der Rudnicker Straße verließen die letzten Häftlinge, von SS-Männern und Hunden bewacht, am 24. September 1943 das Ghetto. »Die Straßen lagen wie ausgestorben da, als wäre die Stadt menschenleer, und nur vereinzelt nahmen wir eine leichte Bewegung hinter den Vorhängen der Häuser wahr«, schreibt Frau Rabinovici. Von der Rudnicker Straße seien die Menschen aus der Stadt hinaus auf den Rossa-Friedhof getrieben worden. Die Litauer nennen ihn Rasos kapinės. Das Herz des gebürtigen Litauers Marschall Józef Piłsudski ruht auf dem Rossa-Stadtfriedhof, andere Prominente sind dort begraben – der Künstler Mikalojus Konstantinas Čurlionis, der Freiheitskämpfer Jonas Basanavičius, der Dichter Juliusz Słowacki, der Historiker Ignacy Lelewel. Viele der Grabsteine tragen polnische Inschriften. Achttausend Menschen wurden auf diesen Friedhof gesperrt. Wie damals liegt er idyllisch auf einem Hügel; zwischen den Gräbern stehen hohe Bäume, schlängeln sich Pfade. Junge Polen pflegen die Gräber, restaurieren Grabsteine für den Papstbesuch. Hinter einem Grabstein kauernd hätten sie den Großvater wiedergefunden, erinnert sich Suzanne Rabinovici, und eine Regennacht auf den Gräbern verbracht, bevor die SS nach bewährter Art im Morgengrauen am Friedhofstor »selektierte« und noch einmal der Kampf um Leben und Tod begann.

Wir überqueren den Platz ohne Namen, den die Zerstörungen des Krieges an der Rūdninkų gatvė geschaffen haben; vergeblich bemühte sich die Jüdische Gemeinde, ihn »Platz der Opfer des Faschismus« zu nennen, werfen einen Blick auf die altersschwachen Häuser an der Šiaulių gatvė; Fensteröffnungen mit Querhölzern notdürftig gehalten; bunte Blumenkästen gegenüber trauern um den Verfall.

Wir gehen durch die Mėsinių gatvė, den Teil der alten Fleischmarktgasse, die ihren Namen noch trägt und in der zwischen Häusern aus neuerer Zeit noch niedrige, verwinkelte, verfallende stehen. Geraten in einen der Durchgangshöfe, die zur Wallstraße führen. Tische stehen da, Stühle unter Sonnenschirmen, Blumen blühen in einem Kübel, Efeu rankt die Fassade hinauf, aus den Türen schallt Popmusik. Junge Männer sitzen laut redend bei Whisky und Cola. Geldbündel wechseln von Hand zu Hand. Neben ihnen Mädchen mit langen Beinen. Bassja Lipman aus Meras' ›Remis für Sekunden‹ sah keinen anderen Weg, als ihren Körper zu verkaufen, bei Kasriel gab es Schwarzmarktware, Informationen. Dabei sehnte sich Bassja nach Zuneigung. Kasriel schämte sich, hat sich das Leben genommen. Auch dieser Durchhof gehörte zum Ghetto im Krieg. Wir machen kehrt, biegen in die Ligoninės gatvė. Im Volksmund heiße diese Gasse Krankenhausstraße, sagt Herr Agranowski, lange habe niemand gewußt, warum. Nicht höher als zwei Stockwerke sind die Häuser, auch hier die Mauern feucht und krumm. Niedrige, tiefe Tore führen in Innenhöfe, eine Katze streift an einer Schwelle entlang. Wir gehen in eine Einfahrt hinein, kommen in einen Hof. Kinder spielen hier. Durchqueren einen Hausflur, gehen ein dunkles Treppenhaus hinauf und wieder hinunter, gelangen in einen weiteren Hof. Wäsche trocknet auf kreuz und quer gespannten, von Holzstangen gestützten Leinen. Ein Kind weint. Über den Hof hinweg zanken laut Frau und Mann. Die Treppenaufgänge, die langen Flure wirken schäbig, heruntergekommen. Hier war das Jüdische Krankenhaus, schon seit dem

18. Jahrhundert und bis in die Ghettozeit. Die Hygienevorschriften im Ghetto seien vorbildlich gewesen, Typhusimpfung, zum Beispiel, Pflicht, sagt Rahel Margolis, deren Vater zu jener Zeit hier Arzt war. Für jeden habe es eine Badekarte gegeben. Wer nicht einmal die Woche ins Bad ging, habe kein Brot bekommen. Die Ärzte und Apotheker hätten sich im Ghetto zu einer Gesellschaft zusammengeschlossen. Rahel Lipman aus Meras' Roman gebar ein Kind im Ghettokrankenhaus, lange nachdem ihr Mann David ermordet war. Gebären war verboten, und Rahels Kind hatte blondes Haar und blaue Augen. Rahel tötete das Kind, als sie verstand, daß es einen deutschen Soldaten zum Vater hatte, daß sie zu medizinischen Versuchen mißbraucht und künstlich befruchtet worden war. Hinter den Türen der Krankenzimmer wohnen nun arme russische Familien. Im letzten Hof ist ein Stück der alten Stadtmauer erhalten. Eine Toreinfahrt führt auf die Pylimo, die alte Wallstraße. Die Nazis hätten sie, sagt Henrich Agranowski, Arische Straße genannt. Gegenüber hinter Bäumen, umgeben von einem Baugerüst, die Kuppel der Choralsynagoge *Tohorat Hakodesch* von 1903. Zu *Rosch Haschana* 5664 (1903) besuchte Simon Dubnow die Synagoge, um zusammen mit der Gemeinde zu trauern, die Opfer der Pogrome in Kischinjow und Gomel zu beklagen. Seit einigen Monaten war der Historiker ein Bürger der Stadt. »Im patriarchalischen Wilna wäre es mir«, schreibt er, »ohnehin schwergefallen, mich von dem Besuch des Gottesdienstes fernzuhalten.« Die *Tohorat Hakodesch* ist die einzige von den einhundertunddrei Synagogen und Bethäusern, die den Krieg überstanden hat. Seit kurzem amtiert hier wieder ein Rabbiner.

Auf der Pylimo lädt Herr Agranowski mich in ein Stehcafé ein. Stellt zu den Gläsern mit Milchkaffee *zawarnoj,* Schmalzgebäck, auf den hohen Tisch, öffnet seine Jacke, schiebt den Riemen seiner Umhängetasche auf die Schulter zurück und erzählt, daß er aus dem weißrussischen Gomel stamme, sein Vater Ingenieur bei der Eisenbahn gewesen sei; die Familie den Wohnort deshalb oft gewechselt habe und er seit 1949 in Vilnius lebe. Jedes Jahr im

Sommer sei die Mutter mit ihm zu ihrer Familie nach Gomel gefahren; nur im Sommer 1941 nicht.

Wieder ein Tor, ein schmaler Gang irgendwo zwischen den Häusern der Pylimo gatvė. Der Gang führt über einen langen Hof zur Žemaitijos gatvė, ehemals Straschun-Straße. Der Hof ist asphaltiert und wird auf der Westseite von einer hoch aufragenden Brandmauer begrenzt. Daß hier Häuser standen, Treppen, Türen in Wohnungen führten, zeigen Farbreste, Verfärbungen, Mauervorsprünge. Verschläge sind an die Backsteinmauer gebaut. Vorhängeschlösser sichern Holztüren. In einem solchen Hof hat Isaak Lipman seine Bussja getroffen. Dank Bussja wurde aus Isaak ein Schimek im Ghetto. Wie in Scholem Alejchems Liebesgeschichte zählten die beiden zusammen kaum zwanzig Jahre. Dank Bussja und Schimek klingt in Izchokas Meras' ›Remis für Sekunden‹ etwas von *Schir-ha-schirim*, dem Hohelied Salomos, an. Isaak bringt Bussja Blumen, gemeinsam suchen sie nach dem polnischen Freund Janek, der aus dem Ghetto floh. Über dem Dach der Verschläge blühen Blumen in einem Kasten, ist ein Fenster geöffnet, bewegt sich ein Tüllvorhang. Hoch oben im geschwärzten Backstein zeigt mir Herr Agranowski eine zementverputzte Stelle, darin die Umrisse eines Davidssterns. In dem Haus sei eine Betstube gewesen und in dem langgestreckten, zweistöckigen russisch-klassizistischen Haus gegenüber vor dem Krieg die *Mefiza-Haskala*-Bibliothek, während des Krieges Ghetto-Bibliothek. Der *Bundist* und Bibliothekar aus Warschau Hermann Krug habe sie einrichten lassen, sagt Rahel Margolis. Vor den Nazis war Hermann Krug 1939 nach Wilne geflohen. Über seine Flucht und das Leben im Ghetto führte er Tagebuch. Zwei Durchschriften gingen verloren; ein drittes Exemplar fand Abraham Sutzkever – lose Blätter in einem Schrank, in einem Raum verstreut, nicht alle Seiten, aber doch einen Großteil des Manuskripts. Hermann Krug wurde 1944 in einem estnischen KZ ermordet. Die Bibliothek habe pro Tag bis zu sechshundert Bücher ausgeliehen, am letzten Tag noch siebenundvierzig Bücher; sie sei einzigartig gewesen, sagt Frau Margolis, die Menschen hätten sehr viel gelesen und gewußt, warum. Rahel

Margolis arbeitete als Sekretärin in der Bibliothek. Hinter den Bücherwänden versteckt, habe sich das Hauptquartier der Widerstandskämpfer befunden, sagt Henrich Agranowski, und im Keller hätten Experten Minen und Bomben gefertigt. Die Bibliothek war im Ghetto das letzte Kettenglied Wilner Tradition. Von der Žemaitijos gatvė ging der verzweifelte Versuch aus, Widerstand zu leisten.

Nach dem Krieg wurde in dem Haus an der Žemaitijos das Museum des Wilnaer Ghettos eröffnet – der sowjetische Schriftsteller Ilja Ehrenburg hatte sich dafür eingesetzt, doch wenige Jahre später, 1949, mußte es auf Anordnung der sowjetischen Regierung bereits wieder geschlossen werden. Durch das schmiedeeiserne Tor sehen wir in den Innenhof der Bibliothek. Am Ende des Hofes steht ein kleines Haus. Seinen Eingang hat es zur anderen Straßenseite. Vor dem Krieg sei darin eine Druckerei gewesen, sagt Herr Agranowski, *Rosenkranz & Schriftsetzer*; während des Krieges habe es als Ghettogefängnis gedient. Die Sängerin und Schauspielerin vom Ghettotheater, Ljuba Lewicka, andere Häftlinge wurden wegen kleiner Vergehen dort festgehalten und – je nachdem, ob die deutsche Polizei kam oder nicht – getötet oder noch einmal freigelassen. Die Gebäude stehen unverändert seit Kriegsende. In der Žemaitijos sind nur wenige neue gebaut worden, vermutlich in die Lücken, die die deutschen Kanonen rissen, um den Widerstand zu brechen. Von sich aus spricht diese Straße nicht. Nur der Stern ist ein Zeichen.

Wir kehren auf die alte Wallstraße, die Pylimo gatvė, zurück. Verkehrslärm übertönt unsere Stimmen. Gehen an jener Kreuzung vorbei, an der Holzmarkt war, wo man in den Dreißigern aber kein Holz mehr, sondern Fisch, Fleisch, andere Lebensmittel, dann und wann sogar alte Bücher kaufen konnte, wo manch handfestes Wort fiel und jüdischer Witz entstand. Herr Agranowski weist auf den klassizistischen »Tyszkiewicz-Palast« an der Mündung der Trakų gatvė, der im vergangenen Jahrhundert dreißig Jahre lang (1847 bis 1873) eines der beiden Rabbinerseminare im Zarenreich beherbergte – das andere war in Schitomir – und zwischen den

Weltkriegen eine der *Jawne*-Schulen. Statt Säulen stemmen zwei imposante, spärlich gewandete männliche Figuren sein Vordach. Das Rabbinerseminar in Wilna hatte wie die weltliche Schule in Riga Max Lilienthal aus München gegründet. Weltgeschichte, Mathematik, Literatur, Sprachen gehörten zum Unterrichtsprogramm. Der Vater der *mussar*-Bewegung Israel Salanter weigerte sich, Leiter einer solch gotteslästerlichen Anstalt zu werden. Die Haskala in Wilna aber bezog von hier ihre besten Vertreter. Aus dem Rabbinerseminar gingen Leute mit Rang und Namen hervor. Der Dichter (und Vater des Micha Joseph) Abraham Bär Lebensohn (1794–1878) und der Historiker Samuel Fünn (1818–1890) unterrichteten am Seminar; der Revolutionär Aaron Liberman (1845–1880), die Schriftsteller Judah Löb Gordon (1830–1892) und Lew Lewanda (1835–1888) waren hier Studenten. Von der Mendelssohnschen Aufklärung unterschied sich die Wilner darin, daß – so Simon Dubnow – den ersten *maskilim* die Anpassung an die herrschende russische Kultur fern, statt dessen die jüdische Renaissance am Herzen gelegen habe. Im Haus gegenüber, Pylimo Nr. 21, hatten Anfang dieses Jahrhunderts verschiedene jüdische Organisationen ihre Räume – Schulen, Druckereien, Bibliotheken, in den Jahren 1908 bis 1919 die »Gesellschaft zur Verbreitung der Aufklärung unter den Juden« und im Nachbarhaus, Ecke Basanavičiaus gatvė, wohnte Chaim Ojser Grodsenski, einer der letzten großen Rabbiner von Vilnius. Zwei Häuser weiter auf der Wallstraße habe sich die Redaktion der *Wilner najs* befunden.

Wir gehen die Basanavičiaus gatvė hinauf. »Zwischen niedrigen Blockhütten stehen große Paläste. Breite Straßen enden plötzlich im Leeren, kleine krumme Gassen dagegen führen zu wichtigen Punkten des öffentlichen Lebens. Mitten in der Stadt liegen große, einst bebaut gewesene Flächen leer. Alte Paläste mit riesigen Höfen sind sinnlos aufgeteilt in kleine Wohnungen und winklige Höfchen.« Das Bild, das der Soldat im Ersten Weltkrieg und Kunsthistoriker Paul Weber sich von Wilna machte, entspricht noch immer der Wirklichkeit, wie Reisende sie von Deutschland herkommend empfinden. Neben kleinen, niedrigen Häusern säumen prächtige aus der Gründerzeit die »Große Spazierstraße«, die nun nach einem litauischen Befreiungskämpfer Jonas Basanavičius heißt, vier-/fünfstöckige Wohnblocks, die höchsten in Vilnius aus der Vorkriegszeit. Ein paar Schritte die Straße hinauf, in einem der Häuser hinter Bäumen habe, besagt eine Tafel, die Schriftstellerin Julia Žemaitė gelebt. Die Tochter einer verarmten Adelsfamilie Julija Beniusevičiutė-Žymantienė (1845–1921) schrieb unter dem Pseudonym Žemaitė für die litauische Sozialdemokratie und die Frauenbewegung. Daß im Haus Nr. 17, Wohnung 10 der Redakteur der jiddischen Tageszeitung *Wilner tog* Salman Reisen (1887–1941) wohnte, wird hier nicht bekanntgemacht. Salman Reisen verfaßte eine Reihe von Werken zur jüdischen Literatur und Sprache, gehörte zur Leitung des YIVO und war Redakteur des *pinkas* der Jüdischen Historisch-Ethnographischen Gesellschaft von Wilna; übersetzte Heine, Dostojewski, Tolstoi ins Jiddische. 1928 sei, sagt Herr Agranowski, in Reisens Wohnung der PEN-Club der jiddischen Dichter gegründet worden mit Mosche Kulbak, den Schriftstellern der *Jung Wilne* – Abraham Sutzkever, Chaim Grade, Schmerke Katscherginski, jenem Arbeiterdichter, der im Ghetto Hanns Eislers Hymne für die antifaschistische Einheitsfront in ein jiddisches Partisanenlied umdichtete. Salman Reisen war der älteste des Kreises, Mosche Kulbak ein Vorbild für die *Jung Wilne*-Dichter; er präsidierte.

Kulbaks Werk ist im Westen nahezu unbekannt. Der *litwak* Mosche Kulbak hatte in einem staatlichen russisch-jüdischen Cheder, dann an verschiedenen Jeschiwot in Litauen und Weißrußland gelernt, ehe er in Wilna 1920 seinen ersten Gedichtband veröffentlichte. Symbolistisch-romantische Gedichte. Anfang der zwanziger Jahre lebte er in Berlin, in jenen Jahren ein Zentrum der neuen jiddischen Literatur, lernte dort die Urbanisten, die Expressionisten und Surrealisten, kennen. Nach Wilna zurückgekehrt, verfügte er über ein reiches, kontroverses Repertoire. In seiner Prosa mischen sich die Berliner Einflüsse mit Realien aus dem jüdischen Alltag, phantastischen Elementen jüdischer Mystik, Motiven aus der Volkskultur. In einem seiner späten Prosatexte, ›Die

Selmenianer‹ (1931), erzählt Kulbak liebevoll ironisch, zuweilen sarkastisch den Wandel im Leben einer Großfamilie vom Ersten Weltkrieg bis in die Sowjetzeit. Mosche Kulbak und Salman Reisen wurden Ende der dreißiger Jahre als Volksfeinde beschuldigt und verhaftet, kamen beide in sowjetischen Lagern um.

Wir gehen auf die helle, hohe, sich in einem großen Bogen sanft um die Ecke die Straße hinauf ziehende Jugendstilfassade eines Wohnblocks auf der Anhöhe zu. Die Stockwerke übergreifenden, gotisch stilisierten Fensterbögen, die Blendgiebel mit den Zinnen über den Hauseingängen muten von ferne wie ein profanes, ironisches Zitat der Universitätskirchenfassade an. Als wir näher kommen, sehen wir auch hier den Verfall. »Vom Balkon meines geräumigen Arbeitszimmers eröffnete sich ein Ausblick auf die untere Altstadt bis zu den sie umschließenden Höhen des Schloßberges«, schreibt Simon Dubnow in seinen Erinnerungen. Der Historiker wohnte drei Jahre lang, von 1903 bis 1906, in diesem Haus. Einer seiner Nachbarn war Boris Alexandrowitsch Goldberg, »der einen halben Tag in der Verwaltung der bekannten Wilnaer Drogenfirma Segal arbeitete und seine übrige Zeit dem Zionismus widmete«. Boris Goldberg (1866–1921) stammte aus Litauen, studierte in Deutschland (Berlin und Hannover) Wirtschaftswissenschaften, wurde einer der führenden Zionisten in Rußland. »Einen Gegensatz zu diesem ausgeglichenen Manne bildete ein anderer Nachbar auf der Poguljanka, der temperamentvolle und redegewandte Shmarya Levin.« Auch Shmarya Levin (1867–1935) aus dem weißrussischen Swislowitz hatte in Deutschland studiert und war nun Prediger an der Choralsynagoge in Wilna. Aber »er war bedeutend origineller als seine deutschen Vorbilder«, schreibt Simon Dubnow. In gutem Volksjiddisch habe er kunstvoll Zitate aus der *hagada* und dem *midrasch* verflochten, sie mit dem Pfeffer seiner Anekdoten gewürzt und seine Zuhörer mit dieser Mischung von Pathos und Witz begeistert. Im gleichen Tonfall sind seine Kindheits- und Jugenderinnerungen gehalten. Auch Shmarya Levin war ein Zionist.

Eines Abends im Sommer des Jahres 1903 seien nach und nach

vier, fünf Menschen in sein Arbeitszimmer getreten, schreibt Simon Dubnow, hätten sich ihm nur mit Decknamen vorgestellt – Vertreter des Zentralkomitees des konspirativen *Bundes*, der jüdischen Arbeiterpartei. Männer mit blassen, durchgeistigten Gesichtern. Leise hätten sie einander ihre Positionen dargelegt. Die *Bundisten* kämpften für eine klassenlose Gesellschaft. Simon Dubnow aber stritt für nationale und kulturelle Autonomie. Der hebräische Schriftsteller Achad-Ha'am aus Odessa – er war auf der Durchreise, kam vom Genfer Zionistenkongreß – habe vom Sofa her genau zugehört, unentwegt Pfeife geraucht, geschwiegen.

Nach den Pogromen in Kischinjow, Schitomir, in den südrussischen Städten (1904) setzten sich Dubnow, Goldberg, Levin und andere renommierte Vertreter der russischen Judenheit in Wilna erstmals zusammen, trafen sich in Privatwohnungen, jedesmal in einer anderen, um der russischen Polizeibehörde nicht aufzufallen; gründeten einen »Verband zur Erzielung der Gleichberechtigung des jüdischen Volkes in Rußland«. Sie forderten territoriale, kulturelle Autonomie gleichberechtigt für alle Bevölkerungsgruppen Litauens, versuchten Polen, Litauer, Weißrussen für diese Idee zu gewinnen; die Polen aber waren nicht interessiert. Von seinem Balkon aus sah Simon Dubnow am 18. Oktober 1905 unten an der Ecke der Wallstraße eine erregte Menschenmenge das Manifest des 17. Oktober bejubeln, darin der Zar der Revolution nachgab, bürgerliche Freiheiten und eine gesetzgebende Duma gewährte. Doch es gelang der Petersburger Regierung mit Unterstützung reaktionärer Kräfte, die Konzessionen an die Demokratie nach wenigen Monaten noch einmal zurückzunehmen. Nach dem Ersten Weltkrieg nahmen Vertreter der litauischen Juden den Vorschlag, eine litauisch-polnisch-jüdisch-weißrussische Konföderation zu gründen, wieder auf. Erneut hatten sie die Polen gegen sich, und Deutschland unterstützte, um Rußland zu schwächen, die Gründung eines litauischen Nationalstaats.

Wie ein Detektiv spürte Henrich Agranowski in den Stadtarchiven nach den Bewohnern des hellgelben Jugendstilhauses an der Basanavičiaus gatvė. Fand heraus, daß nach Simon Dubnow, Boris

Goldberg und Shmarya Levin auch der im kurländischen Goldingen geborene Sprachwissenschaftler Max Weinreich hier wohnte und daß in diesem Haus, in einer Zweizimmerwohnung im Jahre 1925 das *Jidischer Wisenschaftlecher Institut* (YIVO) gegründet wurde. Das YIVO-Haus an der Wiwulski-Straße aus den dreißiger Jahren wurde während des Krieges zerstört. Die Adresse in der Basanavičiaus gatvė ist demnach der einzige Ort der Erinnerung. Hinter der Romanow-Kapelle, hinter dem modernistischen Standesamt auf dem Gelände des vor dreißig Jahren planierten evangelischen Friedhofs befindet sich eine Haltestelle. Dort steigen wir in den Bus zum Laisvės prospektas. An diesem Abend mußten Emilia und Mischa Jakob mit dem Abendessen lange auf mich warten. Die ganze Nacht noch bin ich durch die Straßen des alten Wilne gelaufen.

Linden säumen die Paradestraße von Vilnius, den Gediminas-Prospekt. Er beginnt wie die Schloßstraße am Wehrturm vor der St. Stanislaus-Kathedrale. Georgs-Prospekt hieß der Boulevard ursprünglich zu Zarenzeiten, Adam-Mickiewicz-Straße nach der polnischen Annexion. Als der »Hitler-Stalin-Pakt« Litauen der Sowjetunion und das bis dahin zu Polen gehörende Wilno Litauen zuschlug, wurde die Straße Gediminas-, nach dem Krieg Stalin-, dann Lenin-Prospekt. Ich flaniere am Schauspielhaus, an einem Devisengeschäft, einem Hotel vorbei, gehe um den konstruktivistischen Bau der Hauptpost herum in einen Durchgang, gelange vor die Freitreppe, das Portal eines prächtigen alten Stadtpalais, *Knygų rūmai*, das Bibliographische Zentrum von Vilnius. Esfir Bramson arbeitet hier. Über die Treppe betrete ich einen Raum, durchquere den nächsten – ein leeres Haus, von Büchern keine Spur; gelange durch eine Tür wieder ins Freie, in einen Innenhof, lausche, suche nach Spuren, die mir den Weg weiter ins Bibliographische Zentrum weisen; öffne die nächste Tür im Hinterhaus, betrete einen langen Korridor mit niedrigem Deckengewölbe, breit wie ein Klostergang. »Schauen wir in den Hof des Bibliographischen Zentrums«, schreibt Henrich Agranowski in seinem Führer durch das »litauische Jerusalem«. »Ende des 18. Jahrhunderts hatte hier, nachdem das Kloster der Karmeliterinnen geschlossen worden war, ein geistliches Seminar seine Räume.« Das Seminar habe eine Druckerei besessen, und man wisse, daß eines der ersten jüdischen Bücher in Wilna – um 1800 eine Arbeit des Gaon – hier gedruckt wurde. Hinter einer der Türen höre ich das Klappern einer Schreibmaschine, Stimmen. Eine Tür öffnet sich, ein Mann tritt heraus. Ich bitte ihn, mir den Weg zu weisen. Wir gehen, bei jedem Schritt quietschen die Sohlen auf dem blankpolierten Linoleum, gehen bis zum Ende des Korridors, um die Ecke herum, weiter, einen ebensolch langen Gang, um die nächste Ecke und wieder den Korridor entlang. In einem Raum ohne Computer und Sekretärin, nur mit Holzschränken, Karteikästen an den Wänden treffe ich Esfir Bramson in Eile an. Die ernstblickende kleine Dame hinter dem breiten, leeren Schreibtisch will in wenigen Tagen zu einem Vortrag über ORT, die Gesellschaft zur Förderung des Handwerks und der Landwirtschaft unter den Juden, an der Jüdischen Universität in Sankt Petersburg reisen. Die Jagd nach dem Visum, dem Billett, die Reisevorbereitungen ermüden sie. Sie spricht deutsch mit mir, erzählt knapp und konzentriert, der Hauptbestand des Bibliographischen Zentrums seien in Litauen gedruckte Bücher oder Bücher, die Litauen zum Thema haben, auch in der Sowjetzeit unter Verschluß gehaltene Schriften. Der Direktor habe Restbestände des 1949 geschlossenen Ghetto-Museums übernommen; ein anderer Teil sei von dort an die Nationalbibliothek gegangen, Bücher und Dokumente, darunter zwanzig Prozent der YIVO-Bestände. Bitter wird ihre Miene, als sie erzählt, was im sowjetisch besetzten Vilnius und in der Nazizeit mit Archiv und Bibliothek des jüdischen Forschungsinstituts geschah. Der Leiter Max Weinreich war 1940 von einem Aufenthalt in Kopenhagen nicht zurückgekehrt, sondern nach New York weitergereist, hatte die älteste Filiale zum Zentrum des YIVO erklärt. Vilnius war von aller Welt abgeschnitten, den Mitarbeitern somit die Perspektive genommen; das Institut aber blieb unangetastet. Erst der Stab Rosenberg begann es zu plündern, nahm sich dazu eine Arbeitsbrigade qualifizierter Leute, Lehrer und Bibliothekare, aus dem Ghetto zu Hilfe. Diese aber begannen, Bücher, Dokumente heimlich beiseite zu schaffen, unter den Kleidern fort, ins Ghetto oder zu befreundeten Litauern und Polen in die Stadt zu tragen, an verschiedenen Orten – im Keller, hinter den Wänden des YIVO, in der Ghettobibliothek zu verstecken oder zu vergraben. Alles, was im Institutsgebäude in der Wiwulski-Straße blieb, wurde mit diesem zerstört und vieles von dem, was in der Stadt versteckt oder im Ghetto erhalten geblieben war, gleich nach dem Krieg fürs Museum gesammelt. Abraham Sutzkever, Schmerke Katscherginski, andere aus der Arbeitsbrigade des Rosenbergstabs kehrten von den Partisanen zurück, halfen beim Aufbau des Museums. Als es geschlossen wurde, alle Dokumente als Altpapier abgegeben werden sollten, versuchte man beiseite zu schaffen, soweit das eben möglich war, vermochte aber nicht viel zu retten. Zusammen mit den Büchern übernahm das Bibliographische Zentrum auch einige Packen Dokumente, die der Direktor bis zur sowjetischen »Tauwetter«-Zeit hinter unsortierten Bücherstapeln verborgen hielt, dann von jüdischen Journalisten begutachten ließ. Aber erst seit 1989 sind Frau Bramson und ihr Mitarbeiter dabei, die Bestände durchzusehen, zu katalogisieren. Ohne besondere technische Hilfsmittel. Mit dem YIVO in New York gebe es wohl einen Vertrag über Zusammenarbeit, sagt Frau Bramson, das YIVO habe ihnen einen Kopierer geschenkt, aber der Austausch sei schwierig, Besitzverhältnisse verworren, die litauische Politik noch zu unbeständig.

Auf dem Gediminas-Prospekt komme ich an der Stadtverwaltung vorbei, einem Betonbau aus der Sowjetzeit, in dem das Zentralkomitee der Kommunistischen Partei Litauens seinen Sitz hatte. Dieses Grundstück habe einmal der Jüdischen Gemeinde gehört, lese ich in Henrich Agranowskis Buch ›Litowski Jerusalem‹ (Litauisches Jerusalem), bis 1914 sei hier das Staatliche Jüdische Lehrerseminar, die Nachfolgeeinrichtung des Rabbinerseminars, gewesen, danach, bis 1939 die Gemeindeverwaltung, die Historisch-Ethnographische Gesellschaft, andere Organisationen. Das Lehrerseminar sollte eine Schule der Assimilation, des staatstreuen

Gehorsams werden, setzte jedoch die subversive Tradition des Rabbinerseminars fort. Der Sozialrevolutionär und spätere Ethnograph Wladimir Jochelson (1855–1937) und verschiedene namhafte *Bundisten* studierten hier. Für die jüdische Jugend aus den *schtetlech* des »Ansiedlungsrayons« bot das Lehrerseminar eine Bildungschance. Auch der junge Simon Dubnow aus dem weißrussischen Mstislawl und Shmarya Levin aus Swislowitz hatten sich um Aufnahme bemüht, waren jedoch abgelehnt worden; der eine, weil er zu alt, schon über einundzwanzig war, der andere, weil er die russische Unterrichtssprache nicht beherrschte. Im Gemeindehaus empfingen die Vorsitzenden der Jüdischen Gemeinde Dr. Zemach Schabbat, Dr. Jakob Wygotski Bittsteller und Besucher. Als Semjon An-ski 1918 aus Moskau nach Wilna kam, bot die Gemeinde dem für seine ethnographischen Expeditionen in Galizien berühmten Mann Räume an; er gründete nach der Petersburger die Wilner Historisch-Ethnographische Gesellschaft mit Museum, Bibliothek und Archiv in jenem Gebäude.

Auf dem Platz vor der Stadtverwaltung trommeln junge Leute in weißen Gewändern für eine Sekte. Alte Männer, Ehrenabzeichen schimmern auf ihren Jackenrevers, reden auf sie ein. Am Gediminas-Prospekt residieren Banken, empfehlen sich Hotels, Cafés, Geschäfte. Das »Café Neringa« finde ich nicht, von dem Joseph Brodsky spricht, wohl aber ein Restaurant dieses Namens. Geduldig warten die Gäste im Vestibül. Nach und nach läßt der Portier sie ein. Ein nierenförmiges Oberlicht verteilt milde Helligkeit. Serviererinnen klappern mit Besteck und Geschirr. Batist wie in Brodskys Gedicht »Café Neringa« trägt – soweit ich sehe – an diesem Tag keine von ihnen. Süße *blinitschki* gibt es, zähe Kiewer Koteletts. Touristen sitzen hinter mir, nebenan Heimkehrer für ein paar Tage. Wo Brodsky aus Leningrad kommend den Westen – ein Café, sexy Serviererinnen, ein Ziegeldach – fand, sehe ich litauische Folklore und sowjetische Tradition.

Ein Schuß fiel auf dem verkehrsreichen Georgs-Prospekt. Am Tag der Arbeit, dem 1. Mai 1902, zielte der jüdische Schuhmacher Hirsch Lekert auf den Gouverneur von Wahl, traf nicht, wurde trotzdem gehenkt. Drei Jahre später, am 16. Oktober des Revolutionsjahres 1905, demonstrierten Tausende auf dem Georgs-Prospekt. Wieder fiel ein Schuß, verübte ein Unbekannter ein Attentat, dieses Mal auf den Gouverneur Pahlen. Polizisten, Soldaten hätten, berichtet Simon Dubnow, sofort in die Menge zurückgeschossen. Einige Tote, viele Verwundete habe es gegeben, hauptsächlich Juden. Jüdisches Leben, jüdische Kultur entfaltete, modernisierte sich und revolutionierte in Wilna/Wilno/Wilne/Vilnius wie nirgends sonst in der europäischen Diaspora. Berühmt, berüchtigt ist die polnisch-litauisch-weißrussisch-jüdische Stadt für die Tradition ihres Widerstands; von den Kämpfern für ein freies Polen über die Partisanen im Zweiten Weltkrieg bis hin zu den Dissidenten der Sowjetzeit. 1895 wurde die Sozialdemokratische Partei Litauens gegründet, zwei Jahre später, 1897, in Wilna der *Bund*. Der Revolutionär und geliebte Freund Rosa Luxemburgs Leo Jogiches stammte aus Wilna, begann hier politisch zu arbeiten, ebenso der Bolschewik und Gründer der *Tscheka*, der sowjetischen Geheimpolizei, Feliks Dzierżyński. Leo Jogiches war der Enkel des frommen, gelehrten und wohlhabenden Jakub Jogiches, es heißt, auch ein verwöhntes Muttersöhnchen. Dzierżyński sei wie übrigens auch Piłsudski Sohn wenig begüterter Landadliger und »eher Dichter als Politiker« gewesen, aber ein Dichter, der Blut statt Tinte benutzte, meint Czesław Miłosz. Einig war man sich im Kampf gegen den Zaren, seit der Revolution von 1905 jedoch in der Frage des politischen Weges und in der nationalen – der polnischen, litauischen, weißrussischen, jüdischen – Frage offensichtlich gespalten. Die Idee eines konföderativen Vielvölkerstaats hatte keine Chance.

Das Lenin-Denkmal steht nicht mehr zwischen den Blumenrabatten auf dem Lukasplatz (Lukiškių aikštė). Ein alter Mann sitzt in der Sonne auf der Nachbarbank, versucht, deutsch radebrechend, ein Gespräch anzufangen; erzählt von Sibirien, wohin man auch seine Familie verschleppte; sagt, ohne daß ich danach frage, Juden seien immer »große Menschen«, die »sitzen« und »nicht arbeiten«, alle sowjetischen Machthaber seien von Juden verdorben worden, Stalins, Breschnews, Jelzins Frauen – alle seien sie »jüdisch«. In dunkel, matt glänzenden Stein gehauen, döst die kämpferische litauische Dichterin Julia Žemaitė im Schatten der Bäume am Boulevard. An Ministerien, der Nationalbibliothek komme ich vorbei. Plötzlich endet der Gediminas-Prospekt an Betonbarrikaden. Hinter ihnen das Parlament. In den Fenstern Sandsäcke. Hölzerne Kruzifixe, Schrifttafeln, Plakate, Leute agitieren vor dem Gebäude gegen Kommunismus und Sowjetmacht, inszenieren die Erinnerung an den Befreiungskampf, an die Toten der Nacht vom 13. Januar 1991 am Fernsehturm. Die Hauptstadt eines Nationalstaats ist aus dem Handelsplatz, der Festung, der Vielvölkerstadt geworden.

Vilnius ist nicht Warschau, nicht Prag, kleiner als Riga und niemals Hanse- oder Weltstadt gewesen. Ohne das litauische Großfürstentum vor sechshundert Jahren, ohne den Prunk der Kirchen und Klöster im polnisch-italienischen Barock, ohne den Rabbinismus, den Revolutionsgeist der Juden, kurz, seine Vielvölker-Geschichte, wäre Vilnius Peripherie, Provinz. Katholischer Kinderreichtum, traditionelle Armut, das Nationalbewußtsein seiner Parteisekretäre haben Litauen vor einer sowjetischen Einwanderung, vor Überfremdung, totaler Ausbeutung geschützt. Den Nationalbolschewiken Sniečkus, der von 1940 bis 1974, mit Ausnahme der Kriegsjahre, Erster Sekretär des Zentralkomitees der Kommunistischen Partei Litauens war, nennt Joseph Brodsky in einem Gedicht »ungestümer Sonderling von Diktator«. Achtzig Prozent der Einwohner des Landes sind Litauer, nur zehn Prozent Russen, Weißrussen, Ukrainer, Juden; zehn Prozent Polen. Anders als in Est- und Lettland hat man in Litauen keine übermäßige Angst vor Fremden, gewährt allen Einwohnern Bürgerrechte, Kulturautonomie. Als Algirdas Brazauskas im Februar 1993 zum Präsidenten gewählt wurde, ließ er die Betonbarrikaden vor dem Parlament, die Sandsäcke in den Fenstern entfernen.

Eines Mittags fahre ich mit dem Nahverkehrszug nach Trakai. Der Zug hält. Einen Ort sehe ich nicht, gehe einfach anderen Leuten hinterher eine Treppe hinunter, über eine Straße hinweg.

Sehe Wasser durch die Bäume – einen See, am See Häuser. Trakai, polnisch Troki, deutsch Traken, war vor Vilnius großfürstliche Residenz. Auf einer Insel im See steht Vytautas' Burganlage. Trakai ist das alte Zentrum der Karäer in Litauen. Trakai gilt als Sehenswürdigkeit, als idyllischer Ausflugsort. Ich gerate auf einen Asphaltplatz, den zentralen Busbahnhof. Kaufe am Kiosk eine Packung Kekse als Notration. Irre durch Neustadtstraßen, ehe ich zur alten Hauptstraße finde. Gehe an einem neueröffneten Bistro, an Gärten, niedrigen Holz- und Steinhäusern vorbei. Gehe und gehe. Immer geradeaus, so wie die Leute sagen, die ich hin und wieder nach dem Weg zum Bethaus der Karäer, nach der Burg frage. Feiner Nieselregen fällt unentwegt, tropft von den Haaren, durchdringt allmählich die Kleider. Die Karaimų gatvė, die Karäerstraße, scheint kein Ende zu nehmen. Die Karäer sagen, sie stammen von der Sekte der Essener ab. Sie sagten sich von den Juden los, halten die Thora heilig, nicht aber die Kommentare des Talmud. Weder Hitlers noch Stalins Schergen verfolgten die Karäer. Sie waren Kaufleute und Soldaten, lebten auf der Krim, als Gediminas sie Anfang des 14. Jahrhunderts zur Verteidigung und Stärkung seines Großfürstentums warb. In der Schule sei einer seiner Kameraden ein Karäer gewesen, schreibt Czesław Miłosz.

Im vergangenen Jahr bin ich mit dem Auto nach Trakai gekommen, vom Campingplatz her, der auf dem Gelände einer ehemals staatssozialistischen »Touristenbasis« direkt am See neu eingerichtet war. Niederländer, Deutsche und Dänen hatten ihre Caravans und Zelte auf dem ehemaligen Sportplatz, aber auch unter den Bäumen über dem Seeufer aufgestellt. Litauer hätten sich die Gebühren kaum leisten können. Die Großküche stand leer, auch die vielen Holzhütten waren unbewohnt. In einer Hofecke lagerten eiserne Bettgestelle. Der Burganlage konnte ich an diesem Tag – es ging schon gegen Abend – nur einen flüchtigen Besuch abstatten. Über einen langen Holzsteg bin ich auf die Wehranlage zugegangen. Mauern und Türme sind aus Feld- und Backsteinen wahrhaft prächtig wiederaufgebaut. Die schweren Eisentore, die Holzgalerien in den Höfen, die dicken Ketten der Zugbrücke zur Innenburg, der Thronsaal, die Gemächer mit Fußbodenheizung schon vor fünfhundert Jahren sollen heute die Glanzzeit des Großfürstentums demonstrieren. Als ich über den Steg zum Ort zurückging, sah ich Männer an ihren Booten hantieren und fragte mich, ob die Nachkommen der Karäer wohl an ihrem Äußeren zu erkennen sind. »Ankömmlinge aus dem Süden« nennt Czesław Miłosz die Karäer, schreibt, sie hätten mit ihrem metallisch glänzenden, schwarzen Haar sehr arabisch ausgesehen. Unter hohen, alten Bäumen führten steile Pfade zum See hinunter. Von einem Steg aus bin ich ins Wasser baden gegangen. Das Wasser hat sich warm und weich angefühlt. Bin in die Abendsonne hineingeschwommen. Von irgendwoher schallte Gesang herüber. »Ich badete in der Lichterflut des Sonnenuntergangs, die diesen wunderbaren See entflammte, war trunken vom Aroma der Luft, die nach starkem Honig duftete. Ich lebte im 15. Jahrhundert [. . .]« An einem sonnigen Sommertag war Simon Dubnow auch von Wilna aus, allerdings mit Pferden nach Trakai gefahren, war bei einem Spaziergang durch den Ort, um den See herum in Verzükkung geraten; hatte etwas von dem alten Litauen vernommen, das Klagen der Nachtigall im Roggen um die Ruine der Vytautasburg herum gehört, die Traurigkeit einer sterbenden Kultur gespürt und begonnen mit den *duby*, den schattigen Eichen, den »Eichenmenschen«, den eigenen Vorfahren zu sprechen inmitten dieser bäuerlich-fürstlichen Welt, von der nur Schemen, Bruchstücke geblieben waren. »Ein ruhiges, verschlafenes Städtchen«, notierte er über Trakai ins Tagebuch. Mit seinem Cicerone habe er den Rundgang begonnen, mit dem Karäer-Chassan sich anderthalb Stunden über die Karäer in Trakai und andere altertümliche Dinge unterhalten; habe im Vorraum der Kenessa (der Synagoge der Karäer) den Gehilfen des Chassan beim Abschreiben eines alten Manuskripts angetroffen; vielleicht war es Isaak ben Trokis (1533–1594) ›Chisuk emuna‹, jene berühmte Polemik, deren Argumente sich im Laufe der Geschichte im Osten wie im Westen Judenfeinde und Christenfeinde zu eigen machten. Die Kenessa sei gerade restauriert worden. Das Karäerviertel habe zwischen Gemüsefeldern und

Gärten gelegen, die sich hinter den Häuschen zum See hin erstreckten. Sie hätten sich in Litauen hauptsächlich mit Acker- und Gartenbau befaßt, schreibt Czesław Miłosz.

Nun bin ich wieder in Trakai, gehe die Karaimų gatvė entlang, schaue jedes Häuschen genau an. Vielleicht haben der Regen und die Anstrengungen des Fußwegs vom Bahnhof her den Ort so verwandelt, daß er mir fremd, unscheinbar, unwirtlich erscheint. Als ich endlich zwei Frauen auf der Straße nach den Karäern, der Kenessa frage, sagt die eine: »Hier haben Sie eine leibhaftige Karäerin!« Die andere lächelt irritiert. Ein Anflug von Stolz, südländischer Melancholie geht über ihr Gesicht. Das blasse Kind an ihrer Hand hat blauschwarzes Haar und schaut mich mit großen dunklen Augen fragend an. Ich stehe vor dem Karäer-Museum. Das Bethaus sei ein paar Schritte weiter, sagen die beiden. Das Museum besteht aus zwei kleinen Räumen. Rüstungen, Waffen, Sättel, Haushaltsgerät, Kleidungsstücke über Puppen drapiert zeigen in gläsernen Vitrinen eine orientalische Kultur. Dreihundertfünfzig Familien habe Gediminas von der Krim geholt, sagt die Aufwartefrau, die eben mit dem Putzen begonnen hatte. Heute lebten nur noch einhundertzwanzig Karäer in Trakai. Der alte Chassan sei gestorben, der aus Vilnius komme nur an hohen Feiertagen. Das Bethaus an der Karaimų gatvė, ein schlichter, kleiner Steinbau mit einem kleinen Turmaufsatz, orientalisch zugespitzten Fenstern, ist geschlossen.

Am Ufer des Sees steht eine Gruppe Musikanten im Regen, schickt wieder und wieder ein und dieselbe Volksliedmelodie über das Wasser. Jungen verschenken Postkarten mit der Burgansicht, betteln danach um Westgeld. Die Boote plätschern gut vertäut auf dem Wasser. Eine Imbißbude bietet Erfrischungen an; niemand aber sitzt heute an den Tischen, niemand badet, segelt oder rudert über den See.

Im Denkmalsamt von Vilnius erzählt die Architektin Jūrate Jurevičienė, einer ihrer Kollegen sei Karäer. Er arbeite sehr langsam und gründlich, arbeite sozusagen »für die Ewigkeit«. Auf einem Fensterbrett im einstigen Franziskanerkloster habe er vor einiger

Zeit eine arabische Inschrift entdeckt, sie entziffert, herausgefunden, daß ein Gefangener diese Botschaft hinterließ, ein Aufständischer des Jahres 1863, ein Karäer-Rebell gegen die Zarenherrschaft. Als nun die Restaurierungsarbeiten am Kloster begannen – die Ingenieursvereinigung habe sich da eingekauft –, habe der Kollege nach dem Fensterbrett mit der Inschrift gesucht, es aber nicht mehr gefunden. Die Handwerker hätten es weggeworfen, was für die am staatssozialistischen Schlichtbau geschulten litauischen Bauleute typisch sei. Nun setze man dem Kloster, das ursprünglich Rundbogenfenster hatte, gotische Spitzbogenfenster ein, nur um sich von der polnischen Tradition abzusetzen, lege den Boden innen mit rosa Marmor aus. Tagelang habe der karäische Architekt im Bauschutt vergeblich nach dem Fensterbrett gesucht; seitdem weigere er sich, die Baustelle zu betreten.

Glossar

Aguna, (jidd.) *agune* Die von ihrem Ehemann verlassene Frau, der es im Gegensatz zur verwitweten oder geschiedenen nach dem jüdischen Gesetz verboten ist, wieder zu heiraten.

Bet hamidrasch »Haus des Studiums«; in beinahe jeder Gemeinde ein neben der Synagoge bestehendes Lehrhaus, in dem vor und nach den Gebetszeiten morgens und abends Vorträge gehalten werden und über Thora*, Talmud*, Midrasch* und andere heilige Schriften disputiert wird.

Bocher »Junger Mann, Bursche«; Jeschiwa*student, der ursprünglich wie der mittelalterliche *scholar* von Ort zu Ort, von Hochschule zu Hochschule zog.

CHaBaD Die Lehre des Chassidismus*, wie sie an der Wende zum 19. Jahrhundert Schne'ur Salman ben Baruch aus dem weißrussischen Ljady begründete und wie sie in Weißrußland und in Litauen Verbreitung fand. Der Name CHaBaD ist aus den drei höchsten geistigen Urpotenzen der Kabbala, den *sefirot chochma* (Weisheit), *bina* (Verstand), *da'at* (Wissen) gebildet und zeigt die doppelte Orientierung: Betonung des Rationalen und kabbalistische Frömmigkeit.

Challa, (jidd.) *challe* »Teighebe«; Weißbrotzopf, auch *barches* genannt, der zum Sabbat gebacken und über dem der Brotsegen gesprochen wird. Vom Teig für das Sabbatbrot mußte ursprünglich der erste Schnitt an die Priester des Tempels zu Jerusalem abgegeben werden. Seit der Zerstörung des Tempels wird das zu opfernde Stück des *challa*-Teigs ins Herdfeuer geworfen und verbrannt. Dieses Opfer der »Teighebe« ist eine der drei Hauptpflichten der jüdischen Hausfrau.

Chappers (jidd.) »Fänger«; der Zwang für jede jüdische Gemeinde

* Die mit * versehenen Begriffe werden in diesem Glossar erläutert.

des »Ansiedlungsrayons« seit 1827, eine bestimmte Anzahl zwölf- bis fünfundzwanzigjähriger Knaben und junger Männer für die zaristische Armee zu stellen, führte zu Mißständen und Korruption, denn Wohlhabende und einflußreiche Gemeindemitglieder versuchten sich dieser Pflicht zu entziehen. Die Gemeinde stellte *chappers* an, deren Aufgabe es war, Fremde oder Kinder armer Leute aufzugreifen. Statt der eigenen Söhne lieferte die Gemeinde dann diese an die zaristischen Musterungsstellen ab.

Chassidismus (von hebr. chassid – »Frommer«); nach dem Kosakenaufstand (1648–1654) und dem Ersten Nordischen Krieg (1655–1660), während derer im Polnisch-Litauischen Reich mehr als hunderttausend Juden ermordet worden waren, und angesichts der Verelendung der polnischen Juden und des Niedergangs des rabbinischen Judentums im Gefolge dieser Kriege entwickelte sich, von Podolien (Ukraine) ausgehend, eine Erneuerungsbewegung innerhalb des osteuropäischen Judentums, die gekennzeichnet war durch eine Hinwendung zur Mystik, zur Kabbala. Als Begründer des Chassidismus gilt Israel ben Elieser, genannt Ba'al Schem Tow (1700–1760) aus Medschibosch, kurz BeSchT genannt.

Cheder »Zimmer«; Elementarschule für vier-, fünfjährige Jungen. Ein Lehrer ohne besondere Ausbildung, der *melamed*, unterrichtete meist in seiner Wohnstube. Er brachte den Kindern Lesen und Schreiben der hebräischen Sprache bei, lehrte sie die Gebete sprechen; übersetzte mit ihnen den Pentateuch, die fünf Bücher Mose, andere biblische Schriften und liturgische Texte.

Chuppa, (jidd.) *chuppe* »Baldachin«; schon in der Bibel erwähnt als Brautgemach oder Trauungszelt, unter dem die Ehe geschlossen, bei festlichen Angelegenheiten aber auch eine Thora*rolle getragen wird.

Etrog Gelbgrüne, dickschalige, tiefgenarbte Zitrusfrucht; ritueller Gegenstand, zum Feststrauß des Sukkotfestes* gehörend; von dieser Frucht soll Adam im Paradies gegessen haben, weshalb sie auch »Paradiesapfel« genannt wird.

Hagada »Erzählung«; die nichtgesetzlichen Texte, (nach Leopold Zunz) die ethisch-historisch-mystischen Erzählungen in den heiligen Schriften der Thora*.

Halacha »Wegrichtung«; die Gesetzesschriften der nachbiblischen Zeit, im Gegensatz zur Hagada* Teil der mündlich offenbarten Thora*.

Hamantaschen Purim*gebäck; dreieckige, mit Mohn und Nüssen gefüllte Teigtaschen.

Haskala »Aufklärung«; Bewegung innerhalb des osteuropäischen Judentums im 18. und 19. Jahrhundert. Die jüdische Aufklärung verknüpfte die Idee der Aufklärung, wie sie im Berliner Moses-Mendelssohn-Kreis vertreten wurde, mit jüdischer Denktradition. Kaufleute und Studierte hatten die Ideen der Aufklärung nach Osteuropa getragen, zuerst nach Galizien, von wo sie später nach Odessa gelangten; von Berlin über Königsberg nahmen sie ihren Weg nach Kurland und Riga. Einer der bekanntesten Aufklärer im Russischen Reich war Isaak Baer Levinson (1788–1860) aus Wolhynien, der eine Zeitlang in Brody lebte. In Litauen fand sie insbesondere durch den aus München stammenden Rabbiner Max Lilienthal (1815–1882) Verbreitung.

Jeschiwa »Talmudhochschule«; stellte die Krönung des im *cheder** begonnenen Bildungsganges dar; vermittelte jüdische Traditionslehre; bildete Rabbiner aus, d. h. Prediger, Lehrer und Richter. Der Talmud* war der Bildungskanon. Die Didaktik der Hochschule bestand 1. aus *perusch* – Texterklärung »auf dem Blatt«, 2. den *tossafot* – Zusätzen, Vertiefungen des Lehrstoffs, und 3. *chiduschim* – »Neuigkeiten«, neuen Kombinationen und originellen Erklärungen. Ihre Methoden waren Vortrag, Rezitation, Dialog und Disputation, Gedächtnisübungen und Übungen scharfsinnigen Denkens (*chiluk*, »Haarspalterei«, und *pilpul**).

Jom Kippur Sühnetag – Versöhnungstag; der höchste Festtag im jüdischen Kalender, am 10. Tischri (Mitte September/Anfang Oktober); Abschluß der zehn Buß- und Fastentage, die mit dem

»Gericht Gottes« an Rosch Haschana* beginnen. Er soll durch Reue und Läuterung des Menschen die Verzeihung der Sünden und die Versöhnung mit Gott erwirken. Es ist Sitte, vor dem Sühnetag nicht nur Freunde und Familienangehörige für etwaige Verfehlungen um Verzeihung zu bitten, sondern auch, sich mit Gegnern auszusöhnen.

Kahal »Gemeinde«; Bezeichnung für die Selbstverwaltung der Juden (Verwaltung, Steuererhebung, Kultus und Unterricht, Gerichtsbarkeit) im Polnisch-Litauischen Reich. Die Selbstverwaltung bestand nach den Polnischen Teilungen im Russischen Reich zunächst fort, wurde dann aber von Zar Nikolaus I. Mitte des vergangenen Jahrhunderts aufgelöst.

Kehilla Jüdische Gemeinde, Gemeindeverwaltung.

Klois Bethaus, ein kleineres Haus als die Synagoge; der Name *klaus* oder *klois* war meist für die Bethäuser der einzelnen Zünfte gebräuchlich.

Litwak Aus dem Jiddischen stammende Bezeichnung für die litauischen Juden.

Lomdim Gelehrter, Talmudgelehrter (von hebr. *lamod* – lernen).

Magen David »Schild Davids«, ein aus zwei ineinandergeschobenen, gleichseitigen Dreiecken bestehendes Zeichen; seit dem 7. vorchristlichen Jahrhundert Kennzeichen der Juden; in der Symbolik des nationalsozialistischen Antisemitismus war es ein diskriminierendes Zeichen für Juden; gemeinhin ist der *magen David* bekannt als Davidsstern.

Mazza, (jidd.) *mazze* Das ungesäuerte Brot, das zu Pessach* gebakken wird, zur Erinnerung an die Vorbereitungen zur Flucht aus Ägypten, als nicht genug Zeit blieb, um Sauerteig zu bereiten.

Menora »Leuchter«; zumeist siebenarmiger Leuchter, Symbol des Judentums.

Midrasch »Das Forschen, Erfragen« (von hebr. *darosch* – suchen); im Unterschied zum Talmud* mit seinen Kommentaren und Zusätzen 1. Form der Auslegung der Thora* und der anderen heiligen Schriften, 2. Darstellungsform dieser mündlichen Lehre, 3. Schriften, in denen sich beides befindet.

Mikwa, (jidd.) *mikwe* »Ansammlung«; das Tauch- oder Ritualbad zur Wiedererlangung der »Reinheit«. Vor jeder seiner Amtsverrichtungen am Jom Kippur* mußte der Hohepriester im Tempel zu Jerusalem ein Tauchbad nehmen. Nach Krankheiten, nach der Berührung von Leichen oder nach durch die Menstruation oder eine Geburt verursachten »Verunreinigungen« soll ein Tauchbad genommen werden. Die *mikwe* regelmäßig aufzusuchen, ist eine weitere der drei heiligen Pflichten der jüdischen Frau. – Neue Gegenstände werden vor Gebrauch durch ein Tauchbad in der *mikwe* »rein« gemacht. Nötig für eine *mikwe* ist Quellwasser oder in einer Vertiefung zusammengelaufenes Regenwasser, untauglich dagegen in ein Gefäß geschöpftes Wasser.

Minjan Die Mindestanzahl, zehn männliche Personen über dreizehn, die zum Gebet in der Synagoge nötig ist.

Mussar »Moral«; Erneuerungsbewegung innerhalb des orthodoxen litauischen Judentums in der zweiten Hälfte des vergangenen und in der ersten Hälfte dieses Jahrhunderts. »Die Mussarbewegung erstrebte eine gewisse Verbindung der Grundideen des Chassidismus* und des Rabbinismus, indem sie einerseits das seelische Moment in den Vordergrund stellte, auf der anderen Seite den Talmudismus aber nicht ablehnte.« (›Jüdisches Lexikon‹, 1927) Begründer der Bewegung war Israel Lipkin, genannt Rabbi Israel Salanter (1810–1883).

Pejes (von hebr. *pe'ot* – »Seite, Rand, Ecke«); die traditionellen Schläfenlocken der männlichen Juden aus Osteuropa, die man den Jungen wachsen läßt, wenn ihnen am Ende des vierten Lebensjahres zum ersten Mal die Haare geschnitten werden. Die *pejes* haben wie auch der Bart nach der lurjanischen Kabbala eine gewisse Bedeutung für die Gottähnlichkeit des menschlichen Antlitzes.

Pessach »Überschreitungsfest«; das Fest zur Erinnerung an den Auszug aus Ägypten, das am 14. Nissan (März/April) beginnt und acht Tage dauert.

Pilpul »Scharfsinnige Untersuchung«; von hebr. *pilpel* – »Pfeffer«; Methode der Talmudauslegung in der Disputation.

Pinkas Gemeindechronik.

Purim Das Fest am 14. Adar (Februar/März) zur Erinnerung an die Errettung der Juden vor den Mordplänen Hamans. Der Legende nach wollte Haman, der Günstling des Perserkönigs Ahasverus (Xerxes), die Juden im Reich töten lassen, um sich an dem weisen und bei Hofe angesehenen Mordechai für eine Kränkung, die dieser ihm zugefügt hatte, zu rächen. Mordechai erfuhr von dem Plan und bat seine Pflegetochter Esther, die die zweite Frau des persischen Königs war, bei Ahasverus Fürbitte für ihre Glaubensgenossen einzulegen, was ihr gelang. Das Purimspiel inszeniert diese Überlieferung.

Rosch Haschana »Jahresanfang«; das Neujahrsfest. Ende des Erntejahres in Palästina. Es wird am 1. und 2. Tischri zu Herbstanfang gefeiert. Es heißt, Gott gedenke an diesem Tag seiner Schöpfung und halte Gericht. Am Neujahrstag beginnen die zehn Bußtage, die mit dem »Versöhnungstag« Jom Kippur* enden.

Sabbat, (jidd.) *schabbes* Der siebte Tag nach der Schaffung der Welt; der dem Schöpfer geweihte Ruhetag, um den sich die der Arbeit gewidmeten Wochentage herumgruppieren. Der Sabbat wird als »Königin Sabbat« empfangen und verabschiedet und ist der Tag, an dem sich den Menschen »die Seele weitet«, an dem Frieden einkehrt – ein Vorgeschmack auf die messianische Zeit. Er beginnt mit dem Sonnenuntergang am Freitagabend und endet mit Sonnenuntergang am Samstagabend.

Schammasch, (jidd.) *schammes* Synagogendiener, der zum Gebet ruft, der dem Vorsteher während des Gottesdienstes assistiert, ansonsten das Synagogengebäude überwacht und auch Stadtwächter sein konnte.

Scheitl Die Perücke der frommen Ehefrau; ursprünglich eine Haube, erst in neuerer Zeit eine Haarperücke. Die jüdische Tradition fordert von der Frau, sich bei der Eheschließung die Haare scheren zu lassen und das Haupt danach vor den Blicken fremder Männer zu verbergen.

Schnorrer »Fahrende Leute«, d. h. Kleinhändler, Hausierer, Musikanten, Wanderprediger; sie waren wichtige Nachrichtenübermittler zu Zeiten und in Gegenden, wo es keine Zeitungen gab; betätigten sich auch als *schadchen*, Heiratsvermittler, und waren Träger von Geschichten, Anekdoten etc. (Schnurren – jiddisch: *schnorren*).

Schochet Der Schächter; derjenige, der die Schlachtkunst beherrscht – das schnelle Durchtrennen der Halsschlagader, das Entfernen/Herausziehen der Blutgefäße, das Zerlegen des Fleisches – und die dafür nötigen Segen sprechen kann.

Schtadlan oder schetadlan »Fürsprecher«; einflußreicher und wohlhabender Mann, der seinen Möglichkeiten gemäß, sei es als ernannter Vertreter einer Gemeinde, sei es ehrenhalber, seinen Landsleuten und Glaubensgenossen hilft und sie schützt.

Sidur Gebetbuch für alle Tage.

Sijum Sefer Thora Fest zum Abschluß der Niederschrift einer Thorarolle; alle, die sich an den Kosten der Abschrift beteiligt haben, dürfen unter Anleitung des Thoraschreibers, des *sofers*, in einem der Schlußworte einen Buchstaben schreiben, denjenigen, mit dem ihr eigener Name beginnt. Es folgt ein Festumzug mit Gesang, auch in Begleitung einer Musikkappelle, in dem die Thorarolle feierlich in die Synagoge getragen wird.

Simchat Thora Fest der Gesetzesfreude am 23. Tischri (Ende September); Abschluß der jährlichen Thoravorlesung und Beginn eines neuen Zyklus, zugleich Erntedankfest.

Smicho-Diplom Ordination eines Rabbiners.

Sukkot Ursprünglich das Erntefest, das am 15. Tischri beginnt und neun Tage dauert (Ende September bis Mitte Oktober); der Brauch, einen Feststrauß zu binden, zu dem der *etrog** gehört, geht auf das Erntefest zurück. Sukkot wird in der jüdischen Erinnerung mit dem Hüttenleben während der vierzigjährigen Wanderung durch die Wüste nach der Flucht aus Ägypten verknüpft und »Laubhüttenfest« genannt.

Synagoge »Versammlungshaus«; schon im alten Israel neben dem Tempel bestehende Stätte der Versammlung, des Gebets und der Lehre, zuweilen auch Schul- und Gerichtsgebäude.

Talis oder talit Gebetsumhang, der von den Männern bei den Morgengebeten und bei allen feierlichen Zeremonien getragen wird.

Talmud Die mündlich offenbarte Thora* (von hebr. *lamod* – lernen); der Talmud besteht aus der Mischna, der Ende des 2. nachchristlichen Jahrhunderts zusammengetragenen Sammlung von Lehrsätzen des mündlich überlieferten Gesetzes, und der Gemara, den Diskussionen zur Mischna, die die Rabbiner in den Gelehrtenschulen in Palästina seit Beginn des 3. Jahrhunderts, in Babylonien bis zum Jahre 500 als Gemara aufzeichneten.

Taschlich-Zeremonie Der Brauch, sich am ersten Tag des Rosch Haschana*-Festes symbolisch seiner Sünden zu entledigen (von hebr. *taschlich* – du wirst werfen). Man geht an ein fließendes Gewässer und wirft Brotkrumen hinein, den Bibelvers rezitierend: »Er wird sich wiederum unser erbarmen, unsere Schuld unter die Füße treten. Du wirst all unsere Sünden in die Tiefe des Meeres versenken« (Micha 7, 19).

Teffilin Gebetsriemen; Riemen, an denen zwei lederne Kapseln befestigt sind. In den Kapseln befinden sich auf Pergament geschriebene Abschnitte aus dem Pentateuch (Deut. 6,4–9; ebd. 11, 13–21; Ex. 13,1–10; ebd. 11–16). Die Gebetsriemen werden zu den Morgengebeten um den linken Arm und um den Kopf gelegt, so daß eine der Kapseln gegenüber dem Herzen, die andere an der Stirn zu liegen kommt.

Thora »Lehre«; eigentlich die fünf Bücher Mose, der Pentateuch, auch *chumesch* genannt. Im weiteren Verständnis werden auch andere biblische Schriften dazugezählt. Die Schriftgelehrten verstehen auch den Talmud* als Thora – als »mündlich offenbarte« im Unterschied zur »schriftlich offenbarten« der fünf Bücher Mose.

Auswahlbibliographie

I. Enzyklopädien

Encyclopaedia Judaica. 16 Bde. Jerusalem 1971–1972.

Enzyklopädie des Holocaust. Die Verfolgung und Ermordung der europäischen Juden. Bd. 1–3. Jerusalem/Tel Aviv/Berlin 1993.

Jüdisches Lexikon. Ein enzyklopädisches Handbuch des jüdischen Wissens. 4 Bde. (Berlin 1927–1930) Königstein/Ts. 1982.

Kratkaja jewrejskaja enziklopedija. Tom 1ff. Ierusalim 1976ff.

II. Prosa, Poesie, Drama, Bildende Kunst

Behr, Isaschar Falkensohn: Gedichte von einem polnischen Juden. Mitau 1772.

Bobrowski, Johannes: Lipmanns Leib. Erzählung. Gesammelte Werke Bd. 4. Stuttgart 1987.

– Litauische Claviere. Roman. Gesammelte Werke Bd. 3. Stuttgart 1987.

Kanowitsch, Grigori: Sklaven winkt kein Paradies. Aus dem Russischen von Waltraud Ahrndt. Berlin 1987.

Keyserling, Eduard von: Abendliche Häuser. (Berlin 1914) München 1992.

– Fräulein Rosa Herz. (Dresden/Leipzig 1887) Frankfurt am Main 1986.

Kulbak, Moische: Die Selmenianer. Aus dem Jiddischen von Max Reich. Berlin 1973.

Mandelstam, Ossip: Das Rauschen der Zeit. Gesammelte »autobiographische« Prosa der 20er Jahre. Aus dem Russischen übertragen und herausgegeben von Ralph Dutli. Zürich 1985.

Mapu, Abraham: Thamar. Roman aus dem biblischen Altertum. Aus dem Hebräischen von Salomon Mandelkern. Leipzig 1885.

Meras, Izchokas: Remis für Sekunden. Aus dem Litauischen von Irene Brewing. Wien 1967.

Mickiewicz, Adam: Pan Tadeusz oder Die letzte Fehde in Litauen. Nachdichtung von Hermann Buddensieg. München 1963.

Miłosz, Czesław: Zeichen im Dunkel. Poesie und Poetik. Hrsg. und aus dem Polnischen übertragen von Karl Dedecius. Frankfurt am Main 1979.

Orabuena, José: Groß ist deine Treue. Roman des Jüdischen Wilna. München/Paderborn/Wien 1961.

Schaeffer, Emil (Hrsg.): Ein Ghetto im Osten. Wilna. 65 Bilder von M. Vorobeichich. Berlin 1984.

Sobol, Joshua: Ghetto. Schauspiel in drei Akten. Mit Dokumenten und Beiträgen. Hrsg. von Harro Schweizer. Berlin 1984.

Sutzkever, Abraham: Griner Akwarium. Grünes Aquarium. Prosastücke. Jiddisch und deutsch. Aus dem Jiddischen von Jost G. Blum, Michael v. Killisch-Horn, Mirjam Pressler. Frankfurt am Main 1992.

Zweig, Arnold; Struck, Hermann: Das ostjüdische Antlitz. (Berlin 1920) Wiesbaden 1988.

III. Erinnerungen, Autobiographien, Reiseliteratur

Baer, Karl Ernst v.: Nachrichten über Leben und Schriften des Karl Ernst von Baer, mitgetheilt von ihm selbst. Veröffentlicht von der Ritterschaft Estlands (Braunschweig 1886, 2. Auflage) Hannover-Döhren 1972.

Birger, Trudi: Im Angesicht des Feuers. Wie ich der Hölle des Konzentrationslagers entkam. Aus dem Englischen von Christian Spiel. München/Zürich 1990.

Coxe, William: Travels in Poland, Russia, Sweden. London 1802.

Dawidowicz, Lucy S.: From that place and time. A memoir 1938–1947. New York/London 1989.

Döblin, Alfred: Reise in Polen. München 1987.
Dubnow, Semjon Markowitsch: Kniga schisni. 3 toma. Riga 1934–1957.
Dubnow, Simon: Mein Leben. Hrsg. von Elias Hurwicz. Aus dem Russischen von Elias Hurwicz und Bernhard Hirschberg-Schrader. Berlin 1937.
Eisenstein, Sergej Michailowitsch: Yo – Ich selbst. Memoiren. Band 1. Hrsg. von Naum Klejman, Walentina Korschunowa. Aus dem Russischen von Regine Kühn und Rita Braun. Frankfurt am Main 1988.
Freund, Florian; Ruttner, Franz; Safrian, Hans (Hrsg.): Ess firt kejn weg zurik. Geschichte und Lieder des Ghettos von Wilna 1941–1943. Mit einem Vorwort von Simon Wiesenthal. Wien 1992.
Friedmann, Hermann: Sinnvolle Odyssee. München 1950.
Gill, Anton: The journey back from hell: conversations with concentration camp survivers. I. Europe. German concentration camps 1939–1945 – Biographies. London/Glasgow/Toronto/Sydney/Auckland 1988.
Gronemann, Sammy: Hawdoloh und Zapfenstreich. Erinnerungen an die ostjüdische Etappe 1916–1918. Königstein/Ts. 1984.
Gurwitz, Percy: Zähl nicht nur, was bitter war. Eine baltische Chronik von Juden und Deutschen. Berlin 1991.
Hermes, Hermann: Deportationsziel Riga. Schicksale Warburger Juden unter dem Nationalsozialismus. Warburg 1982.
Katz, Josef: Erinnerungen eines Überlebenden. Kiel 1988.
Klee, Ernst; Dreßen, Willi; Rieß, Volker (Hrsg.): »Schöne Zeiten«. Judenmord aus der Sicht der Täter und Gaffer. Frankfurt am Main 1988.
Krug, Hermann: Togbuch fun wilner geto. New York 1961.
Lachauer, Ulla: Land der vielen Himmel. Memelländischer Bilderbogen. Die Photosammlung Walter Engelhardt. Berlin 1992.
Leibowitz, Jeshajahu: Gespräche über Gott und die Welt. Mit Michael Shasher. Aus dem Hebräischen von Mathias Schmidt. Frankfurt am Main 1990.

Levin, Dov: The Sovietization of Lithuania 1940. In: The Jewish Quarterly, vol. 38, No. 1 (141), Spring 1991.

Levinas, Emmanuel: Intention, Ereignis und der Andere (Gespräch zwischen Emmanuel Levinas und Christoph von Wolzogen). Anhang zu: Ders.: Der Humanismus des anderen Menschen. Aus dem Französischen und mit einer Einleitung versehen von Ludwig Wenzler. Hamburg 1989.

Löwenstern, Winno v.: Keyserling und Fräulein Rosa Herz. In: Nachrichtenblatt der baltischen Ritterschaften, Friedberg, Juni 1990, S. 21–22.

Maurina, Zenta: Die weite Fahrt. Memmingen/Allgäu 1951.

Meisel, Hans: Eine Gondel ganz aus Glas. Früherinnerungen. Mainz 1984.

Miłosz, Czesław: West und östliches Gelände. Aus dem Polnischen von Maryla Reifenberg. Köln 1961.

Pirogow, Nikolai Iwanowitsch: Lebensfragen. Tagebuch eines alten Arztes. Aus dem Russischen von August Fischer. Stuttgart 1894.

Raid, Robert: Wenn die Russen kommen. Freiburg/Br./Frankfurt am Main 1953.

Schlippenbach, Ulrich v.: Malerische Wanderungen durch Kurland. (Riga 1809) Hannover-Döhren 1973.

Schneider, Gertrude: Journey into terror. The story of the Riga ghetto. New York 1979.

Schulz, Joachim Christian F.: Reise eines Livländers von Riga nach Warschau. Breslau 1941.

Seraphim, Ernst: Baltische Schicksale. Berlin 1935.

Sherman, Hilde: Zwischen Tag und Dunkel. Mädchenjahre im Ghetto. Frankfurt am Main/Berlin 1989.

Smoliakovas, Grigorijus: Die Nacht, die Jahre dauerte. Ein jüdisches Überlebensschicksal in Litauen 1941–1945. Hrsg. von Erhard Roy Wiehn. Aus dem Litauischen von Horst Taleikis. Konstanz 1992.

Tory, Avraham: Surviving the Holocaust. The Kovno ghetto diary. Translated by Jerzy Michalowicz. London 1991.

Wengeroff, Pauline: Memoiren einer Großmutter. 2 Bände. Berlin 1908.
Wieselgren, Per: Från Hammaren till Hakkorset. Estland 1939–1941. Stockholm 1942.

IV. Stadtführer

Agranowski, G.; Gusenberg, I.: Litowski Ierusalim. Kratki putewoditel po pamjatnym mestam jewrejskoj istorii i kultury Wilnjuse. Wilnjus 1992.
Cohen, Israel: Vilna. (Philadelphia 1943) Philadelphia/Jerusalem 1992.
Literärisch-praktische Bürgerverbindung zu Riga (Hrsg.): Führer durch Lettland. (Riga 1929) Hannover-Döhren 1991.
Mettig, Konstantin: Baltische Städte. Skizzen aus der Geschichte Liv-, Est- und Kurlands. (Riga 1905) Hannover-Döhren 1971.
Minczeles, Henri: Vilna, Wilno, Vilnius. La Jérusalem de Lituanie. Préface de Léon Poliakov. Paris 1993.
Mühlen, Heinz von zur (Hrsg.): Baltisches historisches Ortslexikon. Köln, Wien 1985.
Vestermanis, Marģers: Jewrej w Rige. Fragmenty jewrejskoj istorii na karte Rigi. Kratki putewoditel. Riga 1992.
Weber, Paul: Wilna 1917. Eine vergessene Kunststätte. Wilna/München 1917.

V. Literatur zur Geschichte der Juden im Baltikum

Berschadski, Sergej Aleksandrowitsch: Litowskije jewrei. Sankt Petersburg 1883.
Bobe, Mendel; Levenberg, Shneour u. a. (Hrsg.): The Jews in Latvia. Tel Aviv 1971.
Buchholtz, Anton: Die Geschichte der Juden in Riga bis zur Begründung der Rigischen Hebräergemeinde im Jahre 1842. Riga 1899.

Carlebach, Esriel: Mussar. Notizen zur Geschichte einer Bewegung. In: Jahrbuch der Jüdisch-Literarischen Gesellschaft XXII. (Frankfurt am Main 1931/1932) Amsterdam 1975.

Die Ostjuden. Sondernummer der Süddeutschen Monatshefte, München/Leipzig, Februar 1916.

Dubnov, Simon Markovich: History of the Jews in Russia and Poland from the earliest times until present day. Philadelphia 1918.

Ehrlich, Adolph: Entwicklungsgeschichte der Israelitischen Gemeindeschule zu Riga. Sankt Petersburg 1894.

Genss, Nosson: Zur Geschichte der Juden in Eesti. Tartu 1933.

Gilbert, Martin: The Jews of Russia. Their history in maps and photographs. London 1976.

Gomer, Abba: Beiträge zur Kultur- und Sozialgeschichte des litauischen Judentums. Bochum 1930.

Hilberg, Raul: Die Vernichtung der europäischen Juden, Bd. 1–3. Aus dem Amerikanischen von Christian Seeger, Harry Maor, Walle Bengs und Wilfried Szepan. Frankfurt am Main 1990.

– Täter, Opfer, Zuschauer. Die Vernichtung der Juden 1933–1945. Aus dem Amerikanischen von Hans Günther Holl. Frankfurt am Main 1992.

Jokton, Kopl: Di geschichte fun di Yidn in Estland. Dorpat 1927.

Kaufmann, Max: Die Vernichtung der Juden Lettlands. München 1947.

Krausnick, Helmut; Wilhelm, Hans-Heinrich: Die Truppe des Weltanschauungskrieges. Die Einsatzgruppen der Sicherheitspolizei und des SD 1938–1942. Stuttgart 1981.

Levin, Dov: Die Beteiligung der litauischen Juden im zweiten Weltkrieg. In: Acta Baltica 16, 1976, S. 172–184.

– The economic situation of the Jews in Soviet Lithuania 1940–1941. In: Soviet Jewish Affairs vol. 17, No. 2, 1987, pp. 12–31, No. 3, 1987, pp. 25–38.

Levinson, Isaac: The Untold Story. Jews in Curland and Livonia. Johannesburg 1958.

Mendelsohn, Ezra: Jews of East Central Europe between the world wars. Bloomington 1983.

Owchinski, L.: Geschichte fun di Yidn in Letland. Riga 1928.

Press, Bernhard: Judenmord in Riga. 1941–1945. Berlin 1988.

Rauch, Georg v.: Eine Polemik zur Judenfrage in Kurland. In: Jomsburg 5, 1941, S. 83–85.

Raun, Toivo U.: The role of Tartu university in Estonian society and culture, 1860–1914. In: Pistohlkors, Gert v.; Raun, Toivo U.; Kaegbein, Paul (Hrsg.): Die Universitäten Dorpat/Tartu, Riga und Wilna/Vilnius 1579–1979. Beiträge zu ihrer Geschichte und ihrer Wirkung im Grenzbereich zwischen West und Ost. Köln/Wien 1987, S. 123ff.

Rosenberg, Leo: Die Juden in Litauen. Berlin 1918.

Seraphim, Peter-Heinz: Das Judentum im osteuropäischen Raum. Essen 1938.

– Das Judentum. Seine Rolle und Bedeutung in Vergangenheit und Gegenwart. München 1942.

– Die Wanderungsbewegung des jüdischen Volkes. Heidelberg/Berlin/Magdeburg 1940.

Siilivask, Karl: Die Universität Tartu und die Wissenschaft. In: Pistohlkors u. a., a.a.O., S. 105ff.

Sudarsky, Mendel; Jewish Lithuanian Cultural Society »Lite« (Hrsg.): Lite. Bd. 1. Brooklyn, New York 1951.

Vestermanis, Margers: Der Holocaust in Lettland. Zur »Postkommunistischen« Aufarbeitung des Themas in Osteuropa. In: Herzig, Arno; Ina Lorenz (Hrsg.): Verdrängung und Vernichtung der Juden unter dem Nationalsozialismus. Hamburg 1992.

Wittram, Reinhard: Zur Geschichte der Juden im Baltikum. In: Baltische Monatshefte, Bd. 3, 1934 (Umschau), S. 173–175.

Wunderbar, Ruben: Geschichte der Juden in den Provinzen Liv- und Kurland. Mitau 1853.

Für Gespräch und Rat danke ich:

Genrich Agranovski, Vilnius. Tatjana Alexejewa, Riga. Irina Avramec, Tartu. Vladimirs Bāns, Liepāja. Eiki Berg, Tartu. Jane Bergengruen, Stuttgart. Michail Besrodnyj, Hannover. Mirdza Bierzniece, Aizpute. Valdis und Rebecca Biķis, Aizpute. Karlis Biķis, Liepāja. Voldemars Bloks, Aizpute. Esfir Bramson, Vilnius. Inna Gens, Moskau. Leo Gens, Tallinn. Zerna Genss, Elva. Eugenia Gurin-Loov, Tallinn. Lea Haitov, Lauenau. Virve Heiman, Tallinn. Marek und Ilana Heiman, Rodenberg. Joachim Hemmerle, Mannheim. Harro von Hirschheydt, Hannover. Margarete Holzman, Gießen. Jocheved Inčiūrienė, Kaunas. Mischa Jakob, Vilnius. Arvid und Ljuba Kazers, Riga. Simon Katz, Lauenau. Elena Kondratavičienė, Bitėnai. Paja Kravec, Riga. Jaan Kross, Tallinn. Peter Krupnikow, Riga. Violetta Kubat, Hannover. Fruma Kučinskienė, Kaunas. Israel Leschem, Pardes-Chana/Israel. Dov Levin, Jerusalem. Mara Levin, Tallinn. Winno von Löwenstern, Bergisch Gladbach. Rachelis Margolis, Vilnius. Šaja-Jankelio Matusevičius, Kaunas. Günther Maurach, Lüneburg. Helker Pflug, Köln. Povilos Reklaitis, Marburg. Jakob Roloff, Haifa. Abraham Rosenberg, Tartu. Silvi Salupere, Tartu. Samuel Salzmann, San José/Californien. Hene Schagall, Tartu. Salman Schois, Tartu. Netti Shurakovskaja, Tartu. Ljuba und Kopl Switski, Tartu. Ulrike Tillich, Düsseldorf. Marģers Vestermanis, Riga. Karola Wach, Hannover. Ilse Westermann, Barsinghausen. Alvydas Žiskis und Violetta Žiskienė, Vilnius.

»Ein schönes, reiches Buch – Beschwörung einer vielschichtigen Vergangenheit«
Münchner Merkur

Barbara von Wulffen
Urnen voll Honig
Böhmen – Aufbruch in eine verlorene Zeit
248 Seiten. Gebunden
ISBN 3-10-092545-9

Erinnerungen an Böhmen, an ein Land deutsch-tschechischer Kultur, das im Zweiten Weltkrieg unterging. Barbara von Wulffens Buch ist ein Aufbruch in ihre Kindheit, in eine zerstörte Kultur, in eine verlorene Zeit. *Urnen voll Honig* ist ein Werk, das Schönheit, Wärme und Humor noch angesichts des Entsetzlichen festhält und liebevoll ausbreitet. Es hat etwas von der impressionistischen Eindringlichkeit der Erinnerung selbst.

»Diese Insel, auf der jeder ein Fürst oder ein Poet ist . . .«

Barbara von Wulffen
Maureen
Irische Geschichten
285 Seiten. Gebunden
ISBN 3-10-092546-7

Nirgendwo in Europa hat sich die Tradition des Erzählens so erhalten wie auf der Grünen Insel. Barbara von Wulffen beschwört die Härte und den Humor einer von der Kraft des Geschichtenerzählens getragenen Lebensform, die durch die moderne Welt mehr bedroht ist als durch die Vergangenheit.
Ein fesselndes, stimmungsvolles Buch über das moderne Irland, geschrieben »mit der erzählerischen Anmut« (ORF), die *Urnen voll Honig* berühmt gemacht hat.

S. Fischer

Die baltischen Provinzen des Russischen Reiches
Reval
Narwa
Narwa
Estland
1721 an Rußland
Dagö
Peters-
burg
Peipus-
See
Ösel
Arensburg
Pernau
Pernau
Embach
Dorpat
Ostsee
Livland
1721 an Rußland
Pleskau
Ples-
kau
Rigaer
Bucht
Windau
Windau
Livländ. Aa
Riga
1795 an Rußland
Kurland
Düna
Libau
Mitau
Kurländ. Aa
Rositten
Lettgallen
1772 an Rußland
Witebsk
Dünaburg
Memel
Kowno
Memel
Tilsit
Königsberg
Kowno
Wilija
Gumbinnen
Pregel
Wilna
Preußen
Wilna
Neman
Suwałki
Minsk
Grodno
Minsk
Grodno
Białystok
Estland, 1561/81 an Schweden, 1721 an Rußland
Livland, 1629 an Schweden, 1721 an Rußland
Kurland, 1561 unter polnische Lehenshoheit, 1795 an Rußland
Litauen im Königreich Polen, Lubliner Union 1569, 1793/95 an Rußland
Ansiedlungsgebiet für Juden in Rußland 1835–1917 (nach Martin Gilbert, 1976)
Staatsgrenzen im 19. Jh.
Provinz- bzw. Gouvernementsgrenzen des Russischen Reiches im 19. Jh.
Grenze zwischen Polen und Litauen bis 1795
0
50
100
150 km
1:5 Mio.
Kartographie: W. Kreft, Marburg

Die baltischen Staaten im 20. Jahrhundert
Narva
Vaivara
Narva
Tallinn/
Reval
Klooga/
Lodensee
Estland
Hiiumaa/
Dagö
Saaremaa/
Ösel
Peipus-
See
Rußland
Pärnu/
Pernau
Pärnu
Emajõgi
Tartu/
Dorpat
Elva
Kuressaare/
Arensburg
Ostsee
Pskow/
Pleskau
Petschory/
Petseri
Valka
Valga/
Walk
Welikaja
Rigaer
Bucht
Gauja
Ventspils/
Windau
Kuldīga/
Goldingen
Rīga
Pytalowo/
Abrene
Aizpute/
Hasenpoth
Jelgava/
Mitau
Lielupe
Lettland
Rēzekne/
Rositten
Venta
Liepāja/
Libau
Rundāle
Bauska
Jēkabpils/
Jakobstadt
Daugava
Daugavpils/
Dünaburg
Palanga/
Polangen
Šiauliai/
Schaulen
Klaipėda/
Memel
Tauragė/
Tauroggen
Litauen
Smalininkai
Bitėnai
Jurbarkas/Georgenburg
Sowetsk/
Tilsit
Nemunas
Kaliningrad/
Königsberg
Kaunas
Vilija
Vilnius/
Wilna
Gussew/
Gumbinnen
Rußland
Trakai
Weiß-
rußland
Suwałki
Minsk
Polen
Grodno
Neman
Białystok
1920 von Rußland an Estland,
1945 von der Estnischen SSR an die RSFSR
1920 von Rußland an Lettland,
1945 von der Lettischen SSR an die RSFSR
Wilna-Gebiet, seit 1920/22 polnisch,
1939 an Litauen, 1940/44 Litauische SSR
Memelgebiet, 1919/23 von Deutschland
an Litauen, 1939 an Deutschland,
1944/45 Litauische SSR
Staatsgrenzen 1994
Staatsgrenzen 1937
1: 5 Mio.
0
50
100
150 km
Kartographie: W. Kreft; Marburg